Ulrich Teusch
Was ist Globalisierung?

Ulrich Teusch

Was ist Globalisierung?

Ein Überblick

Einbandgestaltung: Jutta Schneider, Frankfurt a. M.
Einbandabbildung: Friedliche Demonstration gegen G-8-Gipfel in Evian
Foto: picture-alliance/dpa

Die Deutsche Bibliothek verzeichnet diese Publikation
in der Deutschen Nationalbibliografie;
detaillierte bibliografische Daten sind im Internet über
http://dnb.ddb.de abrufbar.

Das Werk ist in allen seinen Teilen urheberrechtlich geschützt.
Jede Verwertung ist ohne Zustimmung des Verlages unzulässig.
Das gilt insbesondere für Vervielfältigungen,
Übersetzungen, Mikroverfilmungen und die Einspeicherung in
und Verarbeitung durch elektronische Systeme.

© 2004 by Wissenschaftliche Buchgesellschaft, Darmstadt
Gedruckt auf säurefreiem und alterungsbeständigem Papier
Printed in Germany

www.primusverlag.de

ISBN 3-89678-493-5

Inhalt

1. Einleitung: Die politische Globalisierungsdebatte 7

2. Elemente des Globalisierungsbegriffs 16

3. Der weite Globalisierungsbegriff 26

4. Dimensionen und Ursachen 36
   a) Globale Ökonomie 41
   b) Globale Technisierung 44
   c) Globale Ökologie 57

5. Eigendynamik und Dialektik 66

6. Globalisierung als historischer Prozess 74

Zwischenbilanz: Was heißt „Globalisierung"? 86

7. Akteure im Globalisierungsprozess 88
   a) Staat 88
   b) Transnationale Konzerne 108
   c) Internationale Finanzinstitutionen und die Welthandelsorganisation 115
   d) Globalisierungskritiker 120

8. Globalisierung und Demokratie 124

9. Zwischenstaatliche Kriege, neue Kriege und Konflikte, globaler Terrorismus 128

10. Sachgesetzlichkeiten, Handlungsspielräume, Alternativen .. 146

Literatur 171

1. Einleitung
Die politische Globalisierungsdebatte

Noch vor wenigen Jahren galt vielen Menschen Globalisierung als unser Schicksal. Es gebe keine Alternative zum derzeitigen Lauf der Dinge, wurde versichert. Wer den Anschluss nicht verpassen wolle, müsse mitmachen. So schrieb der renommierte amerikanische Publizist Thomas Friedman: „Ich habe die Globalisierung nicht in Gang gesetzt, ich kann sie nicht aufhalten – niemand kann das, es sei denn, um einen immens hohen Preis für die Menschheit –, und ich werde meine Zeit nicht damit verschwenden, dass ich es versuche" (Friedman 1999, S. 20).

Zwar wurde und wird durchaus zugestanden, dass Globalisierung mitunter schmerzhafte Anpassungsprozesse erfordere, doch alles in allem und insbesondere auf längere Sicht würden sich die Anstrengungen auszahlen. Am Ende werde es allen besser gehen, den reichen Ländern ebenso wie den armen – also auch jenen drei Milliarden Menschen, die gegenwärtig noch immer mit weniger als 3 Dollar pro Tag überleben müssen. Auch politisch werde Globalisierung Gutes bewirken: sie werde rückständige und repressive Regime von der Macht verdrängen und Demokratisierungsprozesse voranbringen.

Inzwischen ist die Euphorie verflogen und Ernüchterung eingetreten. Die kapitalistischen Zentren dieser Welt stecken in der Krise. So mancher Blütentraum der „New Economy" hat sich als Albtraum entpuppt. Und Milliarden Menschen leben nach wie vor in Elend und Perspektivlosigkeit. Da ist es kaum verwunderlich, dass die kritischen Stimmen zahlreicher und lauter werden. Die Beweislast hat sich umgekehrt. Die Kritik an der Globalisierung wird zunehmend als legitim und berechtigt erachtet. Diejenigen, die unbeirrt auf den alten Gleisen weiterfahren möchten, stehen unter Begründungs- und Rechtfertigungsdruck. Zu verdanken ist dieser Wandel vor allem jenen Menschen, die in den Medien gelegentlich immer noch und allzu pauschal als „Globalisierungsgegner" bezeichnet werden.

Bei genauerem Hinsehen stellt man freilich fest, dass es sich bei den meisten Aktivisten um *Kritiker*, nicht *Gegner* der Globalisierung handelt (vgl. zum Folgenden Leggewie 2003). Gegner sind sie schon deshalb nicht, weil sie selbst wesentlich zum Fortgang der Globalisierung beitragen: durch ihre grenzüberschreitenden, oft weltweit vernetzten Aktivitäten, durch ihre virtuose Nutzung des Internet, aber auch durch ihre universalistischen politischen Ideen. Allerdings schwebt ihnen eine *andere* Art von Globalisierung vor – eine, die nicht auf den Faktor Ökonomie fixiert ist, nicht auf schrankenlose Liberalisierung, Devisenspekulation oder Lohndumping setzt; eine, die Globalisierung nicht auf Kosten der Umwelt, der sozialen Sicherheit und vor allem der „Dritten Welt" vorantreibt. Zahllose kleine Gruppen und größere Organisationen aus allen Teilen der Welt – immer mehr auch aus den Ländern des Südens – kümmern sich um Demokratie und Menschenrechte, um Arbeitsbedingungen und Ökologie, um die Gleichstellung der Geschlechter, um Minderheitenschutz und kulturelle Vielfalt. Und sie belassen es nicht beim Protest, sondern tragen ihre Alternativen vor, wie beim Weltsozialforum im brasilianischen Porto Alegre.

Viele globalisierungskritische Organisationen haben eher Bewegungscharakter, sie setzen – man denke an die Aktivitäten von „Attac", der bekanntesten globalisierungskritischen Organisation – nicht zuletzt auf den medienwirksamen Protest auf der Straße (Grefe u. a. 2002). Auch wenn die Ausschreitungen in Seattle oder Genua etwas anderes vermuten lassen, agieren sie in der Regel strikt gewaltlos. Andere, die so genannten Nichtregierungsorganisationen – zu ihnen zählen etwa Greenpeace und Amnesty International –, sind stärker daran interessiert, mit ihrem Expertenwissen bei den politischen Entscheidungsträgern Gehör zu finden. Wenngleich es auch Globalisierungskritik aus dem rechten politischen Spektrum gibt, sind die meisten Organisationen eher auf der Linken angesiedelt.

Doch es sind nicht nur die zahlreichen namenlosen Aktivisten, auch viele renommierte Wissenschaftler und Autoren stellen sich der globalisierungskritischen Bewegung zur Verfügung. Einer von ihnen ist der amerikanische Sprachwissenschaftler Noam Chomsky, der in den zurückliegenden Jahren weniger durch fachwissenschaftliche Veröffentlichungen als durch gesellschaftskritische Schriften von sich Reden gemacht hat (Chomsky 2000). Oder auch Pierre Bourdieu, der 2002 verstorbene führende französische Soziologe, zu dessen Selbstverständnis es gehörte, immer wieder den Elfenbeinturm der Wissenschaft zu verlassen und sich in politische Kämpfe einzumischen (Bourdieu 1998, ders. 2001). Oder schließlich der Schweizer Jean Ziegler: Er ist zurzeit Sonderberichterstatter der Vereinten Nationen für das Recht auf Ernährung, war sozialistischer Parlamentsabgeord-

1. Einleitung: Die politische Globalisierungsdebatte

neter, verfügt als Soziologie-Professor in Genf über einen wissenschaftlichen Hintergrund und ist Autor ebenso erfolgreicher wie umstrittener Sachbücher. Sein neuestes Werk zum Thema Globalisierung (Ziegler 2003) ist in Form und Inhalt durchaus typisch für die große Zahl globalisierungskritischer Bücher, die in den vergangenen Jahren auf den Markt kamen (vgl. u. a. Forrester 1997, Boxberger/Klimenta 1998, Gray 2001, Klein 2001, Ramonet 2002, Chossudovsky 2002, Mander/Goldsmith 2002, Stiglitz 2002): oft polemisch, gelegentlich auch pathetisch, bewusst einseitig, mitunter widersprüchlich, trotz allem höchst informativ – jedenfalls insofern, als Sachverhalte ausgebreitet werden, über die man in den großen Medien nichts oder nur wenig erfährt.

Zieglers Stärke – wie auch die einiger anderer globalisierungskritischer Autoren – liegt darin, dass er seine Auffassungen nicht allein auf einschlägige Literatur oder volkswirtschaftliche Statistiken gründet, sondern sich in der Welt umsieht. Seine Darstellung lebt von der Anschaulichkeit. So berichtet er, um ein Beispiel unter vielen auszuwählen, über die Hintergründe des Walt Disney Films *101 Dalmatiner* (Ziegler 2003, S. 80). Der Film war vor einigen Jahren ein großer Erfolg, Millionen Kinobesucher erfreuten sich an den turbulenten Abenteuern der jungen Hunde. Über die ebenso grotesken wie empörenden Begleitumstände dieses Films wissen die meisten Zuschauer jedoch nichts.

So hat der Medienkonzern Walt Disney für die Dauer der Dreharbeiten die Hunde in eigens errichtete luxuriöse „Hundepensionen" einquartiert. Dort verfügten sie über gepolsterte Betten und Heizstrahler. Hundeköche kümmerten sich um das leibliche Wohlergehen der Vierbeiner, bereiteten ihre Mahlzeiten zu, die abwechselnd aus Schweinefleisch, Kalbfleisch und Hühnerfleisch bestanden. Tierärzte wachten Tag und Nacht über die Gesundheit der Tiere.

Mit *Menschen* hingegen geht der Disney-Konzern weit weniger rücksichtsvoll um. Von den komfortablen Lebensumständen der Dalmatiner jedenfalls können die im Dienste Disneys stehenden haitianischen Arbeiterinnen und Arbeiter nur träumen. Ihre Aufgabe besteht darin, die mit den beliebten Hunden geschmückten Kinderpyjamas zusammenzunähen. Die Arbeitstage dieser Männer und Frauen sind endlos lang, sie arbeiten für Hungerlöhne unter unmenschlichen Bedingungen. Sie hausen in dreckigen, malariaverseuchten Bruchbuden, schlafen auf dem nackten Boden. Ein Stück Fleisch ist für sie unerschwinglich, ebenso ein regelmäßiger Arztbesuch.

Ziegler legt den Finger auf so manche Wunde, die im Zuge der

Globalisierung geschlagen wurde. So schildert er die Verhältnisse in den zahlreichen „Sonderproduktionszonen" der Dritten Welt, den so genannten „Sweatshops". Das sind Ausbeuterbetriebe, in denen vorwiegend transnationale Konzerne unter frühkapitalistischen Bedingungen Produkte für die Märkte des Nordens und des Westens dieser Welt herstellen lassen. Praktiken wie die des Disney-Konzerns sind alles andere als Einzelfälle.

Globalisierung, so Zieglers Botschaft, wird von den Machtzentren der nördlichen Halbkugel in einseitiger und eigennütziger Weise geprägt, Gewinne und Verluste sind ungerecht verteilt. Die Verlierer finden sich zum einen unter den abhängig Beschäftigten oder Arbeitslosen in den entwickelten Ländern; vor allem aber finden sie sich in jenen Volkswirtschaften der unterentwickelten Welt, die nicht auf die Beine kommen, unter Ausbeutung und Abhängigkeit leiden oder gar – destabilisiert und hoch verschuldet – regelrecht kollabieren. Sie leiden unter Hunger und Armut, Krankheit und Tod, unter Arbeitslosigkeit, fortschreitender Umweltzerstörung und Krieg. Ziegler analysiert und kritisiert die Praktiken transnationaler Konzerne ebenso wie die globale Rolle US-Amerikas und der von ihm dominierten ökonomischen Schlüssel-Institutionen der Globalisierung: also der Weltbank, dem Internationalen Währungsfonds (IWF) und der Welthandelsorganisation (WTO = World Trade Organization). Diese und andere global wirksame Institutionen sind für ihn die „neuen Herrscher der Welt", von denen im Buchtitel die Rede ist. Sie greifen in einer von neoliberaler Ideologie geprägten Weise in die ökonomischen und politischen Strukturen vieler Länder ein – mit teilweise katastrophalen Folgen.

Viele Globalisierungskritiker belassen es, wie schon erwähnt, nicht bei der Kritik, sondern tragen ihre Alternativen vor. Betrachtet man ihre zahlreichen Vorschläge, dann muten diese teils pragmatisch und durchaus realisierbar an, teils jedoch auch visionär und – zumindest aus heutiger Sicht – utopisch. Letzteres ist insbesondere dann der Fall, wenn die Ideen zu umfassenden, alternativen Entwürfen von Globalisierung verdichtet werden, beispielsweise zu Modellen „globaler Demokratie", die auf Ausgleich und Gerechtigkeit basieren.

Die globalisierungskritischen Forderungen und Vorschläge, auf die ich am Ende des Buches zurückkommen werde, beinhalten beispielsweise die Reform oder gar die Abschaffung bestimmter internationaler Institutionen (IWF, Weltbank, WTO) bzw. die Verlagerung ihrer Zuständigkeiten auf andere Institutionen (wie die UNCTAD*, die

---

* UNCTAD = United Nations Conference on Trade and Development

1. Einleitung: Die politische Globalisierungsdebatte

Internationale Arbeitsorganisation o. Ä.); sie verlangen mehr demokratische Beteiligung an Entscheidungsprozessen; sie fordern die Bewahrung bestimmter Lebensbereiche, wie etwa Gesundheit oder Dienstleistungen, statt Deregulierung; sie wollen den Aktivitäten transnationaler Unternehmen oder der ungehemmten Devisenspekulation stärkere Fesseln anlegen (Letzteres durch die viel diskutierte „Tobin-Steuer"); sie verlangen die stärkere Berücksichtigung ökologischer Anliegen; sie plädieren für größere Gerechtigkeit im Nord-Süd-Verhältnis (z. B. durch einen Schuldenerlass für „Dritte Welt"-Länder oder die stärkere Öffnung der Märkte des Nordens für Produkte des Südens).

Bei alledem sind sich die Kritiker – wie sollte es angesichts der Vielgestaltigkeit der Bewegung anders sein? – keineswegs einig, welche Maßnahmen im Einzelnen erforderlich sind, welche von ihnen Priorität haben sollten und wie und von wem sie durchzusetzen sind. Sie alle unterstellen jedoch in einem mehr oder weniger großen Ausmaß, dass Globalisierung in der heutigen Form kein „naturnotwendiger" Prozess ist, sondern dass es gangbare Alternativen gibt (Mander/Cavanough 2003).

Ein wichtiges Argument in diesem Zusammenhang, das sicherlich in den kommenden Jahren an Bedeutung gewinnen wird, ist historischer Natur. Globalisierung, so etwa der amerikanische Soziologe und Globalisierungskritiker Charles Derber (Derber 2003), ist kein völlig neuartiges Phänomen. Im Laufe der historischen Entwicklung, so seine These, hätten sich immer wieder Globalisierungsschübe ereignet, etwa in der von ihm ausführlich behandelten Ära des Kolonialismus und Imperialismus. Historische Analogien dieser Art sind nach Derbers Überzeugung lehrreich und ermutigend; sie zeigen, dass sich scheinbar übermächtige und selbstläufige soziale Prozesse als gestaltbar und korrigierbar erwiesen haben. So ist denn auch nicht Globalisierung als solche für Derber das Problem, sondern ihre derzeitige Ausrichtung. Ihr gelte es zu widerstehen. Globalisierung, so fordert er, könne und müsse „neu erfunden" werden.

Wer seine Augen vor den Realitäten dieser Welt nicht verschließt, wird vielen Argumenten der Globalisierungskritiker ihre Berechtigung kaum absprechen können. Doch wie steht es um ihre alternativen Vorschläge? Sind sie tragfähig, praktikabel, realisierbar? Wie groß sind die Handlungsspielräume tatsächlich? Sind die Analysen, aus denen die Handlungsspielräume abgeleitet werden, überzeugend? Sind beispielsweise historische Analogien wirklich so tragfähig, wie Charles Derber dies unterstellt? Werden die globalisierungskritischen

Bewegungen tatsächlich auf längere Sicht jene Welt verändernde Rolle spielen können, die er und andere ihnen zugedacht haben? Und taugen, wie Derber gleichfalls meint, die europäischen, sozialdemokratisch geprägten Gesellschaftsmodelle tatsächlich als globale Alternative zur wesentlich rüderen amerikanischen Variante des Kapitalismus? Und weiter: Warum erfährt man in globalisierungskritischen Schriften so viel über die angeblich „neuen Herrscher der Welt" und nur so wenig über die Millionen Menschen in den entwickelten Ländern, die zwar nicht zu den Mächtigen gehören, die aber durch ihr alltägliches Konsumverhalten den Globalisierungsprozess in Gang halten und vorantreiben? Und könnte es sein, dass viele Globalisierungskritiker die Eigendynamik der Globalisierung unterschätzen, eine Eigendynamik, gegenüber der möglicherweise auch jene „neuen Herrscher" ohnmächtig sind, die gegenwärtig im Übermaß von ihr profitieren?

Liest man die Schriften der Globalisierungskritiker genau, liest man gelegentlich auch „zwischen den Zeilen", stellt man fest, dass sie selbst ihrer Sache wohl nicht so ganz sicher sind. Zumindest aber werfen manche ihrer Argumentationsmuster Probleme auf, die man gerne geklärt wüsste. So widerspricht zum Beispiel Pierre Bourdieu (und nicht nur er) mit Vehemenz der Vorstellung, Globalisierung sei durch sachzwanghafte, nicht zuletzt ökonomische Entwicklungen bestimmt:

„All das, was man unter dem [...] Begriff der 'Globalisierung' fasst, ist keineswegs das Ergebnis zwangsläufiger ökonomischer Entwicklungen, sondern einer ausgeklügelten und bewusst ins Werk gesetzten, sich ihrer verheerenden Folgen allerdings kaum bewussten Politik. Diese Politik, die sich schamlos eines Vokabulars der Freiheit, des Liberalismus, der Liberalisierung, der Deregulierung bedient, ist in Wirklichkeit eine *Politik der Entpolitisierung* und zielt paradoxerweise darauf ab, die Kräfte der Ökonomie von all ihren Fesseln zu *befreien*, ihnen dadurch einen fatalen Einfluss einzuräumen und die Regierungen ebenso wie die Bürger den derart von ihren Fesseln 'befreiten' Gesetzen der Ökonomie zu unterwerfen" (Bourdieu 2001, S. 62).

Diese „entpolitisierte Politik" habe sich, so Bourdieu, auch „bei den liberalen oder gar sozialdemokratischen Regierungen einer ganzen Reihe von wirtschaftlich fortgeschrittenen Ländern durchgesetzt [...], was dazu geführt hat, dass diese ihre frühere Kontrolle über die Kräfte der Ökonomie Schritt für Schritt aufgegeben haben" (ebd., S. 63). Und an anderer Stelle heißt es: „Entgegen der verbreiteten Vorstel-

1. Einleitung: Die politische Globalisierungsdebatte

lung, dass es die Politik der 'Globalisierung' ist, die den Bedeutungsverlust der Staaten vorantreibt, spielen sie in Wirklichkeit selbst eine entscheidende Rolle im Dienste gerade der Politik, die sie schwächt" (ebd., S. 75). Doch warum sollten Regierungen oder Staaten derlei aus freien Stücken tun? Warum sollten sie ihre gerade im 20. Jahrhundert so deutlich gewachsene Macht – verstanden als Eingriffsbreite und -tiefe in ihre jeweiligen Gesellschaften – nun plötzlich abgeben wollen? Dass die Dinge sich so einfach verhalten, wie Bourdieu unterstellt, ist – gelinde gesagt – eher unwahrscheinlich. Oder nehmen wir Jean Ziegler: Er erinnert an die brasilianische Regierung der Jahre zwischen 1995 und 2002. Präsident Cardoso und einige seiner Minister waren intellektuell brillante, wissenschaftlich ausgewiesene, der politischen Linken verpflichtete Persönlichkeiten. Während ihrer Regierungszeit haben sie sich, mit einer Ausnahme, grundlegend gewandelt oder, wie Ziegler es formuliert, sie haben „ihre Gesinnung frohgemut gewechselt" (Ziegler 2003, S. 182). Was hat sie dazu bewogen? Reiner Opportunismus? Sind sie gar von den „Herrschern der Welt" unter Druck gesetzt oder erpresst worden? Vielleicht sind die Zusammenhänge doch etwas komplexer, als es in den beiden angeführten Zitaten Bourdieus und Zieglers den Anschein hat.

Oder betrachten wir als letztes Beispiel die Argumentation Charles Derbers. Er stellt u.a. die Praktiken transnationaler Konzerne (er nennt sie „Schurkenunternehmen") schonungslos an den Pranger und fordert einen „globalen New Deal" mit dem Ziel, die Weltwirtschaft radikal zu demokratisieren, die großen Konzerne in kleinere Einheiten zu zerschlagen, ihre Aktivitäten an globale Gemeinwohlverpflichtungen zu binden, ihnen strenge Sozial- und Umweltklauseln aufzuerlegen und diese ebenso streng zu überprüfen und gegebenenfalls zu sanktionieren (bis hin zum Entzug der Betriebserlaubnis). Es soll an dieser Stelle nicht die Frage interessieren, ob diese Vision einer globalen sozialistischen Marktwirtschaft auch nur eine entfernte Realisierungschance hat, ob sie funktionsfähig wäre und welche nachteiligen Effekte, über die Derber sich weitgehend ausschweigt, sie hervorbringen könnte (etwa einen gigantischen bürokratischen Kontrollapparat). Vielmehr sei ein kurzes Zitat angeführt, in dem Derber einen bemerkenswerten Realismus an den Tag legt, der in einem eigentümlichen Spannungsverhältnis zu seiner sonstigen Argumentation steht:

„Bei Vorträgen frage ich meine Zuhörer oft, was wohl passieren würde, wenn eine wirklich erleuchtete Person, sagen wir Buddha oder Jesus, der Vorstandsvorsitzende eines führenden globalen Unternehmens wie *Nike* wäre. Würden solche Heiligen den Sweatshops den Garaus machen oder die Firmenprofite in die Entwicklung der verarmten Nationen stecken, in denen sie operieren? Nur wenige haben über eine solche Frage je nachgedacht. Nach kurzer Überlegung kommen die meisten Leute zu dem Schluss, dass wahrscheinlich auch Buddha oder Jesus die Unternehmenspolitik nicht ändern könnten. Kapitalgesellschaften sind rechtlich verpflichtet, ihren Aktionären größtmöglichen Gewinn zu bringen. Jesus und Buddha würden als heilige Bosse in den USA vor Gericht landen, wenn sie Gewinne schmälern, um den Armen in der Welt zu helfen. Und das ist nur *ein* Aspekt in der grundlegenden Programmierung der globalen Finanzmärkte und Firmen, in der Profite über Menschen rangieren" (Derber 2003, S. 174 f.).

Nicht nur in den USA würde es wahrscheinlich so sein, sondern auch in Europa, dessen Wirtschaftsverfassung Derber gegenüber amerikanischen Verhältnissen zuweilen allzu sehr idealisiert. Und auch in vielen anderen Bereichen, so darf man vermuten, entfalten zwar andersartige, aber ähnlich einschränkende Mechanismen ihre Wirkungen: in öffentlichen Unternehmen ebenso wie in Regierungsapparaten oder in internationalen Organisationen. Angesichts solcher Zwänge kann man selbstverständlich, wie Derber es tut, die Radikalkur, den Sprung in eine ganz andere Welt fordern. Doch was ist, wenn dieser Sprung misslingt oder niemand ihn wagt? Gibt es tatsächlich keine Alternative zwischen einem „weiter so" und einem „ganz anders"?

Die *politische* Globalisierungsdiskussion, die ich hier zunächst vornehmlich aus der Perspektive der Globalisierungskritiker dargestellt habe, lässt sich, ein wenig schematisch, in zwei Lager spalten. Die einen präsentieren Gewinnrechnungen, die anderen antworten mit Verlustrechnungen; die einen behaupten, dass es keine Alternative zum Lauf der Dinge gebe, die anderen versichern, dass eine „andere Welt" möglich sei; die einen betonen die Eigendynamik des Prozesses, die anderen machen politische und ökonomische Kräfte aus, die den Prozess in ihrem Sinne und zum eigenen Vorteil steuern.

Beide Perspektiven leiden unter Vereinseitigungen. Im Folgenden werde ich eine alternative Sichtweise vortragen. Dazu werde ich verstärkt wissenschaftliche Beiträge in meine Darstellung einbeziehen und mehrere Kapitel darauf verwenden, ein differenziertes und komplexes Globalisierungsverständnis zu entwickeln (vgl. auch Teusch 2003). Ich werde mich also nicht so sehr mit den zahlreichen – oft tagesaktuellen – Einzelproblemen beschäftigen, die insbesondere in den Medien immer wieder mit Globalisierung assoziiert werden. Viel-

1. Einleitung: Die politische Globalisierungsdebatte

mehr werde ich einen Bezugsrahmen vorstellen, der es ermöglichen soll, dem Phänomen auf einer grundsätzlicheren Ebene gerecht zu werden, und der es erleichtern soll, auch die angesprochenen Einzelprobleme besser einzuordnen und zu bewerten. Diese Vorgehensweise erscheint mir nicht zuletzt deshalb erforderlich, weil in der öffentlichen Debatte oftmals mit einem unklaren, diffusen oder einseitigen Globalisierungsbegriff gearbeitet wird. Ähnlich verhält es sich – leider – auch mit vielen anderen Begriffen des öffentlichen Sprachgebrauchs, die zugleich eine politische und eine wissenschaftliche Dimension aufweisen. Auch die Begriffe Demokratie, Nation, Faschismus, Sozialismus, Anarchie und viele andere lassen sich auf Grund ihres schillernden Bedeutungsspektrums für vielfältige politische Zwecke instrumentalisieren. Zumindest bei den politischen Akteuren – in der Wissenschaft sieht es selbstverständlich anders aus – besteht oft nur ein geringes Interesse, eine seriöse Begriffsklärung vorzunehmen oder sich über Begriffsgrundlagen zu verständigen, könnte dies doch die Instrumentalisierbarkeit des Begriffs gefährden und zu einer Versachlichung der Debatte beitragen, die vielerorts gar nicht erwünscht ist. Nach der Entfaltung eines differenzierten Verständnisses von Globalisierung (Kapitel 2 bis 6) werde ich mich mit einzelnen Akteuren des Globalisierungsprozesses beschäftigen (Kapitel 7), der Frage nach der Zukunft der Demokratie unter Globalisierungsbedingungen nachgehen (Kapitel 8) und meine Sichtweise sodann am Beispiel der Zusammenhänge zwischen Globalisierung, Krieg, neuen Konfliktformen und globalem Terrorismus illustrieren (Kapitel 9). Abschließend werde ich auf die im vorliegenden Kapitel herausgearbeitete Zentralfrage nach den politischen Handlungsspielräumen im Kontext der Globalisierung zurückkommen.

2. Elemente des Globalisierungsbegriffs

Der Begriff Globalisierung hat innerhalb kurzer Zeit größte Verbreitung gefunden – als politisches Schlagwort und als Zentralbegriff der Wissenschaft. Während er, wie wir gesehen haben, in der politischen Debatte oftmals als politisches oder ökonomisches Schlagwort, mitunter auch als ideologisch aufgeladener Kampfbegriff eingesetzt wird, erwartet und fordert man von der Wissenschaft mit Recht, dass sie Globalisierung definiert sowie Klarheit über ihre Ursachen, Erscheinungsformen und Folgen schafft. Doch diese Forderung ist leichter erhoben als erfüllt. Sie ist schwer zu erfüllen, weil im Prozess der Globalisierung vieles im Fluss ist, schnellem Wandel unterliegt, noch keine sicheren Konturen gewonnen hat und die Ergebnisse der in Gang befindlichen Prozesse noch unbestimmt sind. Sie ist aber vor allem deshalb schwer zu erfüllen, weil diejenigen wissenschaftlichen Disziplinen, die Globalisierungsforschung betreiben, *selbst* von Globalisierung betroffen sind und von ihr verändert werden. Um dem Phänomen voll gerecht werden zu können, müssen sie schwierige Umorientierungen bewerkstelligen. Wie ist diese These zu verstehen?

Zunächst: Auch in der Wissenschaft ist der Globalisierungsbegriff umstritten. Was immer jedoch im Einzelnen unter Globalisierung verstanden wird – es besteht weithin Einigkeit, dass sich im Zuge der Globalisierung überkommene Grenzen auflösen, dass sie porös oder zumindest problematisch werden oder sich in ihrem Verlauf ändern. Betroffen sind insbesondere die Grenzen zwischen Staaten bzw. einzelnen Gesellschaften, zwischen dem also, was *innerhalb* dieser Staaten und Gesellschaften geschieht, und dem, was *außerhalb* von ihnen geschieht.

Weil dies so ist, weil Grenzen in der *realen* Welt an Bedeutung verlieren oder in Fluss geraten, verflüssigen sich auch die Grenzen wissenschaftlicher Disziplinen. Vor allem die sozial- und wirtschaftswissenschaftlichen Disziplinen, aber auch die Philosophie, die Rechts- oder die Geschichtswissenschaft sind hiervon betroffen, verdanken sie doch ihre Identität und ihre Legitimation nicht zuletzt der Existenz realer Grenzen. Ihre Untersuchungsgegenstände und Bezugspunkte, ihre zentralen Prämissen und Gewissheiten würden sich

2. Elemente des Globalisierungsbegriffs

ohne die Existenz von (staatlichen und gesellschaftlichen) Grenzen kaum begründen lassen.

Insoweit diese Disziplinen mit dem Begriff der „Gesellschaft" arbeiten, geschieht dies, so Immanuel Wallerstein, üblicherweise aus einem Blickwinkel, in dem „Gesellschaft" die eine Hälfte eines „antithetischen Tandems" bildet, dessen andere Hälfte der „Staat" ist (Wallerstein 1995, S. 290). Die Grenzen von Gesellschaft und Staat werden vielfach synonym gedacht, so dass die gegenwärtigen Staaten als die souveränen Einheiten erschienen, in denen das gesellschaftliche Leben stattfindet. Wallerstein fasst diese Sichtweise prägnant zusammen:

„Wir leben in Staaten. Eine Gesellschaft liegt jedem Staat zugrunde. Staaten haben eine Geschichte und somit auch Traditionen. Seitdem Veränderung normal ist, ist es vor allem der Staat, der sich normalerweise ändert oder entwickelt. Staaten ändern ihre Produktionsweise; treiben die Urbanisierung voran; haben soziale Probleme; prosperieren oder verfallen. Sie haben Grenzen, innerhalb derer Faktoren 'intern' und außerhalb derer die Faktoren 'extern' sind. Sie sind 'logisch' unabhängige Einheiten, sodass sie, für statistische Zwecke, 'verglichen' werden können" (Wallerstein 1995, S. 292).

Unter Globalisierungsbedingungen werden all diese Annahmen fragwürdig oder gar obsolet. Nehmen wir als Beispiel die Politikwissenschaft und ihre Teildisziplin „Politische Theorie". Die Klassiker der politischen Ideengeschichte – von Platon bis zur Moderne – haben für gewöhnlich ihre Aussagen auf die inneren Verhältnisse umgrenzter politischer Einheiten bezogen (Polis, Reich, Staat, Nation etc.). Die zeitgenössische Politische Theorie sieht sich demgegenüber vor die Herausforderung gestellt, ihre Aussagen in einen grundlegend veränderten Bezugsrahmen zu stellen. Wenn immer öfter wichtige politische Entscheidungen in überstaatlichen Organisationen oder Institutionen getroffen werden (sei es im Kontext der EU, sei es im globalen Rahmen), wenn Problemlagen immer stärker Grenzen überschreiten und nur in internationaler Kooperation zu bewältigen sind, wenn transnationale Konzerne (etwa durch Produktionsverlagerungen in andere Weltteile) immer häufiger auch politische Daten setzen, ohne dass Staaten dagegen viel ausrichten könnten, dann wird eine Staats- oder Demokratietheorie, die weiterhin auf die inneren Verhältnisse eines Staates oder einer Gesellschaft fixiert bleibt, zunehmend wirklichkeitsfern.

Doch auch die „nach außen" orientierte politikwissenschaftliche Teildisziplin „Internationale Beziehungen" steht vor ähnlichen Problemen. Zahlreiche Vertreter dieser Teildisziplin waren traditionell der Überzeugung, Staaten seien die wichtigsten Akteure der internationalen Politik, Innenpolitik und Außenpolitik seien zwei qualitativ unterschiedliche politische Handlungsfelder und die internationale (Staaten-)Welt sei ein eigenständiges, also von den inneren Verhältnissen einzelner Staaten abtrennbarer und eigenen Gesetzen folgender Handlungsbereich. Weil es auf internationaler Ebene keinen „Souverän" (z.B. in Gestalt einer Weltregierung), keine zentrale Sanktionsgewalt, kein wirksames und unumstrittenes Gewaltmonopol gibt, glaubte man die („anarchische") internationale Welt prinzipiell von der („hierarchischen") binnenstaatlichen Ordnung abheben zu können. Zwar wird die Reinheit dieser Lehre nicht erst seit heute in Zweifel gezogen und schon seit langem auf die zahlreichen Wechselwirkungen, Verbindungslinien und Verflechtungen zwischen „innen" und „außen" hingewiesen. Aber erst in jüngster Zeit steht die Frage nach der sinnvollen Unterscheidbarkeit der beiden Phänomenbereiche *als solche* zur Debatte.

Obwohl die Globalisierungsforschung in den vergangenen Jahren einen regelrechten Boom erlebt hat, obwohl sie von zahlreichen Disziplinen getragen wird und die inzwischen vorliegenden theoretischen und empirischen Forschungsergebnisse für einzelne Wissenschaftler längst nicht mehr überschaubar sind, ist es ihr bislang nicht gelungen, einen Grundkonsens über ein adäquates Verständnis von Globalisierung zu erzielen. Auch zukünftig dürfte ein solcher Konsens kaum zu erwarten sein. Wie auf vielen anderen Forschungsfeldern, wird es auch hier sicherlich wissenschaftliche Fortschritte geben, einen wachsenden Bestand an „gesicherten Erkenntnissen", doch es ist so gut wie auszuschließen, dass eines Tages alle strittigen Fragen, die mit dem Phänomen Globalisierung verbunden sind, einvernehmlich geklärt werden können. Zu viele unterschiedliche wissenschaftliche Disziplinen sind an der Debatte beteiligt, zu viele Theorien und Ansätze konkurrieren miteinander. Dies muss kein Nachteil sein, im Gegenteil. Wissenschaft lebt von der Kontroverse, von der wechselseitigen Kritik; auch wenn kein Konsens erzielt wird, verbessert sich durch die wissenschaftlichen Anstrengungen letztlich doch die Grundlage, auf der Urteile über bestimmte Fragen formuliert werden.

In der Globalisierungsdebatte sind viele Einzelfragen umstritten, die Akzente werden, je nach Fachgebiet und theoretischem Zugriff, unterschiedlich gesetzt. So wird man vergeblich nach einer konsensfähigen Definition von Globalisierung suchen. Über ihre Spezifika ist man ebenso uneins wie über die Frage, ob es sich bei Globalisierung um ein neues Phänomen handelt oder ob der Prozess über eine länger zurückreichende historische Dimension verfügt. Unter denjenigen wiederum, die sich für eine historische Perspektive stark machen, bestehen Differenzen darüber, welche Globalisierungsepochen im Einzelnen zu unterscheiden sind und wie sie zeitlich fixiert werden können. Nicht nur über die Ursprünge, auch über die Ursachen (also die Frage des „Warum" bzw. der „Kausalität") von Globalisierung findet man unterschiedliche Auskünfte, ebenso über ihre sozialen, politischen, ökonomischen, kulturellen oder ökologischen Folgen – und schließlich auch über ihre Bewertung als „Fortschritt" oder „Gefahr".

Gleichwohl ist die Debatte an einem Punkt angelangt, der es erlaubt, erste Übersichten und Zwischenbilanzen vorzulegen (vgl. u. a. Dürrschmidt 2002, Müller 2002, Backhaus 1999, Baylis/Smith 1997, Scholte 1999, Steger 2003). Ich werde zunächst in aller Kürze einen Überblick über die aus meiner Sicht wichtigsten kontroversen Fragen und die unterschiedlichen Antwortmöglichkeiten geben, also gleichsam einen Katalog zusammenstellen, in dem diejenigen Gesichtspunkte angesprochen werden, die in einem umfassenden Globalisierungsverständnis berücksichtigt werden sollten. In einem zweiten Schritt werde ich die von mir präferierte Perspektive anhand der einzelnen Fragen kurz erläutern und in den nachfolgenden Kapiteln detailliert begründen.

Es sind insbesondere die folgenden Fragen, die in der wissenschaftlichen Globalisierungsdebatte umstritten sind:

1. *Enger* oder *weiter* Globalisierungsbegriff?
Anwälte eines *engen* Verständnisses sagen, Globalisierung schaffe eine „entgrenzte" Welt, sie sei gleichbedeutend mit „Entgrenzung". Wenn man den Begriff der Entgrenzung wörtlich nimmt (was viele, die ihn verwenden, nicht tun), bezieht er sich im Wesentlichen auf Erscheinungsformen von Globalisierung, für die Grenzen keine Rolle mehr spielen: zu denken wäre beispielsweise an das Internet oder globale Finanzströme oder auch ökologische Prozesse. Setzt man den so verstandenen Begriff der Entgrenzung und damit ein enges Globalisierungsverständnis absolut, bedeutet dies, dass zahlreiche Phänomene, die man im Alltagsverständnis gemeinhin als Ausdruck von Globalisierung betrachtet, ausgeklammert werden müssten. Alle Formen der „Grenzüberschreitung", die nicht den hohen Anspruch einer vollständigen Entgrenzung erfüllen, würden selbst dann, wenn sie globale Ausmaße annehmen, nicht unter diesen strengen Globalisierungsbegriff fallen. Eine zunehmende Mobilität, sei es in Form von Migra-

tion oder von Reiseverkehr, könnte konsequenterweise nicht als Globalisierungsphänomen interpretiert werden. Solche Mobilität profitiert dieser Lesart zufolge zwar davon, dass Grenzen durchlässiger werden oder sich leichter überschreiten lassen als ehedem, aber sie hebt Grenzen nicht wirklich auf. Diese sind auch weiterhin vorhanden und müssen überwunden werden. Ein *weiter* Globalisierungsbegriff würde demgegenüber sämtliche Erscheinungsformen eines wie auch immer gearteten Bedeutungsverlusts von Grenzen umfassen, sofern dieser potenziell globale Dimensionen annimmt. Ausschlaggebend ist nicht die „Entgrenzung", sondern die „Relativierung von Grenzen". Während der enge Globalisierungsbegriff eine „Spezifizierung" vornimmt, konzipiert der weite Globalisierung als „Sammelbegriff". Wer einen engen Globalisierungsbegriff bevorzugt, muss begründen, warum er die zahlreichen Phänomene, die im Sammelbegriff berücksichtigt werden, „ausgrenzt". Wer einen weiten Globalisierungsbegriff bevorzugt, muss begründen, warum er Globalisierung auf sämtliche „Grenzen relativierende" Phänomene globaler Dimension ausweitet und den Begriff insoweit „entgrenzt".

Eng mit dem Problem des weiten bzw. engen Globalisierungsbegriffs verbunden ist die Frage, ob Globalisierung ein „supraterritorialer" Vorgang ist und ob man von ihr ein „Ende der Territorialität" zu erwarten hat. Wer die Akzente in diesem Sinne setzt, meint damit, dass – ähnlich wie im Fall der Grenzen – Globalisierungsprozesse gleichsam „abheben" und auf eine territoriale Verankerung nicht mehr angewiesen sind. Im „Cyberspace" gibt es keine Bodenhaftung mehr. Zwar löst sich Territorialität nicht *vollständig* auf, denn auch solcherart globalisierte Prozesse müssen gelegentlich „aufsetzen", aber sie verliert rapide an Bedeutung. Die Gegenposition behauptet, dass Territorialität auch im Zeitalter der Globalisierung eine wichtige Rolle spielt, wenn auch in veränderter Weise. So verliere zum Beispiel das staatliche Territorium an Bedeutung, doch in anderer Hinsicht würde das Territorium wichtiger, so dass man partiell sogar von einer „Re-Territorialisierung" sprechen könne.

2. *Absolute* oder *tendenzielle* Globalität?

Globalisierung, so einige Autoren, sei dann gegeben, wenn die Welt „a single place" sei oder als solcher wahrgenommen werde, wenn also ein Grad der Integration und/oder wechselseitigen Abhängigkeit erreicht sei, der es erlaube, von „einer Welt" zu sprechen. Bestimmte ökologische Gefährdungen, der weite Bereich der medialen oder kommunikationstechnischen Vernetzung (am 11. September 2001 war die Welt in diesem Sinne „ein Ort", die „Weltgesellschaft" war auf ein Ereignis fixiert) oder das Feld der Finanztransaktionen lassen sich beispielhaft für dieses Konzept *absoluter* Globalität anführen. Wer hingegen von einer *Tendenz* zur Globalität spricht, schlägt auch solche Phänomene der Globalisierung zu, die globale Dimensionen annehmen *könnten*, also lediglich ein *Potenzial* zur Globalisierung aufweisen. Diese Sichtweise betont den Prozesscharakter von Globalisierung, ohne damit zu unterstellen, dass alle Phänomene, die in dem Prozess eine Rolle spielen, tatsächlich bereits global sind oder auch nur global werden könnten oder müssten.

3. *Eindimensionaler* oder *multidimensionaler* Globalisierungsbegriff
In der politischen wie in der wissenschaftlichen Debatte über Globalisierung ist die Neigung verbreitet, diese als einen primär ökonomischen Prozess zu deuten. Selbst bei Autoren, die sich gegen die Fixierung auf den Faktor Ökonomie aussprechen, stellt man fest, dass sie sich dieser Tendenz dann doch in ihrer Analyse nur schwer entziehen können. Wer die ökonomische Dimension (oder eine andere mögliche Dimension) derart in den Vordergrund rückt, präferiert einen *eindimensionalen* Globalisierungsbegriff.

Die Gegenposition besteht darauf, Globalisierung als *multidimensionalen* Prozess zu begreifen, also neben der Ökonomie auch andere Dimensionen zu berücksichtigen, z. B. soziale, ökologische, kulturelle. Auch in diesem Bereichen findet man zahlreiche Phänomene, die den Tatbestand der „Entgrenzung" oder der wie auch immer gearteten „Relativierung von Grenzen" erfüllen. Die Frage, die von Verfechtern eines multidimensionalen Globalisierungsbegriffs beantwortet werden muss, lautet: In welchem Verhältnis stehen die verschiedenen Dimensionen zueinander? Sind sie alle gleichermaßen globalisiert, oder gibt es „Vorreiter" und „Nachzügler"? Sind bestimmte Dimensionen für den Prozess der Globalisierung wichtiger als andere?

4. *Neuartiges* oder *historisches* Phänomen?
Der Siegeszug des Begriffs „Globalisierung" begann Ende der 80er, Anfang der 90er Jahre des 20. Jahrhunderts. Das lässt vermuten, dass es sich bei Globalisierung um ein relativ *neues* bzw. *neuartiges* Phänomen handelt. Auf der anderen Seite ist derzeit ein Forschungstrend zu beobachten, der Globalisierung als Phänomen mit einer längeren *historischen* Entstehungsgeschichte deutet (Osterhammel/Petersson 2003), also auch in früheren Epochen Globalisierungsprozesse be-

obachtet, verschiedene Globalisierungsepochen unterscheidet oder gar den gesamten Geschichtsverlauf unter dem Gesichtspunkt der Globalisierung betrachtet. Je *weiter* der Globalisierungsbegriff gefasst wird (je stärker man also die Multidimensionalität betont), desto wahrscheinlicher ist es, dass man Globalisierung (bzw. einzelne ihrer Dimensionen) historisch weit zurückverfolgen kann. Auch eine historisch orientierte Betrachtung wird jedoch nicht umhin kommen, die Frage zu beantworten, ob sich die Globalisierung, die wir zurzeit erleben, von früheren Erscheinungsformen qualitativ unterscheidet.

5. *Monokausalität* oder *Multikausalität*?

Die Frage, ob man Globalisierung multikausal oder monokausal erklären kann, hängt eng mit der Frage zusammen, ob man einen ein- oder einen multidimensionalen Globalisierungsbegriff bevorzugt. *Monokausale* Erklärungen findet man insbesondere bei Autoren, die ihr Hauptaugenmerk auf die Ökonomie legen. In dieser Sichtweise sind es in erster Linie die Kräfte des Marktes oder auch die des technischen Fortschritts, die Globalisierungsprozesse hervorbringen und beschleunigen. Vertreter einer multidimensionalen Perspektive führen in der Regel auch mehrere Ursachen zur Erklärung von Globalisierung an, bevorzugen also eine *multikausale* Erklärungsstrategie. Da es unwahrscheinlich ist, dass diese Ursachen alle von absolut gleicher Bedeutung sind, stehen sie vor der Frage, ob und inwieweit sie ihre These der Multikausalität differenzieren, also eine Gewichtung der einzelnen beteiligten Faktoren vornehmen wollen.

6. *Lineare* oder *dialektische* Entwicklung?

Unter einer *linearen* Entwicklung versteht man eine widerspruchsfreie Entwicklung. Nach dieser Lesart zieht der Prozess der Globalisierung weitgehend ungefährdet seine Bahn und mündet – denkt man ihn bis zu seinem logischen Ende – in voll ausgebildeter Globalität. Vertreter einer linearen Perspektive denken in Kategorien des Wachstums, des Fortschritts, des „Weiter so", zu denen sie keine Alternativen sehen. Eine *dialektische* Sichtweise macht hingegen Widersprüche sichtbar, betont die Gefährdung des Prozesses, deutet Globalisierung bis zu einem gewissen Grad als Krisenprozess. Aus dieser Sicht ist es schwierig bis unmöglich, den längerfristigen Verlauf des Globalisierungsprozesses zu prognostizieren; sicher ist nur, dass er infolge der dialektischen Momente nicht in einer voll ausgebildeten Globalität münden wird.

2. Elemente des Globalisierungsbegriffs

7. *Interessengeleiteter* oder *eigendynamischer* Prozess?
Ein *interessengeleiteter* Prozess wäre Globalisierung dann, wenn nachgewiesen werden könnte, dass er nur deshalb in Gang gekommen ist, sich ausgeweitet und beschleunigt hat, weil bestimmte benennbare Kräfte, etwa aus der Politik oder aus Kreisen der Wirtschaft, ihn so und nicht anders gewollt haben, dass diese Kräfte der Globalisierung ein ganz bestimmtes Gepräge geben und zudem diejenigen sind, die hauptsächlich von ihr profitieren. Wenn Globalisierung interessengeleitet ist, bedeutet dies mit anderen Worten, dass der Prozess grundsätzlich gestaltbar wäre, dass es alternative Wege der Globalisierung gäbe, vielleicht auch die Möglichkeit einer „Entschleunigung" oder partiellen Umkehr. Wenn Interessen bestimmend sind, ist letztlich entscheidend, *welche* Interessen es sind, die zum Zuge kommen – und dies wiederum ist eine Frage der politischen Macht. Die gegenteilige Position betont die *Eigendynamik* des Globalisierungsprozesses, den quasi-Automatismus der Abläufe, deren Verselbständigung. Oder, will man es negativer und kritischer ausdrücken: Eigendynamik heißt – bis zu einem gewissen Grad jedenfalls –, dass der Prozess „außer Kontrolle geraten" ist und dass auch diejenigen, die gegenwärtig möglicherweise im Übermaß von ihm profitieren, ihn nicht wirklich steuern oder gestalten können – schon gar nicht in seiner Gesamtheit. Dies bedeutet freilich nicht, dass es *grundsätzlich* ausgeschlossen wäre, ihn wieder unter Kontrolle zu bringen, seiner Eigendynamik Grenzen zu setzen. Doch dies ist allenfalls Zukunftsmusik. Die aktuelle Wirklichkeit sieht dieser Interpretation zufolge anders aus.

8. *Positive* oder *negative* Folgen?
Auch der entschiedenste „Globalisierungsgegner" wird nicht bestreiten, dass Globalisierung auch *positive* Wirkungen gebracht hat oder bringt; auch der engagierteste Befürworter von Globalisierung wird nicht leugnen, dass der Prozess auch *negative* Folgen zeitigt. Und dennoch beschwören die einen die Sonnenseiten, die anderen die Schattenseiten der Globalisierung, die einen die Chancen, die anderen die Gefahren. Zwischen diesen Extrempositionen liegen zahlreiche Zwischenstufen. Die Frage lautet, ob man sich für einen der Flügel entscheiden muss oder ob sich eine differenzierte Sicht auf die Folgen der Globalisierung und somit eine differenziertere Bewertung des Gesamtprozesses begründen lässt.

In den folgenden Kapiteln werde ich von den soeben skizzierten alternativen Blickwinkeln ausgehen und auf ihrer Basis ein Verständnis von Globalisierung entwickeln. Ziel meiner Argumentation ist es also nicht, die verschiedenen möglichen Sichtweisen auf Globalisierung nunmehr ausführlicher zu entfalten, sie sodann nebeneinander zu stellen und dem Leser alles Weitere zu überlassen. Vielmehr beabsichtige ich, eine bestimmte Deutung zu entfalten, von der ich glaube, dass sie dem in Rede stehenden Phänomen am ehesten gerecht wird und alternativen Deutungen überlegen ist. Um meine Darstellung möglichst transparent zu gestalten, möchte ich schon an dieser Stelle – nur kurz und ohne nähere Begründung – meine Präferenzen zu den soeben dargestellten alternativen Blickwinkeln darlegen; dabei werde ich mich in einigen Fällen eindeutig für eine der beiden Seiten entscheiden, in anderen Fällen eine vermittelnde Position einnehmen:

1. Ein weiter Globalisierungsbegriff ist einem engen Verständnis vorzuziehen. Wie für den engen, so ist auch für einen weiten Globalisierungsbegriff die Bezugnahme auf „Grenzen" essenziell. Er sieht das Wesentliche von Globalisierung allerdings nicht in einer regelrechten „Transzendierung" von Grenzen bzw. einer „Entgrenzung", sondern lediglich in einer „Relativierung von Grenzen". Entsprechend fasst er Globalisierung nicht pauschal als einen Prozess der „Entterritorialisierung"; auch unter Globalisierungsbedingungen wird Territorialität von Bedeutung bleiben, partiell finden sogar Prozesse einer Reterritorialisierung statt.
2. Von Globalisierung sollte nicht nur bei voll oder annähernd ausgebildeter Globalität gesprochen werden, sondern auch dann, wenn es sich um Prozesse handelt, die potenziell oder tendenziell globale Dimensionen annehmen können.
3. Ein eindimensionales Verständnis kann dem Phänomen Globalisierung nicht gerecht werden; bei Globalisierung handelt es sich vielmehr um einen multidimensionalen Prozess.
4. Globalisierung weist eine historische Dimension auf, deren Beachtung bei der Bewältigung aktueller Globalisierungsprobleme hilfreich sein kann. Gleichwohl sollte man keine allzu weitreichenden Schlüsse aus historischen Globalisierungsphänomenen ziehen, denn Globalisierung, wie wir sie heute erleben, weist in mancherlei Hinsicht eine „neue Qualität" auf.
5. Was die Ursachen der Globalisierung angeht, so ist eine monokausale Erklärungsstrategie nicht akzeptabel. Doch auch wenn man eine multikausale Variante vorzieht, bedeutet das nicht, dass alle in Frage kommenden Ursachen von gleicher Bedeutung seien. Es gibt Faktoren, die belangvoller sind als andere. Insbesondere in der wissenschaftlich-technischen Entwicklung muss man einen Faktor von strategischer Bedeutung sehen.

2. Elemente des Globalisierungsbegriffs 25

6. Es ist unwahrscheinlich und gegenwärtig auch nicht erkennbar, dass Globalisierung eine lineare Entwicklung nehmen könnte. Vielmehr ist von der Dialektik des Prozesses auszugehen. Diese kann sich auf unterschiedlichen Ebenen bemerkbar machen und gravierende Probleme hervorbringen, im Extremfall sogar den Prozess als Ganzen gefährden.
7. Gewiss spielen unterschiedliche Interessen im Globalisierungsprozess eine wichtige Rolle. Es spricht viel dafür, dass sie ihm in weiten Bereichen ein einseitiges Gepräge geben, das – die entsprechenden politischen Machtverhältnisse vorausgesetzt – korrigierbar wäre. Gleichwohl weist der Globalisierungsprozess einen hohen Grad an Eigendynamik auf und entzieht sich als ganzer und in vielen Teilbereichen einer politischen Steuerung. Diese Eigendynamik wird von jenen, die gestalterische Elemente in den Prozess einbringen wollen, häufig unterschätzt.
8. Es wird durch beinahe alltägliche Erfahrungen bestätigt, dass sich im Globalisierungsprozess positive und negative Folgen mischen. Die Schwierigkeit einer Bewertung und Abwägung besteht darin, dass Positives und Negatives, Gewinne und Verluste ganz offenkundig ungleich verteilt sind. Die Gewinner werden sicherlich mehr Positives wahrnehmen als die Verlierer. Und selbstverständlich hängt es, unabhängig von der individuellen sozialen, ökonomischen oder politischen Lage, immer auch von den individuellen Wertmaßstäben ab, was man im Einzelnen als positiv oder negativ einordnet. Auf Grund der weitreichenden Eigendynamik des Prozesses sind Gewinne und Verluste in vielen Fällen untrennbar miteinander verknüpft. Aus dieser Perspektive stellt sich Globalisierung weder als positiver noch als negativer, sondern als grundsätzlich ambivalenter Vorgang dar.

3. Der weite Globalisierungsbegriff

Ein wesentliches Problem bei der Herausarbeitung eines wissenschaftlichen Globalisierungsbegriffs ist die Unterscheidung zwischen Globalisierung und benachbarten Begriffen. Die wichtigsten heißen: *Internationalisierung, Transnationalisierung, Universalisierung, Liberalisierung, Integration* und *Interdependenz*.

Der Begriff *Internationalisierung* bezieht sich auf die zwischenstaatliche Ebene und meint die Zusammenarbeit von Staaten oder ihre wachsende Bereitschaft hierzu. *Transnationalisierung* bezeichnet Prozesse unterhalb der staatlichen Ebene, also beispielsweise die grenzüberschreitende Zusammenarbeit von Gewerkschaften oder ähnlichen Organisationen. Mit *Universalisierung* meint man in der Regel die allgemeine, globale Akzeptanz bestimmter Ideen, Konzepte oder Werte; so spricht man z. B. von der „Universalität der Menschenrechte". *Interdependenz* bedeutet wechselseitige Abhängigkeit; sie kann gleichgewichtig oder ungleichgewichtig sein (bis hin zur Dependenz) und eine solche Komplexität erreichen, dass derjenige (z. B. ein Staat), der sich aus der Interdependenz herauslöst, erhebliche Nachteile in Kauf nehmen muss. Den Begriff *Integration* kennt man insbesondere aus regionalen Zusammenschlüssen, wie der Europäischen Union; Integrationsprozesse können sich ausweiten, und auch Globalisierung wird zumindest von denjenigen, die einem eher linearen Verständnis des Prozesses anhängen, als Integrationsprozess interpretiert. Von *Liberalisierung* schließlich wird – im hier interessierenden Zusammenhang – dann gesprochen, wenn Grenzen durchlässiger werden, beispielsweise Zölle im Handelsverkehr abgebaut oder die Einwanderungsbestimmungen gelockert werden.

Die Trennschärfe dieser Begriffe zum Begriff der Globalisierung (aber auch untereinander) ist gering, nicht zuletzt deshalb, weil die Globalisierungsdiskussion bis zu einem gewissen Grad die Fortsetzung älterer, um die genannten Begriffe bzw. Konzepte sich gruppierender Debatten ist. Sie ist jedoch vor allem deshalb gering, weil alle Phänomene bzw. Prozesse, die von diesen Begriffen erfasst werden, globale Dimensionen annehmen können (so spricht man z. B. von globaler Integration, globaler Interdependenz etc.). Je stärker die Ten-

3. Der weite Globalisierungsbegriff

denz zur Globalität ausgeprägt ist, desto schwieriger wird es, Abgrenzungen vorzunehmen.

Gleichwohl lohnt der Versuch, die genannten Begriffe von dem der Globalisierung zu unterscheiden. Gelingt dies, gewinnt man einen spezifischen, *engen* Globalisierungsbegriff. Der britische Politikwissenschaftler Jan Aart Scholte ist so verfahren und hat den Begriff der Globalisierung insbesondere von dem der Internationalisierung und dem der Liberalisierung abgehoben (Scholte 1999). In der gegenwärtigen Debatte, so argwöhnt Scholte, würden diese Begriffe meist vermischt, so dass nicht hinreichend klar werde, worin denn nun eigentlich das Neue an Globalisierung besteht oder warum es unbedingt erforderlich ist, diesen Begriff zusätzlich zu den anderen in die Debatte einzuführen.

Scholte unterscheidet drei gegenwärtig beobachtbare Ausprägungen des Globalisierungsverständnisses: Die erste versteht unter Globalisierung eine Zunahme „grenzüberschreitender" Beziehungen, die zweite bezieht ihn auf zunehmend „offene" oder „durchlässige" Grenzen, die dritte schließlich setzt ihn mit der faktischen „Auflösung" von Grenzen oder deren Irrelevanz gleich. Meint man mit Globalisierung lediglich „grenzüberschreitende" Beziehungen, dann, so Scholte, sei der Begriff faktisch ein Synonym für *Internationalisierung* und insoweit überflüssig. Er sage lediglich, dass Waren, Investitionen, Menschen, Geld, Nachrichten oder Ideen sich zunehmend grenzüberschreitend bewegen – ein Vorgang, den man schon lange beobachten könne, der sich zwar quantitativ gesteigert, aber keine „neue Qualität" angenommen habe. Wenn in diesem Sinne von *globalem* Handel gesprochen werde, dann bedeute dies, recht besehen, nichts weiter als ein höheres Maß an *internationalem* Handel, *globale* Migration sei nichts weiter als ein Mehr an *internationaler* Migration etc.

Auch die zweite Variante des Globalisierungsbegriffs, die zunehmend „offenen" oder „durchlässigen" Grenzen, bietet nach Scholtes Überzeugung nichts wesentlich Neues. Was hier gemeint sei, werde durch den überkommenen Begriff der Liberalisierung zur Genüge erfasst: also beispielsweise der Abbau von Barrieren oder Hemmnissen im Handel, im Reiseverkehr, bei Finanztransaktionen oder in der Kommunikation.

Anders sieht es Scholte zufolge bei der dritten Version aus, jenen Beziehungen also, bei denen Grenzen regelrecht „transzendiert" werden. Es sind diese Grenzen transzendierenden Beziehungen, die für ihn den Kern der Globalisierung ausmachen. Während beispielsweise für die internationalisierte Sphäre die Aufteilung der Welt in Staaten konstitutiv ist und sich der unter Staaten aufgeteilte Raum nur mit teilweise erheblichen Zeitintervallen überwinden lässt, spielen der Zeitfaktor und die Überwindung räumlicher Distanz in der globalisierten Sphäre faktisch keine Rolle mehr. Globalisierte Vorgänge können nach Belieben räumliche Entfernungen überwinden, globale Interaktionen finden ohne zeitliche Verzögerung statt, „unmittelbar", in „Echtzeit", oft verlaufen sie „gleichzeitig". Die territoriale Verankerung globaler Beziehungen ist auf ein Minimum reduziert; zwar können sich auch globalisierte Interaktionen nicht *vollständig* von Territorien ablösen, doch sie sind in keiner Weise an bestimmte Orte gebunden. Während Internationalisierung oder Liberalisierung es noch mit Grenzen und Territorien zu tun haben, läutet die Globalisierung ein neues Entwicklungsstadium ein: Sie ist „entgrenzt" und „supraterritorial", die Welt wird zum „single place".

Es sind sechs Phänomene, an denen Scholte sein enges, Grenzen transzendierendes, supraterritoriales Globalisierungsverständnis veranschaulicht: den enorm gewachsenen Möglichkeiten technischer Kommunikation, den weltweit agierenden Organisationen und Institutionen (in erster Linie handelt es sich um transnationale Unternehmen, aber auch Regulierungsbehörden oder Nichtregierungsorganisationen), der wachsenden Zahl von Weltmarktprodukten inklusive der entsprechenden weltweiten Marketingstrategien, der Globalisierung der Finanzmärkte, den globalen ökologischen Problemen sowie der Herausbildung globaler Bewusstseinsformen.

Diese Definitions- und Abgrenzungsbemühungen sind zweifellos erhellend. Sie können jedoch nicht für alle von Scholte genannten Erscheinungsformen von Globalisierung gleichermaßen Gültigkeit beanspruchen. So charakterisieren beispielsweise die Faktoren Supraterritorialität und Unmittelbarkeit/Gleichzeitigkeit sicherlich das Wesen globaler Finanzmärkte, nicht jedoch das ökologischer Prozesse. Denn bei diesen treten Wirkungen oft erst nach erheblicher Raumüberwindung und mit zeitlicher Verzögerung ein. Auch kann man einige wesentliche ökologische Probleme, etwa die Bodenerosion oder die Belastung der Weltmeere mit Schadstoffen, wohl kaum als „supraterritorial" bezeichnen. Wenn Scholte zudem an anderen Bestimmungen von Globalisierung rügt, dass sie bereits gebräuchlichen Begriffen nichts Neues hinzufügen, dann ist auch ihm dieser Vorwurf nicht ganz zu ersparen, denn es gibt keinen ersichtlichen Grund, warum man etwa die von ihm als Ausdruck von Globalisierung klassifizierten globalen Bewusstseinsformen nicht, wie bisher,

3. Der weite Globalisierungsbegriff

als Erscheinungsformen von Universalität oder Universalismus fassen sollte.

Man könnte so fortfahren und die definitorischen Probleme auch an den anderen eingangs genannten Begriffen aufweisen. Nehmen wir die „Internationalisierung": Warum sollte man eine im *globalen* Maßstab vonstatten gehende Zusammenarbeit von Staaten zur Bewältigung *globaler Probleme* nicht als Erscheinungsform von Globalisierung kennzeichnen dürfen?

Oder der Begriff der „Interdependenz": Unterstellt man, dass wechselseitige Abhängigkeiten auch ungleichgewichtig sein können, wird man den Begriff ohne weiteres als ein wesentliches Charakteristikum von Globalisierung nehmen können.

Sodann der Begriff der „Integration": Gewiss ist es, wie noch zu zeigen sein wird, nicht haltbar, Globalisierung als einen rein integrativen Prozess zu deuten, doch ebenso unzweifelhaft enthält er integrative Momente. Auch wenn man einen anspruchsvollen Integrationsbegriff zugrunde legt, also ein politisches und ökonomisches Zusammenwachsen samt der Herausbildung eines Gemeinschaftsgefühls zum Maßstab nimmt, ist ersichtlich, dass man auf den Begriff der Integration bei der Bestimmung von Globalisierung kaum wird verzichten können.

Schließlich die Begriffe „Universalität" bzw. „Universalismus": Wenn ein britisches Autorenteam um David Held meint, Globalisierung von Universalität/Universalismus mit dem Argument abgrenzen zu können, dass nicht alle Menschen im gleichen Ausmaß in globale Zusammenhänge einbezogen sind oder diese auch nur auf die gleiche Weise wahrnehmen oder erfahren, so trifft dies zwar sicher zu. Doch auf der anderen Seite ist eben auch zu beobachten, dass viele (und immer mehr) Menschen zumindest auf einigen Gebieten gemeinsame, global wirksame Wahrnehmungsmuster und Bewusstseinsformen ausbilden – und diese sind zweifellos ein konstitutives Element von Globalisierung.

Das Fazit dieser Erörterung lautet somit: Die soeben diskutierten Begriffe sind mit dem der Globalisierung zwar nicht deckungsgleich, sie überlappen sich aber mit ihm. Die Prozesse, die sie bezeichnen, stehen vielfach untereinander und mit der Globalisierung in einer komplexen und dynamischen Wechselwirkung. Zudem sind die meisten der genannten konkurrierenden oder benachbarten Begriffe *untereinander* leichter abgrenzbar, als sich jeder einzelne dieser Begriffe von dem der Globalisierung abgrenzen lässt. Mit anderen Worten: In den Begriff der Globalisierung fließen *einerseits* Elemente aus den Begriffen Interdependenz, Internationalisierung, Universalismus etc. ein; je stärker die Tendenz zur Globalität ausgeprägt ist, desto schwieriger wird die Abgrenzung. Und selbst dann, wenn die Abgrenzung eindeutig zu sein scheint, also z.B. mehrere Staaten einer Region einen Integrationsprozess einleiten, kann dieser Vorgang in Zusammenhang mit Globalisierung stehen – dann z.B., wenn es das Ziel der Staaten ist, ihre Konkurrenzfähigkeit in einer globalisierten Wirtschaft durch das Bündeln ihrer Kräfte zu erhöhen. *Andererseits* jedoch enthält der Globalisierungsbegriff – und hierauf macht Scholte völlig zu Recht aufmerksam – Aspekte, die keiner der anderen genannten Begriffe aufweist. Aufgrund derartiger Überschneidungen und Differenzen gehen die Begriffe weder ohne weiteres ineinander auf noch ist eine saubere und allenthalben befriedigende begriffliche Trennung zu erreichen.

Vor diesem Hintergrund erscheint eine Art „Doppelstrategie" ratsam. Auf der einen Seite ist es zwar durchaus nützlich und auch erforderlich, einen engen, spezifischen Globalisierungsbegriff zu erarbeiten und zwischen einer solcherart verstandenen Globalisierung und benachbarten Prozessen begrifflich zu unterscheiden (bzw. wenn es gefordert ist, unterscheiden zu *können*). Auf der anderen Seite erscheint es aber angesichts der vorläufig kaum aufzulösenden definitorischen Gemengelage und aus praktischen Gründen sinnvoll, ein übergreifendes Konzept vorzuziehen, also auf einen weiten oder, wie man ihn auch nennen könnte, einen *integrativen Globalisierungsbegriff* zurückzugreifen. Dieser würde die genannten benachbarten bzw. sich überschneidenden Prozesse in ein Gesamtkonzept integrieren (oder, wenn dies partiell nicht möglich sein sollte, zumindest im Blick behalten) und entsprechend interpretieren. Zudem käme er dem Alltagsverständnis von Globalisierung näher als der von Scholte vorgeschlagene enge Globalisierungsbegriff. Mit diesem erfasst man zwar sicherlich einige wichtige Dimensionen dessen, was man gemeinhin als Globalisierung bezeichnet, doch zahlreiche andere Phänomene, die im Alltag wie auch im wissenschaftlichen Verständnis unter den Begriff der Globalisierung subsumiert werden, würden durch das Raster der Scholte-Definition hindurchfallen. Der hier vorgeschlagene weite, integrative Globalisierungsbegriff stellt zwar – wie auch in der engen Variante – den Funktionswandel von „Grenzen" in den Mittelpunkt der Betrachtung, sieht aber das wesentliche Merkmal nicht (einengend) in einer Transzendierung, sondern (umfassend) in einer Relativierung der Grenzen.

Ein weiter, integrativer Globalisierungsbegriff ist nicht nur geeignet, einen großen Teil derjenigen Phänomene zu erfassen, die im öffentlichen Sprachgebrauch als (Ausdruck von) Globalisierung begriffen werden. Er beugt darüber hinaus manchen in der öffentlichen, aber auch in der wissenschaftlichen Begriffsverwendung zu beobachtenden Ausuferungen vor. So wird häufig auch dann von Globalisierung gesprochen, wenn es sich um die schlichte globale Ausbreitung eines bislang lokal oder regional begrenzten Vorgangs oder Phänomens handelt. Mitunter wird selbst die globale Ausbreitung von etwas wesenhaft Partikularem als „Globalisierung" bezeichnet: So liest man immer wieder über die „Globalisierung des Staates" oder über die „Globalisierung der Nation". Wenn es jedoch im Prozess der Globalisierung zuvörderst um die Relativierung von Grenzen geht, für Erscheinungen wie den Staat oder die Nation Grenzen hingegen geradezu wesenhaft sind, dann ist es abwegig, die Globalisierung von Staaten und Nationen zu behaupten. Allenfalls könnte man die globale Ausbreitung des *Konzepts* oder der *Idee* des Staates, der Staatlichkeit oder des „Etatismus" bzw. der Nation, der Nationalität oder des Nationalismus als eine Form der Universalisierung interpretieren und insoweit dem Globalisierungsbegriff zuschlagen.

Akzeptiert man die bisherigen Überlegungen zum Globalisierungsbegriff, dann erscheint eine weitere, durchaus verbreitete (wenngleich meist implizite) Vorstellung zur Globalisierung kaum haltbar: die Annahme, Globalisierung sei ein Prozess, der „von außen" oder „von oben" über die bislang angeblich weitgehend geschützten innerstaatlichen bzw. innergesellschaftlichen Verhältnisse hereinbreche. Gewiss, auch im Zeitalter der Globalisierung existieren weiterhin zahlreiche externe Einflüsse, die diese Bezeichnung uneingeschränkt verdienen, wie es auch umgekehrt viele Phänomene gibt, die man ohne weiteres als interne Faktoren oder als Einflüsse „von unten" ansprechen kann. Doch auf sie bezieht sich mein Einwand nicht. Vielmehr geht es mir um die Einsicht, dass die Kategorien „oben/unten" und „außen/innen" als solche im Kontext von Globalisierungsprozessen weitgehend obsolet geworden sind. Denkt man beispielsweise an ökologische Prozesse, so ist unmittelbar einleuchtend, dass es sich hier sehr häufig um „ganzheitliche" Vorgänge handelt, zu denen – ganz unabhängig von „außen" oder „innen", „oben" oder „unten" – überall auf der Erde (wenn auch auf unterschiedliche Weise und in unterschiedlich starkem Maße) beigetragen wird. Das Gleiche gilt für ökonomische Prozesse: Es ist eine irreführende Vorstellung, Globalisierung in den „Weltmärkten" zu verorten und Maßnahmen inländischer Unternehmen zur Erhöhung ihrer Innovations- und Konkurrenzfähigkeit als Anpassungsprozesse an „äußere Einflüsse" zu deuten. Diese Unternehmen sind Teil eines umfassenden, die genannten Kategorien transzendierenden Prozesses; durch ihr Handeln tragen sie ebenso zum Prozess der Globalisierung sowie zu seiner Intensivierung und Beschleunigung bei, wie sie im Gegenzug durch diesen Prozess (und damit letztlich doch auch durch ihr eigenes Handeln) zu bestimmten unternehmerischen Reaktionen (bzw. Folgehandlungen) genötigt werden. Und schließlich liegt auch im Hinblick auf das Phänomen „Internet", zweifellos eine der hervorstechendsten Erscheinungsformen von Globalisierung, die Fragwürdigkeit der in Rede stehenden Kategorien auf der Hand: denn nicht nur derjenige „Internet-User" fördert Globalisierung, der vom heimischen Netzzugang ein Hotelzimmer in Übersee bucht, sondern auch derjenige, der denselben Netzzugang nutzt, um Eintrittskarten beim möglicherweise nur einige hundert Meter entfernten örtlichen Theater zu reservieren.

Der Soziologe Anthony Giddens kennzeichnet in seiner viel zitierten Definition Globalisierung als „Intensivierung weltweiter sozialer Beziehungen, durch die entfernte Orte in solcher Weise miteinander verbunden werden, dass Ereignisse am einen Ort durch Vorgänge geprägt werden, die sich an einem viele Kilometer entfernten Ort abspielen, und umgekehrt" (Giddens 1996, S. 85, vgl. auch Giddens 2001). Nimmt man diese Definition als Ausgangspunkt, lassen sich zwei Fragen stellen: Was ist mit „sozialen Beziehungen" gemeint? Was heißt „Intensivierung"?

Beginnen wir mit der ersten Frage: Wenn bei Giddens oder vielen anderen Autoren, die sich mit Globalisierung beschäftigen, von „sozialen Beziehungen" die Rede ist, dann sind nicht lediglich Beziehungen zwischen Menschen bzw. menschliche Handlungen und deren beabsichtigte oder unbeabsichtigte Folgen gemeint. So spricht Giddens im zweiten Teil seiner Definition in eher allgemeiner Weise von „Ereignissen" sowie deren Prägekräften und Wechselwirkungen. Damit ist seine Begriffsbestimmung auch offen für solche Fälle, die nicht dem gängigen Bild sozialer Beziehungen entsprechen: also beispielsweise für die oft weit reichenden und mitunter globalen Folgewirkungen von ökologischen Zerstörungen, von Wirtschaftskrisen, von technischen Defekten (z. B. dem Ausfall eines Satellitensystems), von Kurseinbrüchen an Aktienmärkten, von der Preisentwicklung für Rohstoffe und vielem anderen.

Anders auch als Giddens' Definition, würde man sie isoliert betrachten, nahe legen könnte, umfasst Globalisierung weit mehr als nur *ein*- oder *wechsel*seitige Kausalbeziehungen zwischen zwar weit voneinander entfernten, aber räumlich begrenzten Personen, Ereignissen oder Prozessen. Sie umfasst auch mehr als die *Summierung* derartiger „Wechselwirkungen" oder wechselseitiger Beziehungen. Wechselwirkungen im Kontext der Globalisierung lassen sich nicht oder nur selten isoliert betrachten. Ursachen sind oftmals nicht klar zurechenbar. Weit eher muss man sich die Vielzahl von Verbindungen oder Wechselwirkungen als ein *Geflecht* vorstellen, das sich nicht länger durch die primäre Bezugnahme auf seine Elemente angemessen beschreiben lässt. Globalisierung gewinnt insoweit ein „Eigenleben", eine eigene Logik. Man kann das, was geschieht, nicht mehr aus den unzähligen Handlungen von Individuen rekonstruieren, sondern hat es mit Vorgängen zu tun, die den Charakter eines „Systems" angenommen haben. Sie lassen sich demzufolge nur erklären, wenn man entweder auf der systemischen Ebene ansetzt oder ihr zumindest einen hohen Stellenwert beimisst. Anders gesagt: Wenn man von Globalisierung spricht, meint man die Herausbildung von sich überlappenden und miteinander interagierenden Netzwerken, Strukturen bzw. Systemen oder auch Diskursen, die (zumindest potenziell) den gesamten Globus umspannen und eindeutige Ursache-Wirkungs-Beziehungen oder räumliche Begrenzungen auflösen oder schon aufgelöst haben. Solche Netzwerke, Strukturen oder Systeme verfestigen und „institutionalisieren" sich, bilden (in vertikaler Richtung) Schichtungen aus. Sie entwickeln sich aber auch ständig weiter, weshalb man von Globalisierung zugleich als einem komplexen *Prozess* (oder einem Bündel komplexer Prozesse) sprechen kann. Und weil sie zweifelsohne folgenträchtig sind, muss ein angemessener Globalisierungsbegriff schließlich die Vielzahl faktisch globaler Problemlagen in den Blick nehmen – Problemlagen, bei denen eine objektive globale Betroffenheit vorliegt, die geografisch allenfalls in ihrer Intensität und Unmittelbarkeit variiert.

Kommen wir zum zweiten oben angesprochenen Aspekt der Giddens-Definition. Der Akzent dieser Definition liegt mit Recht weniger auf den weltweiten sozialen Beziehungen als solchen (diese wird man kaum für ein neues Phänomen halten können), sondern auf deren *Intensivierung*. Diese hat Giddens zufolge zu einer besonderen, historisch neuartigen Qualität geführt. Doch was heißt „Intensivierung"? Denkt man über diese Charakterisierung nach, stellt man fest, dass Globalisierung sich nicht allein durch eine Intensivierung der Beziehungen auszeichnet, sondern auch durch deren *räumliche Ausdehnung*, durch ihre „Expansion". Des Weiteren erhöht sich (zumindest in einigen Bereichen) die *Geschwindigkeit* der Beziehungen und

Transaktionen oder sie erzeugen einen neuartigen Zeitdruck. Und schließlich gilt es auch, die *Folgewirkungen* all dieser Prozesse in die Betrachtung einzubeziehen, auch sie sind von neuartiger Qualität (vgl. zu diesen Aspekten ausführlich Held u. a. 1999). Nimmt man diese vier Gesichtspunkte (Intensivierung, räumliche Ausdehnung, zeitliche Dimension, Folgen) zusammen, dann ergibt sich für die Frage, ob Globalisierung ein neues Phänomen ist oder nicht, die Einsicht: Auch in früheren Epochen mag es Globalisierung oder einzelne Globalisierungsphänomene gegeben haben, doch es gab sie in anderer Ausprägung als heute. Ihre Intensität mag hoch gewesen sein, doch ihre räumliche Ausdehnung schwach; oder ihre räumliche Ausdehnung mag hoch gewesen sein, doch ihre Folgen weniger bedeutsam etc. Erst in unserer Epoche ist ein Stadium erreicht, in dem man in Bezug auf *alle vier Aspekte* sagen kann, dass ein historisch bislang ungekanntes Niveau erreicht worden ist. Legt man diese Aspekte der Analyse zugrunde, ist es nicht nur möglich, verschiedene Globalisierungs-Typen, sondern auch historische Stadien des Globalisierungsprozesses zu unterscheiden (vgl. Held u. a. 1999, S. 25).

Kommen wir abschließend zur Frage der „(Supra-)Territorialität": Dass sich die Rolle von „Territorialität" unter Globalisierungsbedingungen verändert, dürfte kaum zu bestreiten sein. Fraglich ist jedoch, ob man generell bereits von ausgebildeter „Supraterritorialität" oder von einem ungebrochenen Prozess der „Ent-Territorialisierung" sprechen kann. Zwar gibt es hierfür in einzelnen Bereichen, etwa der Telekommunikation, durchaus Indizien. Doch in vielen anderen Bereichen stellt sich die Lage weit weniger eindeutig dar. Was beispielsweise die global agierenden transnationalen Konzerne angeht, die gerne als Beispiel für entterritorialisierende Wirkungen von Globalisierung angeführt werden, ist Vorsicht geboten. Denn ungeachtet der großen Flexibilität und Mobilität dieser Unternehmen spielen gerade in ihrem Handeln (wenn auch in anderer Weise als zu früheren Zeiten) Standorte und Standortpolitik – und also Fragen der Territorialität – eine wichtige Rolle. Auch im Hinblick auf ökologische Prozesse, die in vielerlei Hinsicht die Supraterritorialitätsthese stützen, sollte man allzu weitreichende Schlüsse vermeiden. Ökologische Probleme, zumal ökologische Zerstörungen und Gefährdungen, sind oftmals in einem sehr handfesten Sinne territorial; in gravierenden Fällen geben sie sogar Anlass, sich der letztlich unaufhebbaren „Erdgebundenheit" menschlichen Lebens zu erinnern. Auch in anderen Bereichen lässt sich kein eindeutiger Trend zur Ent-Territorialisierung ausmachen. Paradoxerweise ist die Ausweitung und Beschleunigung

3. Der weite Globalisierungsbegriff

der globalen Zirkulation von Kapital, Waren oder Menschen immer auch (auf immer neue) territorial verankerte Infrastrukturen angewiesen. Was schließlich den Staat angeht, für den ein Staatsgebiet, also ein Territorium, absolut konstitutiv ist, so hatte ich schon verdeutlicht, dass zwar die Rolle staatlicher Territorialität als „Container" sozialer und ökonomischer Strukturen im Zuge der Globalisierung unterminiert wird; an späterer Stelle, wenn ich ausführlicher auf das Verhältnis von Staat und Globalisierung eingehen werde, wird sich jedoch zeigen, dass der Staat durch Globalisierung nicht nur gefährdet wird oder unter Druck gerät, sondern auch essenzielle und unverzichtbare Funktionen im Globalisierungsprozess übernimmt. Statt eines eindeutigen Trends zur „Supraterritorialität" ist somit im Zuge der Globalisierung eher ein Wechselspiel zwischen Ent-Territorialisierung und Re-Territorialisierung zu beobachten.

4. Dimensionen und Ursachen

Insbesondere in außenwissenschaftlichen Auseinandersetzungen (aber nicht nur dort) wird Globalisierung gerne auf ein primär oder ausschließlich ökonomisches Phänomen reduziert und als die globale (oder tendenziell bzw. potenziell globale) Ausdehnung von Wirtschaftsräumen aufgefasst. Einem auf Ökonomie fixierten „eindimensionalen" Globalisierungsverständnis setze ich, in Einklang mit der gerade skizzierten weiten, integrativen Definition, ein *multidimensionales* Verständnis entgegen.

Im Folgenden werde ich kurz einige ausgewählte Dimensionen von Globalisierung näher kennzeichnen und problematisieren, sodann ausführlicher auf die ökonomische, die technische und die ökologische Globalisierung eingehen. Diese Vorgehensweise ergibt sich aus meiner an späterer Stelle noch zu entfaltenden These, dass die Multidimensionalität von Globalisierung keineswegs mit einer Gleichgewichtigkeit, Gleichgerichtetheit oder Gleichzeitigkeit der einzelnen Dimensionen einhergehen muss. Von daher liegt es nahe, vor allem jene Dimensionen genauer zu beleuchten, denen die Dynamik, aber auch die Dialektik des Prozesses zu verdanken ist.

Unter jenen, die ein multidimensionales Konzept von Globalisierung favorisieren, herrscht weitgehende Einigkeit darüber, welche Dimensionen im Einzelnen berücksichtigt werden sollten. Neben den bereits genannten drei Dimensionen werde ich mich knapp und exemplarisch mit der sozialen, der kulturellen und der politischen Dimension befassen. Dies bedeutet nicht, dass damit das Spektrum erschöpft wäre: In einer Zeit, in der Juristen zumindest auf Teilgebieten bereits eine Entwicklung zum Weltrecht sehen, oder in der fast jeder strategisch wichtige Punkt der Erde mit moderner Raketentechnik erreichbar ist, könnte man selbstverständlich auch von einer rechtlichen und einer militärischen Dimension der Globalisierung sprechen. Und weitere ließen sich mühelos hinzufügen. Mir geht es jedoch an dieser Stelle nicht darum, einen möglichst vollständigen Katalog zu erstellen; vielmehr möchte ich an einigen Beispielen zeigen, dass weniger die Frage kontrovers ist, *welche* Dimensionen man unterscheidet, sondern die Frage, *wie man sie charakterisiert*. Sobald man nämlich die Frage stellt, wie die einzelnen Dimensionen genau zu beschreiben sind oder welche Spezifika sie aufweisen, ergeben sich Differenzen.

Beginnen wir mit der *sozialen Dimension*. Man kann sie zum einen auf bestimmte soziale Probleme beziehen, die im globalen Maßstab auftreten: Arbeitslosigkeit, Armut, Obdachlosigkeit, Migration, Rassismus, Fremdenfeindlichkeit etc. oder auch auf soziale Fortschritte, die in den genannten Problembereichen erzielt wurden. Wenngleich die Existenz dieser Probleme (oder Fortschritte) allgemein anerkannt wird, ist doch unklar, (1) ob und inwieweit sie eine Erscheinungsform von Globalisierung sind bzw. von Globalisierungsprozessen verursacht wurden und (2) ob und inwieweit Globalisierungsprozesse dazu beitragen, die jeweiligen sozialen Probleme zu mildern oder zu verschärfen.

In einer anderen Version bezieht sich die soziale Dimension auf die im Zuge von Globalisierungsprozessen entstehenden oder sich ausweitenden und verstärkenden weltweiten sozialen Beziehungen. In einer noch weiter reichenden Vorstellung kann man Globalisierung auch insgesamt als sozialen Prozess begreifen, der früher oder später zu einer „Weltgesellschaft" oder zu einer „globalen Zivilgesellschaft" führen werde (oder schon geführt habe; Shaw 1994, Albrow 1998).

Auch diese Sichtweise ist umstritten. Ihre Plausibilität hängt letztlich vom jeweils bevorzugten Gesellschaftsbegriff bzw. von den Ansprüchen ab, die man mit „Gesellschaftlichkeit" verbindet. Gesellschaft, so Kritiker des Konzepts einer „Weltgesellschaft", setze gemeinsame Bezugspunkte der Raum- und Zeitwahrnehmung, Standards, Normen, Gesetze voraus, ohne die sie anomisch auseinanderfallen würde (Altvater/Mahnkopf 2002, S. 74). Es existiere zwar eine Weltgesellschaft, doch diese sei im Wesentlichen auf eine ökonomische Sphäre beschränkt; dieser wiederum fehle es an „Gesellschaftlichkeit" in einem *sozialen* Sinne – und das werde sich auch nicht ändern, solange es bei der Dominanz ökonomischer Orientierungen bleibe.

Die Vorstellung einer bereits etablierten Weltgesellschaft unterschätzt insbesondere die dialektischen Momente von Globalisierung, auf die ich weiter unten zurückkommen werde, und betont stattdessen zu stark den linearen und überwiegend integrativen Charakter des Prozesses. Gleichwohl haben viele Menschen über ihre objektive Vernetzung und Betroffenheit hinaus ein subjektives Bewusstsein ihrer globalen Gemeinsamkeiten ausgebildet. Und sie *denken* nicht nur global, sondern *handeln* immer öfter auch global, wie man an den Aktivitäten der eingangs beschriebenen „Globalisierungskritiker" sieht. Insofern existieren erkennbare und entwicklungsfähige weltgesellschaftliche Ansätze. Zu beachten ist in diesem Zusammenhang allerdings: Während auf der einen Seite weltgesellschaftliche Entwicklungen sicherlich als Beitrag zur (oder Ausdruck von) Globalisierung gewertet werden können, ist auf der anderen Seite der Prozess der Globalisierung insgesamt nicht auf die Existenz einer voll ausgeprägten Weltgesellschaft angewiesen.

Gleichfalls nicht unumstritten ist die Bestimmung einer *kulturellen Dimension* von Globalisierung (Tomlinson 1999). So beobachten viele Autoren die Herausbildung einer „globalen Kultur", insbesondere eines globalen „Bewusstseins". Darunter ist nicht notwendig die Existenz einer einheitlichen und homogenen weltweiten Kultur, also eine weitgehende Uniformierung, Homogenisierung und Abschleifung der Unterschiede zu verstehen. So spricht Malcolm Waters eher vorsichtig von einer wechselseitigen „Relativierung" der Kulturen (Waters 1995, S. 125 f.). Was nun die Idee einer „Weltkultur" angeht, so stößt man hier auf ein ähnliches Problem, wie wir es vorhin schon bei der Beschäftigung mit der „Weltgesellschaft" angetroffen haben: War es dort der Gesellschaftsbegriff, so ist es hier der Kulturbegriff, dem entscheidende Bedeutung zukommt. Oft wird von einer Kultur nur dann gesprochen, wenn sie an eine identifizierbare Gemeinschaft gebunden ist; und dies wiederum setzt voraus, dass es auch noch andere Gemeinschaften dieser Art, also andere Kulturen gibt. Von Kultur kann man nach dieser Lesart eigentlich nur im Plural sprechen. Nun lässt sich zwar nicht grundsätzlich ausschließen, dass sich im Zuge von Globalisierung eine „Weltkultur" herausbildet; doch bei dieser würde es sich dann, streng genommen, nicht mehr um eine Kultur im eigentlichen Sinn handeln. Der Begriff „Weltkultur" ist aus dieser Sicht in sich widersprüchlich. Ähnlich verhält es sich mit Staaten und Nationen: Grenzen sind für sie konstitutiv; sie grenzen sich „nach außen" ab, gegenüber anderen Staaten und Nationen, gewinnen ihre Identität nicht zuletzt aus dieser Abgrenzung. Ein „Weltstaat" oder eine „Weltnation" würden die Konzepte des „Staates" und der „Nation" letztlich aufheben. Ebenso verhält es sich mit „Kultur" und „Weltkultur". Mit diesen Überlegungen ist selbstverständlich nicht die Möglichkeit ausgeschlossen, dass es im Zuge der Globalisierung zu einer ausgeprägten Homogenisierung der Kulturen kommt. Ob dies allerdings eine realistische Entwicklungsperspektive ist, ob nicht vielmehr durch den starken Druck in diese Richtung Gegenreaktionen, also eine verstärkte Abgrenzung der Kulturen, eine „Heterogenisierung", zu erwarten ist, lässt sich zum jetzigen Zeitpunkt nicht sagen.

4. Dimensionen und Ursachen

Für beide Vermutungen gibt es Indizien: Während die einen eine „McDonaldisierung" (Ritzer 1995) der Welt erwarten, sehen die anderen einen „Kampf der Kulturen" (Huntington 1997) heraufdämmern.

Unterhalb der Ebene einer (vermeintlichen oder tatsächlichen) Weltkultur lassen sich einzelne Phänomene beobachten, die ebenfalls die Frage nach dem Zusammenhang von Globalisierung und Kultur aufwerfen. So finden viele kulturelle Erzeugnisse – man denke an Literatur oder Musik – weltweite Verbreitung, d. h., sie genießen allerorten Zuspruch und Interesse. Beispiele liefert nicht nur die populäre Kultur, sondern auch die klassische Hochkultur. Doch weltweite Verbreitung ist nicht unbedingt mit Globalisierung gleichzusetzen. Wenn die Werke Beethovens oder Schillers weltweit gehört bzw. gelesen werden, wenn diese Künstler also trotz ihrer eindeutigen kulturellen Verwurzelung Dinge mitzuteilen haben, die offenkundig von universaler Gültigkeit sind und auch in anderen Kulturkreisen Aufmerksamkeit und Anerkennung finden, würde man wohl kaum von Globalisierung sprechen. Anders hingegen steht es um kulturelle Produkte, die von vornherein mit dem Ziel der globalen Verbreitung hergestellt werden. Hier handelt es sich um Produkte, die sich nicht trotz ihrer immer noch erkennbaren und weiterhin essenziellen kulturellen Merkmale global verbreiten, sondern, im Gegenteil, deshalb, weil sie bewusst von besonderen kulturellen Merkmalen frei gehalten werden oder ihnen lediglich solche Merkmale anhaften, die „global kompatibel" sind. Sie repräsentieren, wenn man so will, den kleinsten gemeinsamen (kulturellen) Nenner, insofern sie (etwa in den Bereichen Design, Mode, Architektur, populäre Musik, Lebensstil etc.) Ausdruck eines technisch geprägten Schönheitsbegriffs, Sinnbild für Modernität, Fortschritt, Erfolg, Glück, Effizienz etc. sind.

Fragen wir schließlich noch nach einer *politischen Dimension* von Globalisierung. Auf den ersten Blick scheint es, als könne Politik, die ja sowohl im Innern als auch nach außen weitgehend an den Staat gebunden ist, sich nur unter der Voraussetzung einer Auflösung von Staaten globalisieren. Politische Globalisierung, so besagt die entsprechende Sichtweise, erfordere zudem die Entwicklung einer globalen Zivilgesellschaft, in der Menschen – sei es organisiert oder unorganisiert – miteinander in Kontakt treten und für gemeinsame Anliegen zusammenwirken. Die Voraussetzung dieses Zusammenwirkens bilden wiederum anders geartete Globalisierungsvorgänge (z. B. technische), die den Kontakt und die Kooperation erst ermöglichen (ohne globale kommunikationstechnische Vernetzung wäre die

Bewegung der Globalisierungskritiker kaum vorstellbar). Soll die globale Zivilgesellschaft *politisch* agieren, muss es zudem globale Problemlagen oder Herausforderungen geben (etwa auf ökonomischem oder ökologischem Gebiet), die eine Kooperation nahelegen bzw. hervorrufen.

Nun ist es sicherlich Ausdruck von Globalisierung, wenn bestimmte Probleme globale Dimensionen annehmen oder als globale Probleme wahrgenommen werden und global ausgreifende Lösungsansätze erforderlich machen. Um von politischer Globalisierung sprechen zu können, bedarf es jedoch nicht notwendigerweise der Existenz einer globalen Zivilgesellschaft. Politische Globalisierung ist vielmehr auch dann gegeben, wenn internationale Institutionen und Organisationen oder transnationale Akteure sich solch globaler Probleme annehmen. Auch Staaten, wenn sie in diesem Sinne global kooperieren, sind dann Teil der Globalisierung. Bei alledem spielt es keine Rolle, ob die Haltung eines Akteurs globalisierungskritisch ist oder ob er Globalisierung vorantreiben will. Entscheidend ist allein die globale Perspektive. In dieser Perspektive tragen sowohl der Internationale Währungsfonds als auch globalisierungskritische Aktionsgruppen, die dessen Politik bekämpfen, zur politischen Globalisierung bei. Ein Land hingegen, das sich gegen Maßnahmen zur Lösung globaler Probleme sperrt, also beispielsweise die Klimakonvention nicht unterzeichnet, trägt – zumindest in diesem Punkt – nicht zur politischen Globalisierung bei (wohl aber trägt es in *anderem* Sinne zur Globalisierung bei: Es verschärft durch seine Verweigerung globale *ökologische* Probleme).

Eine politische Globalisierung ist sicherlich wünschenswert und notwendig. Während jedoch viele *Probleme*, mit denen Politik heute zu tun hat, eindeutig Ausdruck von Globalisierung sind, ist politisches (insbesondere staatliches) Handeln, das sich mit diesen Problemen auseinanderzusetzen versucht, nur in Ausnahmefällen „auf gleicher Höhe". Solche „Ungleichzeitigkeiten" oder „Ungleichgewichte" lassen sich auch im Hinblick auf andere Globalisierungsdimensionen beobachten. Aus ihnen ergibt sich die bereits angesprochen Notwendigkeit, Differenzierungen im multidimensionalen Globalisierungsverständnis vorzunehmen. Denn einen multidimensionalen Globalisierungsbegriff zu favorisieren, kann nicht bedeuten, alle Dimensionen als gleichgewichtig, als gleichgerichtet, als gleichförmig o. Ä. zu betrachten. In den folgenden Abschnitten wird dies deutlicher werden. An dieser Stelle kann man aber schon festhalten:

1. Die einzelnen Dimensionen sind nicht gleichgewichtig bzw. nicht von gleicher Bedeutung. Die *ökonomische*, die *technische* und die *ökologische* Dimension bilden die Schwergewichte des Globalisierungsprozesses, wobei der technischen Dimension *gegenwärtig* eine nochmals über die beiden anderen Dimensionen hinausgehende strategische Bedeutung zukommt.
2. Alle genannten Dimensionen weisen einen Prozesscharakter auf, doch diese Prozesse vollziehen sich weder mit gleicher Geschwindigkeit, noch sind sie notwendigerweise gleich gerichtet noch weisen sie die gleichen Entwicklungslogiken auf.
3. Zwischen den einzelnen Dimensionen bestehen grundsätzlich Wechselwirkungen. Nicht zuletzt aufgrund der unterschiedlichen Gewichtungen und Geschwindigkeiten können jedoch bestimmte Teilprozesse dem Gesamtprozess ihren Stempel aufdrücken, so dass es sich empfiehlt, will man den Gesamtprozess verstehen, diesen Teilprozessen besondere Beachtung zu schenken.

a) Globale Ökonomie

Auch in multidimensionalen Globalisierungsbegriffen steht häufig die *ökonomische* Globalisierung im Vordergrund; sie wird als dominanter Kausalfaktor betrachtet, während andere Dimensionen als abgeleitet oder untergeordnet eingestuft werden. Im Zentrum der ökonomischen Argumentation stehen Veränderungen des Produktionssystems, des internationalen Handels, der Kapitalströme und der Rolle multi- bzw. transnationaler Unternehmen (vgl. als materialreiche Bestandsaufnahme: Enquete-Kommission 2002).

Jedes dieser ökonomischen Felder ist umstritten. Insbesondere in der wirtschaftswissenschaftlichen Diskussion wird von einigen Autoren moniert, das Konzept der ökonomischen Globalisierung überzeichne das reale Geschehen (vgl. z.B. Hirst/Thompson 1995). Grundsätzlich seien die wirtschaftlichen Aktivitäten immer noch stärker national ausgerichtet, als es das Modell der globalen Wirtschaft unterstelle. Zwar beobachten auch diese Autoren eine sich verstärkende Verflechtung der verschiedenen Volkswirtschaften, doch diese blieben weiterhin intakt; zudem erstrecke sich die Verflechtung nicht auf den gesamten Globus, sondern beschränke sich vornehmlich auf die hoch entwickelten Kernbereiche, also im Wesentlichen die OECD-Welt. Insoweit wollen sie nicht von Globalisierung sprechen, sondern eher von einer wachsenden *Internationalisierung* oder auch

– im Hinblick auf die Herausbildung regionaler Wirtschaftsblöcke – von einer wachsenden *Regionalisierung*. Auch die Rolle der global agierenden Konzerne wird kontrovers beurteilt. Wenngleich ihre Bedeutung allgemein anerkannt wird, ist die Frage umstritten, ob und in welchem Maße sie an ihre Heimatstaaten gebunden bleiben oder aber zu genuin transnationalen Unternehmen geworden sind.

Anwälte des ökonomischen Globalisierungskonzepts (die folgende knappe Skizze orientiert sich stark an dem Beitrag von Perraton u. a. 1998) betonen demgegenüber qualitative Veränderungen, ohne generell zu bestreiten, dass neben einer globalisierten Wirtschaft auch weiterhin eine lediglich internationalisierte Wirtschaft existiert. Im Einzelnen verweisen ihre Argumente darauf, dass seit dem Zweiten Weltkrieg der internationale Handel, die Kapitalmärkte und die ausländischen Direktinvestitionen ein enormes Wachstum zu verzeichnen haben. Allesamt stiegen sie, abgesehen von den 80er Jahren, schneller als die Nominaleinkommen, und der Finanzsektor wiederum weitete sich schneller aus als der Handel. Nach dem Zweiten Weltkrieg hat sich ein intensives Handelssystem entwickelt, das sich insbesondere durch – in diesem Ausmaß historisch neuartige – Austauschbeziehungen zwischen den Kontinenten auszeichnet. Wenngleich auch der innerregionale Handel stark gewachsen ist, hat der Handel zwischen den Regionen bzw. Blöcken unter diesem Wachstum nicht gelitten. Auch die Exportquote – also das Verhältnis zwischen weltweitem Export und Welt-Bruttoinlandsprodukt – hat sich seit dem Zweiten Weltkrieg deutlich erhöht, wobei die kontinuierlich gestiegenen Exportaktivitäten zunehmend zu einer Sache der Industrieländer geworden sind.

Eine weitere Veränderung des Außenhandels nach dem Zweiten Weltkrieg ist darin zu sehen, dass es bestimmten unterentwickelten Staaten gelungen ist, ein starkes Exportwachstum ihrer industriellen Erzeugnisse zu erzielen. Diese Ausfuhren, die hauptsächlich in die OECD-Staaten gegangen sind und dort auch zum Niedergang etablierter Industriezweige oder Unternehmen beigetragen haben, verdankten sich dem Aufbau exportorientierter Industrien, dem Abbau von Handelsbarrieren in den entwickelten Staaten, gesunkenen Transportkosten sowie der globalen Verbreitung moderner Techniken und Technologien. Daraus ergibt sich zusammenfassend:

„Der Außenhandel hat gegenwärtig, gemessen an der Gesamtproduktion, ein bisher nicht gekanntes Ausmaß erreicht, zur Entstehung eines globalen Markts für Industriegüter und Dienstleistungen geführt und die Produktion wie die Arbeitsmärkte umgestaltet. Der Handel

a) Globale Ökonomie

zwischen den regionalen Blöcken ist kontinuierlich gewachsen, sodass sich intensive und extensive Austauschbeziehungen entwickelt haben, die einen globalen Markt für exportierbare Güter und Dienstleistungen bilden" (Perraton u. a. 1998, S. 148).

Das Volumen des globalen Kapitalmarktes hat sich seit den 50er Jahren stark und mit großer Geschwindigkeit ausgeweitet, wie die Beseitigung von Kapitalverkehrskontrollen und die Durchdringung von Kapitalmärkten, der Umfang der Finanzströme, das internationale Kreditvolumen sowie die börsentäglichen Umsätze veranschaulichen. Im Gegenzug zu dieser Entwicklung nehmen die Möglichkeiten von Regierungen, beispielsweise nationale Zinssätze ohne Rücksicht auf globale Faktoren festzusetzen oder den einheimischen Finanzmarkt entsprechend nationaler politischer Zielsetzungen zu steuern, die Geldmenge zu kontrollieren oder die Inflationsrate zu beeinflussen, deutlich ab. Globale Finanzmärkte diktieren zwar nicht unmittelbar Regierungsentscheidungen, doch sie präformieren oder sanktionieren sie.

Für die globalen Finanzmärkte spielen die transnationalen Unternehmen aufgrund ihrer Kreditpolitik und ihrer Liquidität eine entscheidende Rolle. Darüber hinaus haben sich im Zuge ihres Vordringens seit dem Zweiten Weltkrieg die ausländischen Direktinvestitionen drastisch erhöht. Ein Drittel der Weltproduktion wird von transnationalen Unternehmen erbracht; sie wickeln zwei Drittel des Welthandels ab, von dem wiederum ein Viertel aus Handel innerhalb der Unternehmen besteht. Wenngleich diese Unternehmen global präsent sind, liegt das Schwergewicht ihrer Direktinvestitionen, die sich hauptsächlich im Industrie- und Dienstleistungssektor bewegen, auf den Industrie- und den Schwellenländern. Das Größenwachstum und die zunehmende Trans- bzw. Multinationalität der Unternehmen nach 1945 lässt sich damit erklären, dass sie in den technologisch innovativen Industriesparten agierten und in der Lage waren, sich technologische Vorsprünge zu verschaffen und diese weltweit zu vermarkten. Weil die Kosten für technologische und technische Innovationen sowie deren Ausbreitung in vielen Bereichen dramatisch steigen, weil die Notwendigkeit besteht, Zugang zu neuen Technologien in anderen Weltteilen zu erlangen, und weil die in Hochtechnologiebereichen sich beschleunigenden und konvergierenden technischen Entwicklungen neue Märkte und Marktumschichtungen vorzeichnen, sind die Unternehmen gezwungen, *globale Strategien* zu entwickeln. Sie gehen strategische Allianzen ein oder fusionieren; sie übernehmen (sei es freundlich, sei es feindlich) andere Unternehmen von strategischer

Bedeutung – wie sie auch umgekehrt vielfach von anderer Seite durch Übernahme bedroht sind. Daher ist ihr Agieren, das oft einen offensiven, expansiven, aggressiven Eindruck hinterlässt, mindestens ebenso sehr defensiv und bestandssichernd. Auch transnationale Unternehmen sind nicht allein Nutznießer von Globalisierungsprozessen, sondern diesen Prozessen, die letztlich von keinem der beteiligten Akteure umfassend zu kontrollieren sind, immer auch ausgeliefert. Sicherlich sind transnationale Unternehmen außerordentliche Machtfaktoren; aufgrund ihrer ausgeprägten Mobilität und der von ihnen erzeugten Abhängigkeiten stehen ihnen große Handlungsmöglichkeiten gegenüber Staaten zu Gebote. Wenngleich auch in einer Zeit globaler Produktion und globalen Wettbewerbs innerhalb der Staatenwelt je nach Entwicklungsstand und Machtgewicht deutliche Unterschiede festzustellen sind, ist doch insgesamt insofern eine Tendenz zur Angleichung unter Staaten zu konstatieren, als diese ihre Wirtschafts-, Technologie- und Infrastrukturpolitik nicht mehr primär auf die Förderung der heimischen Industrie ausrichten, sondern zunehmend darauf abstellen, günstige Investitionsbedingungen für potentielle ausländische Direktinvestoren zu schaffen (vgl. hierzu ausführlicher Kapitel 7a).

Perraton u.a. fassen ihre Analyse der ökonomischen Globalisierung wie folgt zusammen:

„Die globalen wirtschaftlichen Transaktionen bewegen sich, gemessen an den national ausgerichteten Aktivitäten, auf einem in keiner vorausgegangenen Epoche erreichten Niveau und beeinflussen mittelbar und unmittelbar die Volkswirtschaften in bisher ungekanntem Ausmaß. Und die Herausbildung regionaler Wirtschaftsblöcke verhindert keineswegs, wie die Skeptiker meinen, die weitere Globalisierung, sondern ist eher Ausdruck des generellen Wachstums internationaler Wirtschaftsaktivitäten" (Perraton u.a. 1998, S.166f.).

b) Globale Technisierung

Der technische und wissenschaftliche Fortschritt spielen im Rahmen der Globalisierung eine zentrale Rolle. Dies ist weitgehend unstrittig. In der Frage, wie stark diese Rolle genau ist und welche Folgen die Technisierung bringt, stimmt man allerdings weniger überein. Wie schon in anderen Fällen, so hängt auch hier die Frage, wie hoch man die Bedeutung von Technik veranschlagt, ob man ihr sogar eine die übrigen Dimensionen überragende Bedeutung beimisst, vom je-

b) Globale Technisierung 45

weils bevorzugten Technikverständnis ab. Es lassen sich grob zwei Betrachtungsweisen unterscheiden. Die eine bezeichne ich als „soziozentrisch", die andere als „technozentrisch". Die soziozentrische Perspektive betont die gesellschaftlichen Einflussfaktoren, die den Prozess der Erzeugung wie auch den der Verwendung von Technik bestimmen und Chancen für deren politische und soziale Steuerung, Gestaltung und Kontrolle eröffnen. Anwälte einer technozentrischen Perspektive legen den Akzent nicht auf die gesellschaftliche Prägung der Technik, sondern, umgekehrt, auf die technische Prägung der Gesellschaft (bis hinein ins individuelle Bewusstsein), verweisen auf die expansive Eigendynamik des Technisierungsprozesses und sehen im Zuge von dessen beschleunigtem globalen Ausgriff die gestalterischen Einflussmöglichkeiten immer mehr schwinden. An anderer Stelle habe ich ausführlich begründet, warum aus meiner Sicht eine technozentrische Perspektive angemessen ist und verdeutlicht, dass die beiden unterschiedlichen Perspektiven nicht zuletzt einem unterschiedlichen, teilweise sogar gegensätzlichen Technikverständnis geschuldet sind (Teusch 1993). In den folgenden sechs Punkten werde ich diese Begründung anhand der wesentlichen Merkmale eines technozentrischen Technikbegriffs erläutern und gegen Ende dieses Unterkapitels auf die technische Globalisierung im engeren Sinn zu sprechen kommen.

1. Technozentrische Theorien präferieren einen *weiten*, soziozentrische hingegen meist einen *engen* Technikbegriff. Ein weiter Technikbegriff bezieht sich nicht lediglich – wie der enge – auf „Realtechnik" (also materielle Technik, Artefakte), sondern auch auf das Feld der „immateriellen" Technik. In diesem Verständnis wäre zum Beispiel nicht nur die Produktionsanlage einer Fabrik, sondern auch die *Organisation* des Produktionsprozesses eine Technik. Techniken dieser Art gibt es viele; man kann sie auch als Human- und Sozialtechniken bezeichnen. Die Technik der Massenbeeinflussung durch Propaganda gehört zu ihnen oder auch die Schulung von Verkaufspersonal, ebenso Werbung und Marketing; und nicht nur bei der Hardware eines Computers handelt es sich um Technik, sondern auch bei seiner Software.

Der Einwand gegen einen solchen Technikbegriff liegt auf der Hand. Ufert er nicht aus? Ist nicht, wenn man diesem Verständnis folgt, letztlich „alles Technik"? Könnte dann nicht praktisch jede menschliche Lebensäußerung als „Technik" begriffen werden? Nicht, wenn man diesen Technikbegriff weiter präzisiert. Technik gab es zu allen Zeiten, sie gehört zum Menschen wesenhaft hinzu. Doch der hier vorgeschlagene Technikbegriff will lediglich *moderne* Technik erfassen, also jene Art Technik, die sich seit der ersten Industriellen Revolution beschleunigt entwickelt hat. Das entscheidende Merkmal dieser Art Technik ist das der *Effizienzsteigerung*, oder genauer: Fanden in vormodernen Zeiten viele Faktoren Beachtung, wenn es um die Frage ging, welche neue Technik gesellschaftlich akzeptiert wurde, ist in unserer Zeit das Merkmal der Effizienzsteigerung ausschlaggebend geworden. Ob technische Innovationen ästhetisch akzeptabel erscheinen, ob sie sich mit religiösen Überzeugungen oder kulturellen Überlieferungen vertragen, ob sie sich mit den gegebenen rechtlichen Normen oder politischen Rahmenbedingungen kompatibel erweisen – all dies mag in vormodernen Zeiten eine wichtige Rolle gespielt haben, erweist sich aber heutzutage als (meist ohne große Mühe) überwindbares Hindernis, wenn die überlegene technische Effizienz außer Zweifel steht.

Dieser Technikbegriff lässt sich vielfältig illustrieren. Das *Lesen* beispielsweise kann man ganz allgemein (im Sinne eines weiten, zeitlosen Technikbegriffs) als eine technische Fertigkeit sehen, als eine „Intellektualtechnik". Dennoch ist das Lesen kein technisches Handeln im modernen Sinn. Wohl aber ist es – wie viele andere Handlungsformen und -bereiche – nicht vor einer Technisierung gefeit und kann zu einem technischen Handeln im modernen Sinn werden bzw. gemacht werden: dann nämlich, wenn „Schnell-Lese-Techniken" entwickelt werden, deren Ziel es ist, ein Maximum an Informationseinheiten pro Zeiteinheit aufzunehmen. In diesem Fall greift das Prinzip der Effizienzsteigerung auf die „alte" Technik des Lesens über und verändert sie qualitativ.

Selbstverständlich bedarf jedes effizienzsteigernde Handeln eines Bezugspunktes. Es gibt keine „Steigerung der Effizienz an sich". In jedem Handlungsfeld kann Effizienzsteigerung somit etwas anderes bedeuten. Entscheidend ist jedoch der Bezugspunkt nur dann, wenn er sich dem effizienzsteigernden Zugriff prinzipiell entzieht: So wäre es beispielsweise wenig sinnvoll, die Effizienz einer japanischen Teezeremonie oder eines religiösen Rituals steigern zu wollen. Wohl aber ist es sinnvoll, die Effizienz eines Produktionsvorgangs zu steigern oder die Effizienz der Bürokratie oder die Effizienz eines Lernvorgangs oder die Effizienz der Machtausübung. In jedem Fall ist das Ergebnis messbar, und in jedem Fall ist der Vorgang der Effizienzsteigerung das Wesentliche. Es gibt inzwischen kaum einen gesellschaftlichen Handlungsbereich mehr, der sich dem Prinzip der Effizienzsteigerung entzieht, entziehen kann oder (rückblickend) entzogen hat. Der technozentrischen Perspektive zufolge ist es die allgemeine Orientierung am Prinzip der Effizienzsteigerung (bzw. dem der „Steigerung der Effizienzsteigerung"), die es erlaubt, von einer Verselbständigung dieses Prinzips zu sprechen. Da Effizienzsteigerung definitionsgemäß mit Technisierung gleichzusetzen ist, kann man folglich von einer Technisierung aller Lebensbereiche und einer Verselbständigung des Technisierungsprozesses sprechen.

2. Viele soziozentrisch orientierte Forscher sind der Auffassung, dass man nicht von Technik im Allgemeinen, von „der Technik" sprechen könne; sie sehen darin eine unzulässige Abstraktion, die zu Pauschalurteilen führe. Vielmehr müsse man Technik immer im Plural denken, zwischen einzelnen Techniken differenzieren und diese auch differenziert bewerten. Demgegenüber bevorzugen technozentrisch orientierte Autoren den „Blick von oben", die makroskopische Perspektive. Sie behaupten, dass die zahllosen in Gebrauch befindlichen Techniken einen unlöslichen Zusammenhang bilden, dass Technik als ein komplexes System begriffen werden kann, mehr noch: dass sie tatsächlich als System existiert.

Betrachten wir ein Beispiel: das Automobil. Selbstverständlich kann man das Auto als Einzeltechnik analysieren. Doch dies ist nach technozentrischer Lesart eine Betrachtungsweise, die sozialwissenschaftlich eher uninteressant und sogar irreführend ist. Denn das Auto ist Teil eines gleichsam naturwüchsig entstandenen großen technischen Systems. Es bedarf, um funktionsfähig zu sein, komplexer, global vernetzter Infrastrukturen: Straßen, Parkplätze und -häuser, Tankstellen, Werkstätten, Händlerketten, Produktionsanlagen, Zulieferindustrien, Erdöltransporte, Raffinerien, Entsorgungseinrichtungen etc. Seine Nutzung ist auf rechtliche und organisatorische Rahmenbedingungen und deren Kontrolle angewiesen: Fahrschulen, Fahrprüfungen, Straßenverkehrsordnungen, auf Verkehrsrecht spezialisierte Juristen, Verkehrspolizei, Rettungsdienste, Unfallmedizin, Verkehrsfunk, Verkehrsplanung, Verkehrspsychologie, Versicherungen etc. Es schafft manifeste volkswirtschaftliche Abhängigkeiten, verändert städtische, dörfliche und landschaftliche, kurzum: sozialräumliche Strukturen, und es belastet auch ansonsten die Umwelt. Es gilt als Hauptverursacher eines bevorstehenden und stellenweise schon eingetretenen „Verkehrs-Infarkts". Es befördert die Entstehung eines Auto-Kults oder von Auto-Ideologien und -Mythen, wie sie sich zum Beispiel in Automobilausstellungen, Autozeitschriften, Automobilclubs, Autorennen, der Werbung oder auch einer in der Schweiz zeitweise für Furore sorgenden Auto-Partei zu erkennen geben. Und schließlich ist das Auto selbst in eine übergreifende Verkehrs-Infrastruktur mit weiteren Fortbewegungsformen integriert (Schienen-, Luft- und Wasserverkehr, aber auch Radfahrer und Fußgänger).

Was ich hier am Beispiel des Autos beschrieben habe, kann man, wie gesagt, in der Sprache der sozialwissenschaftlichen Technikforschung als „großes technisches System" bezeichnen. Es gibt viele Systeme dieser Art: das System der Stromversorgung, oder umfassender: das System der Energieversorgung, das Telekommunikationssystem, das System der Wasserversorgung, der Massenmedien etc. Auch hinter auf den ersten Blick unscheinbaren Techniken verbergen sich ausgeklügelte Systeme – man denke an den maschinenlesbaren Personalausweis. Systeme, die zunächst getrennt voneinander entstanden sind, können zusammenwachsen, „konvergieren"; dies gilt zum Beispiel für die Verschmelzung von Datenverarbeitung und Telekommunikationstechnik. Die spannende Frage in diesem Zusammenhang lautet weniger, welche Systeme man im Einzelnen unterscheidet und wie man sie voneinander abgrenzt. Vielmehr geht es um die Frage, in welchem Verhältnis die Systeme zueinander stehen. Denkt man über diese Frage nach, reflektiert man insbesondere darüber, was geschieht, wenn eines dieser Systeme ausfällt, stellt man sehr schnell fest, dass sie in hohem Grade voneinander abhängig sind. Fällt die Stromversorgung für längere Zeit aus, helfen zwar zunächst Notstromaggregate, doch wenn deren Energievorrat erschöpft ist, droht der Zusammenbruch des Gesamtsystems: der Telekommunikation, der Eisenbahnen, der Wasserversorgung etc. Der *längere* Ausfall eines dieser Systeme hätte insbesondere in hoch technisierten Gesellschaften katastrophale Folgen. Diese Gesellschaften sind von funktionierender Technik, von funktionierenden und ineinander greifenden technischen Systemen existenziell abhängig. Angesichts dieser Zusammenhänge unterstellen einige Autoren einen *übergreifenden* technischen Zusammenhang, ein technisches *System*. Dieses System ist zwar in den hoch technisierten Gesellschaften lückenloser, enger geknüpft und besser entwickelt als in anderen Teilen der Welt, doch es breitet sich – und damit kommt wieder die Globalisierung ins Spiel – immer stärker und mit einer gewissen Zwangsläufigkeit *global* aus – mit der Folge, dass die Abhängigkeit von funktionierender Technik, von technischen Systemen überall wächst und eine Systemstörung oder ein Systemausfall überall schwerste Folgen hervorrufen würden.

Mit der Festlegung auf das Konzept eines global ausgreifenden technischen Systems ist selbstverständlich nicht gesagt, dass technische „Subsysteme" oder einzelne Techniken nicht etwa der Analyse wert wären. Ausschlaggebend ist vielmehr die Frage, in welchem *Kontext* diese Analyse vorgenommen wird, ob sie also „von unten nach oben" oder „von oben nach unten" verläuft. Ein technozentrischer Ansatz geht von der höchsten Analyse-Ebene aus und ordnet einzelne Techniken oder einzelne große technische Systeme in den übergreifenden technischen Zusammenhang ein, präferiert also eine *makroskopische* Perspektive.

3. Oft hört man, Technik sei ein Mittel zur Erreichung der vom Menschen gesetzten Zwecke. Diese Definition ist unbestreitbar richtig und irreführend zugleich. Sicherlich erfüllt jede Technik einen oder mehrere Zwecke, wird die Technik im Allgemeinen von den meisten Menschen völlig zu Recht als zweckmäßig, ja als unverzichtbar erachtet. Irreführend ist sie jedoch insofern, als sie eine bestimmte Reihenfolge suggeriert: Erst werden die Zwecke festgelegt, dann die entsprechenden Techniken entwickelt. Dies ist jedoch, zumindest in heutiger Zeit, nur noch selten der Fall. Meist ist es so, dass neue Techniken sich aus Entwicklungsprozessen ergeben und erst danach die Frage gestellt wird, was man denn nun mit diesen Techniken anfangen könne. Wenn man eine Dampfmaschine erfunden hat, liegt es nahe, aus dem Segelschiff ein Dampfschiff zu machen. Besonders drastisch offenbart sich dieser Mechanismus bei so genannten „Universaltechnologien". Die Mikroelektronik ist solch eine „polyvalente" Technik, d. h., sie findet eine Unzahl von Anwendungsmöglichkeiten, die zu Beginn ihrer Entwicklung noch gar nicht absehbar waren und sich erst mit der Zeit ergeben haben. Das „Mittel" ist in die Welt getreten und hat sich seine „Zwecke" gleichsam selbst gesucht.

Gewiss ist der Satz *Was technisch machbar ist, wird gemacht* eine Übertreibung. Richtig ist er aber insofern, als neue Techniken einen enormen Anwendungsdruck erzeugen. Man kann sich ihm nur schwer oder gar nicht entziehen. Betrachten wir ein alltägliches Beispiel: Angenommen, ich würde mit einem „veralteten" Textverarbeitungsprogramm arbeiten. Wenn ich nun mit Kollegen Textdateien austauschen möchte, geschieht Folgendes: Wenn ich den Kollegen eine Datei maile, wird ihr Programm meine Datei automatisch „nach oben" konvertieren. Wenn, umgekehrt, sie mir eine Datei schicken, müssen sie immer daran denken, diese von Hand „nach unten", auf mein technisches Niveau, umzuwandeln. Vergessen sie das, erhalte ich eine für mich nicht lesbare Datei. Je stärker sich das neue Textverarbeitungsprogramm verbreitet, desto stärker wird für mich der Druck, „nachzuziehen" und ebenfalls das neue Programm anzuschaffen. Nun benötigt aber das neue Programm in der Regel einen größeren Arbeitsspeicher. Wenn es sich auch bei meinem Computer um ein älteres Modell handelt, kann es sein, dass er mit dem neuen Programm überfordert ist. Ich werde also Arbeitsspeicher nachrüsten müssen oder am besten gleich ein neues Modell anschaffen. Der amerikanische Technikhistoriker Thomas Hughes nennt solche Vorgänge „technische Frontbegradigungen". Sie finden nicht nur im Kleinen, wie im eben angeführten Beispiel, statt, sondern sind ein Charakteristikum des Technisierungsprozesses insgesamt. Auch auf der Ebene großer technischer Systeme besteht der manifeste Zwang, technisch „auf der Höhe der Zeit" zu bleiben, mit anderen Systemen kompatibel zu sein. Und selbstverständlich verschafft es insbesondere Unternehmen im Konkurrenzkampf Vorteile, wenn sie nicht nur auf der Höhe der Zeit sind, sondern ihrer Zeit voraus und andere zur Anpassung an die von ihnen gesetzten Maßstäbe nötigen können.

Ein weiterer Aspekt, der die These von einem intakten Zweck-Mittel-Verhältnis fragwürdig erscheinen lässt, liegt darin, dass Technik zwar den beabsichtigten Zweck (oder die beabsichtigten Zwecke) erfüllen mag, jedoch immer auch andere Wirkungen – oft unbeabsichtigte – hervorbringt. Daraus entstehen Probleme. Wenn es sich um „rein technische" Probleme handelt, können sie – das liegt in der Natur der Sache – nur technisch bewältigt werden. Aber auch wenn es sich um soziale oder ökologische Probleme handelt, gibt es oft keine andere Alternative als den technischen Zugriff. Technische Probleme oder Technikfolgen im weitesten Sinn sind somit beachtliche Impulsgeber weiterer Technisierung. Von einer autonomen menschlichen Zwecksetzung sind solche Vorgänge weit entfernt.

Die oben angeführte Zweck-Mittel-Definition ist beruhigend, denn sie suggeriert, dass alles unter (menschlicher) Kontrolle sei; die Technik sei ein „bloßes Mittel" im Dienst des Menschen. Aus technikkritischer Sicht wird das Verhältnis umgekehrt und dagegen gehalten, dass die vermeintlichen Mittel längst – wie in Goethes „Zauberlehrling" – ein Eigenleben gewonnen hätten und die Zwecke diktierten. Aus technozentrischer Sicht hingegen erscheint sowohl die eine als auch die andere Sichtweise auf das Zweck-Mittel-Verhältnis antiquiert. Beide Zweck-Mittel-Deutungen bewegen sich auf der Ebene einzelner Techniken und individueller Handlungen. Akzeptiert man jedoch die Argumente aus den Unterpunkten (1) und (2), dass die Technik weit mehr als nur materielle „Realtechnik" ist, dass sie nicht lediglich als eine Ansammlung einzelner Techniken begriffen werden kann, sondern Systemcharakter angenommen hat und sich an einem verselbständigten Effizienzkalkül orientiert, dann muss man sich von dieser Analyse-Ebene verabschieden. Die Diskussion des Phänomens Technik in den Kategorien von Zweck und Mittel ist nicht länger angemessen.

4. Mit dem Zweck-Mittel-Verhältnis hängt eine andere Sichtweise eng zusammen. Sie besagt, dass die Technik an sich „unschuldig" sei; alles hänge davon ab, wie sie verwendet werde. Mit ein und demselben Messer kann man Brot schneiden oder einen Menschen töten. Ein plakatives Beispiel wie dieses zeigt, dass es, wie soziozentrisch orientierte Autoren meinen, durchaus Spielräume in der Verwendung oder in der „Einbettung" von Technik gibt; sie reichen von einem von höchstem Problembewusstsein geprägten, reflektierten Umgang mit Technik über die völlig unkritische Technikfaszination bis hin zum offenkundigen Missbrauch von Technik – einer Verwendung also, die nicht „im Sinne der Erfinder" ist. Doch aufs Ganze gesehen sind den Spielräumen enge Grenzen gesetzt, und je höher der Technisierungsgrad ansteigt, desto geringer werden sie. Erinnern wir uns an das obige Auto-Beispiel: Was könnte man an den dort skizzierten Problemen durch eine „andere Verwendung" ändern? Auf individueller Ebene könnte man sich einen defensiven, Energie sparenden Fahrstil aneignen; man könnte gelegentlich aufs Auto verzichten und öffentliche Verkehrsmittel benutzen oder gar sein Auto ganz abschaffen. Zu beidem dürfte nur eine Minderheit von Menschen bereit und in der Lage sein. Unterstellen wir jedoch für einen Augenblick, dass entsprechende Verhaltensänderungen wider Erwarten zu einem Massenphänomen würden. Was wäre die Folge? Wenn Millionen Menschen in einer automobilen Gesellschaft auf ihr Gefährt verzichteten, wäre der Kollaps des Systems die Folge. Einmal abgesehen davon, dass die bestehenden öffentlichen Verkehrsmittel mit dem immensen Fahrgastaufkommen hoffnungslos überfordert wären, wäre eine solche Verhaltensänderung für all die vom Auto und der Autonutzung abhängigen Wirtschaftszweige desaströs. Realistisch betrachtet, könnte somit eine veränderte Verwendung des Autos allenfalls eine gewisse Milderung bewirken, insbesondere im Hinblick auf die ökologischen Folgen der Autonutzung – nicht mehr.

Setzt man nicht auf individueller, sondern „systemischer" Ebene an, könnte man versuchen, durch eine veränderte Verkehrspolitik – insbesondere durch Anreize und Sanktionen – eine Stärkung öffentlicher

Verkehrsmittel und eine Reduktion des Individualverkehrs zu bewirken. Unterstellt man, dass sich die zweifellos großen Widerstände gegen eine solche Umorientierung überwinden ließen, könnten entsprechende Maßnahmen doch nur langsam und über einen langen Zeitraum auf den Weg gebracht werden, um sowohl den Menschen als auch den dann stärker frequentierten alternativen Verkehrsmitteln die Umstellung zu ermöglichen. Ein grundsätzlicher Wandel wäre dies nicht, allenfalls eine (technische) Optimierung des Verkehrssystems als Ganzem. Je konsequenter man in Kategorien des technischen Systems denkt, desto deutlicher wird, dass Veränderungen in der *Verwendung* von Technik nur sehr begrenzte Wirkungen entfalten können. Insofern ist es abwegig, in der eingangs angesprochenen Weise die Technik selbst „freizusprechen". Technik erfüllt nicht nur bestimmte Zwecke, sondern sie bringt notwendigerweise unerwünschte Folgen hervor, insbesondere dann, wenn sie systemischen Charakter annimmt; sie erzeugt „Imperative", komplexe Handlungsketten, gegen die man im Hauruck-Verfahren, durch bloße Bewusstseinsänderung oder guten Willen wenig ausrichten kann.

Weit eher als das Konzept einer Neutralität der Technik überzeugt daher die Vorstellung, Technik sei grundsätzlich *ambivalent*. Der französische Sozialwissenschaftler Jacques Ellul hat diese Ambivalenz der Technik in Form von vier „Regeln" formuliert:

a) Jeder technische Fortschritt verlangt einen Preis; alle technischen (und in der Folge sozialen, ökonomischen, kulturellen etc.) Gewinne werden mit (sozialen, ökonomischen, kulturellen etc.) Verlusten erkauft.
b) In jedem Stadium hinterlässt der technische Fortschritt mehr (und größere) Probleme als er löst.
c) Die positiven Wirkungen des technischen Fortschritts sind untrennbar von den negativen Wirkungen.
d) Jeder technische Fortschritt bringt eine Vielzahl unvorhersehbarer Folgen mit sich (vgl. Ellul 1990, S. 35–73).
5. In einer hoch technisierten Welt ist es unvermeidlich, dass immer mehr Problemen technisch zu Leibe gerückt wird. Dennoch handelt es sich dabei, wie die eben vorgetragene Konzeption der „Ambivalenz" zeigt, nicht um Problemlösungen in dem Sinne, dass die in Rede stehenden Probleme durch den technischen Zugriff *ein für alle Mal* gelöst würden. Im Gegenteil: Der Begriff „Problemlösung" wird zunehmend fragwürdig, ja er wird zum Euphemismus und sollte, wie schon die Zweck-Mittel-Unterscheidung, aufgegeben werden. Es erscheint demgegenüber sinnvoller, den technischen

b) Globale Technisierung

Fortschritt als „Problemerzeugungs- und -verarbeitungsprozess" zu begreifen. Dieser etwas komplizierte Ausdruck erfasst
- den Umstand, dass jede technische „Problemlösung" neue und neuartige Probleme (technische, ökologische, soziale etc.) erzeugt; da die neuen Probleme mit fortschreitender Technisierung an Zahl und, glaubt man Ellul, möglicherweise auch an Größe zunehmen, handelt es sich nicht um Problemlösungen im strengen Sinn, sondern um mehr oder weniger erfolgreiche Problemverarbeitungen;
- des Weiteren die Tatsache, dass neu auftretende Möglichkeiten der Problemverarbeitung (also neue, insbesondere polyvalente Techniken) in der Regel nicht systematisch nach vorangegangener Problemdefinition (also menschlicher Zwecksetzung) gesucht werden; vielmehr ergeben sie sich *entweder* aus einem immanenten Entwicklungsprozess und initiieren, stimulieren oder erzeugen sodann die Suche nach Problemen, die mit Hilfe neuer Technik verarbeitbar erscheinen; oder die Technik *selbst* erzwingt die Nutzung schon vorhandener oder die Erzeugung neuer (und aufgrund des jeweils gegebenen Niveaus technischer Kenntnisse entwickelbarer) Techniken, indem sie (in Gestalt der von ihr erzeugten Technikfolgen) dem Menschen die technisch zu verarbeitenden Probleme stellt.

Der gesamte Ausdruck *Problemerzeugungs- und -verarbeitungsprozess* betont den prozessualen Charakter der Technik; der Technisierungsprozess ist „offen" angelegt und wird voraussichtlich nicht zu Ende kommen. Und er zeigt, dass die vielfach vorgenommene Unterscheidung zwischen der *Erzeugung*, der *Verwendung* und den *Folgen* von Technik in der Praxis kaum haltbar ist.

6. Es ist offenkundig, dass der Technisierungsprozess nirgendwo auf der Welt „im luftleeren Raum" stattfindet. Trotz seines globalen Ausgriffs bleiben landschaftliche, klimatische und demografische Gegensätze selbstverständlich von Bedeutung, ist die Identität stiftende Kraft von Traditionen und Religionen nicht ausgehöhlt, unterscheiden sich die Wirtschaftssysteme, haben staatliche Organisationsformen und die Idee der „nationalen Souveränität" keineswegs abgedankt, spielen politische oder ideologische Differenzen eine nicht zu unterschätzende Rolle. Von all diesen und anderen Faktoren bleibt, wie aus soziozentrischer Perspektive immer wieder betont wird und wie auch technozentrisch ausgerichtete Autoren zugestehen, der Technisierungsprozess nicht unbeeinflusst. Die Streitfrage in diesem Zusammenhang lautet: Verläuft der Trend in Richtung einer Differenzierung, einer Vielgestaltigkeit, eines Tech-

nik-Pluralismus, in Richtung wirklicher Alternativen, authentischer Wahlmöglichkeiten, qualitativ unterschiedlicher „Entwicklungspfade"? Oder erzeugt der globale Technisierungsprozess einen vereinheitlichenden Sog, der die Richtung vorgibt und die Unterschiede abschleift?

Dass sich bei näheren Hinsehen differierende Merkmale zwischen französischer, nordamerikanischer oder südkoreanischer Technik entdecken lassen, ist kaum zu leugnen. Umstritten ist die über diesen Tatbestand hinausgehende These vieler soziozentrisch orientierter Autoren. Sie besagt, dass mit zunehmender „Vergesellschaftung" und „staatlicher Steuerung" der Technisierung derartige Unterschiede nicht ab-, sondern zunähmen; statt einer Vereinheitlichung sei ein Trend zur Differenzierung, nicht zuletzt zur Ausbildung „nationaler Technikstile" zu beobachten. Dass es so etwas wie einen „technischen Stil" gibt, ist zweifellos zutreffend. Vielfach werden die stilistischen Unterschiede zwischen Techniken bzw. technischen Systemen jedoch überinterpretiert. Meist handelt es sich um graduelle Unterschiede, die hinter den Gemeinsamkeiten der Konstruktionen zurückbleiben. Der Blick auf durchaus vorhandene unterschiedliche technische Entwicklungen ist zweifellos legitim; ebenso legitim und für die Beurteilung des Technisierungsprozesses in seiner Gesamtheit belangvoller ist jedoch der Blick auf die Gemeinsamkeiten:

Die technische Entwicklung zeigt, anders als beispielsweise das Ökosystem, eine historische Tendenz zur Vereinheitlichung, zur Standardisierung und Normierung, zu weltweiter Ausbreitung und weltweiter Gleichförmigkeit. Sie zeigt, ungeachtet oft schwerwiegender sozialer und ökologischer Folgeerscheinungen, die Übertragbarkeit technischer Systeme aus hoch entwickelten Industriestaaten in Entwicklungsländer und die strukturelle Übereinstimmung der Technik in höchst unterschiedlichen Gesellschaftssystemen. Wir beobachten einen internationalen Wettlauf um technische Spitzenpositionen, ein „ziviles Wettrüsten", das bis hin zur Industrie- und Wissenschaftsspionage reicht. Zu Zeiten des Ost-West-Konflikts wurde der mit dem Westen rivalisierende kommunistische Block vom Transfer technologischen Know-hows (Cocom-Liste) ausgeschlossen. Wir beobachten immer wieder das Phänomen der Doppel- oder Mehrfach-Erfindung und wissen um die identische Wiederholbarkeit technischer Erfindungen (ein Phänomen, das die Technik fundamental von anderen Kulturerscheinungen, etwa der Kunst, abhebt). Wir sprechen von „technischen Kinderkrankheiten" und „ausgereiften Techniken", von „technischem Vorsprung", „technischem Rückstand" oder „techni-

b) Globale Technisierung

scher Lücke"; wir messen sie in Jahren und können technische Innovationen inzwischen sogar zeitlich prognostizieren.

Zu beachten ist in diesem Zusammenhang, dass sich das Konzept des „nationalen Technikstils" in erster Linie auf die Erzeugung und erst in zweiter Linie auf die Verwendung von Technik bezieht. Selbst wenn man konzedieren würde, dass es zum Beispiel einen spezifisch französischen Stil der Technik-Erzeugung gibt, dürfte es kaum sinnvoll sein, von einem französischen Stil der Technikverwendung oder gar spezifisch französischen Technikfolgen zu sprechen. Gegen die Idee eines „nationalen Technikstils" spricht zudem der Trend, dass Technik (und zwar sowohl materielle wie immaterielle Technik) zunehmend von transnationalen Unternehmen bzw. in unternehmerischer oder staatlicher Kooperation hervorgebracht und im Weltmaßstab vertrieben und eingesetzt wird. Es ist erstaunlich, dass ausgerechnet zu einer Zeit, in der allerorten von Globalisierung geredet wird und auch unstrittig ist, dass Technik einen wesentlichen Beitrag zur Globalisierung leistet, das Konzept eines nationalen Technikstils aufkommen konnte.

Bei den in Rede stehenden Unterschieden handelt es sich demzufolge nicht um unterschiedliche Techno-Logiken, die es rechtfertigen würden, von Alternativen zu sprechen, sondern um Varianten. Die Varianten sind, wenn man so will, Oberflächenerscheinungen identischer Tiefenstrukturen; sie resultieren, so paradox es klingt, mindestens ebenso sehr aus der Globalität der Technik wie aus spezifischen technischen Traditionslinien. Die Erklärung ist einfach: Kein Erzeugerland, erst recht kein einzelnes großes Unternehmen, kann auf allen Gebieten zugleich „Weltniveau" sein; die Globalität der Technik erzeugt demzufolge neben einem manifesten Zwang zur Vereinheitlichung auch einen nicht minder manifesten Zwang zur Profilierung, zur Unterscheidbarkeit, zur Spezialisierung und Schwerpunktsetzung. Gerade unter Globalisierungsbedingungen wirkt diese Dialektik von „Spezialisierung" und „Totalisierung". Jedoch: Trotz der vereinheitlichenden Tendenzen wird, wie wir noch sehen werden, der global ausgreifende Technisierungsprozess nicht zu einem weltweit gleichen Technisierungsgrad bzw. -niveau führen.

Die technozentrische Deutung hat nichts mit dem zu tun, was man landläufig unter „Technikdeterminismus" versteht. Dieser Begriff leistet dem Eindruck Vorschub, die Technik sei ein von vermeintlich technikfreien gesellschaftlichen Sphären eindeutig abgrenzbarer Faktor der sozialen Entwicklung, ein „Bereich", ein Subsystem der Gesellschaft, das auf andere, nicht-technische „Bereiche" oder Subsysteme determinierende Wirkungen ausübe. Angemessener ist demgegenüber das von Gernot Böhme vorgeschlagene Bild einer „Technostruktur", die „den gesellschaftlichen Körper wie ein Pilz [durchzieht]" (Böhme 1987, S. 58). Worin sich das Konzept einer Technostruktur von einem „deterministischen" Erklärungsansatz unterscheidet, hat Böhme wie folgt formuliert:

„[Die Technik] ist in die Sozialstruktur eingedrungen, in die Formen sozialen Handelns, in die normativen Erwartungen, oder besser, sie ist selbst eine Sozialstruktur, eine Form gesellschaftlichen Handelns und ein Bestandteil des Regelkanons geworden. Es geht [...] nicht mehr um Technik als Ursache oder Technik als Gegenstand, sondern es geht um die technischen Formen von Gesellschaftlichkeit, oder besser gesagt um die Erkenntnis der fortschreitenden Technisierung gesellschaftlicher Wirklichkeit und der damit verbundenen Probleme" (Böhme 1987, S. 53 f.). „Das Thema einer Theorie der Gesellschaft in der technischen Zivilisation ist [...] nicht so sehr die Technik in der Gesellschaft und der ihr entsprechende gesellschaftliche Wandel, sondern die Technisierung der Gesellschaft. Die Produktion von Technik gehört zur gesellschaftlichen Reproduktion: Mit der Technik produzieren wir gesellschaftliche Strukturen" (ebd. S. 63).

In diesem Zusammenhang gilt es zu beachten, dass nicht alle gesellschaftlichen Bereiche gleichermaßen technisiert (oder technisierbar) sind. Daraus ergeben sich Spannungen und Widersprüche. In der Regel werden sie so gelöst, dass der weniger technisierte Bereich „nachzieht", also auch auf dieser Ebene eine „Frontbegradigung" vorgenommen wird. Wenn dies jedoch nicht gelingt, entstehen Probleme. Und wenn Technik global ausgreift, entstehen diese Probleme auch im globalen Rahmen. Wenn der Technisierungsprozess zudem ständig an Geschwindigkeit zulegt, werden die Anpassungsprozesse immer schwieriger zu bewerkstelligen sein – auf individueller Ebene ohnehin, aber auch auf gesellschaftlicher und schließlich auf globaler Ebene. Insofern wäre die Vorstellung verfehlt, der Technisierungsprozess werde zu immer größerer Harmonie führen. Das Gegenteil ist der Fall.

Knüpfen wir nochmals an die Definition der Technisierung als Problemerzeugungs- und -verarbeitungsprozess an, dann können wir jetzt genauer sagen, was Technisierung bedeutet. Sie bedeutet
– die auf Dauer gestellte, institutionalisierte und zunehmend unausweichliche Steigerung des Technisierungsgrades (quantitativ) und des Technisierungsniveaus (qualitativ),

– die mit steigendem Technisierungsgrad bzw. -niveau wachsende Zahl (und möglicherweise auch wachsende Größe) der Technikfolgen, die ihrerseits ein beachtlicher Impulsgeber weiterer Technisierung sind,
– die fortschreitende Technisierung (also qualitative Veränderung) der gesellschaftlichen Wirklichkeit, d. h. der individuellen und kollektiven Denk- und Handlungsweisen, der gesellschaftlichen Bereiche, ganzer Gesellschaften.

Alle genannten Prozesse beschleunigen sich und finden zunehmend im globalen Maßstab statt.

Wir können nun die Erörterung zusammenfassen: Technik kann als ein hochkomplexes, aus materiellen und immateriellen Komponenten bestehendes, weitgehend eigendynamisches, beschleunigt fortschreitendes, die gesamte Gesellschaft durchdringendes und strukturierendes sowie global ausgreifendes *System* gedeutet werden. Zumindest in der hoch entwickelten „Ersten Welt" kann man von „technischen" und „technisierten" Gesellschaften sprechen: rationalisierten, effizienzorientierten sozialen Zusammenhängen, die von der Technik materiell und ideell zutiefst geprägt sind, die von Technik, technischen Kategorien und einem technisch verkürzten Fortschrittsdenken dominiert werden und die sich in eine ständig neue Anpassungsleistungen erfordernde und Sachzwänge (oder besser: Sachgesetzlichkeiten) hervorbringende existenzielle Abhängigkeit von funktionierenden und expandierenden technischen Systemen gebracht haben.

Doch der technische Fortschritt ist keineswegs bloß homogenisierend und linear. Er ist (im Sinne Ellus) fundamental ambivalent, bringt Spannungen, Dissonanzen, Widersprüche, Krisen und Katastrophen hervor. Hoch technisierte Gesellschaften sind in vielerlei Hinsicht fragil und störanfällig. Mit ihrer globalen Ausbreitung werden diese Schattenseiten der Technisierung zum globalen Problem. Angesichts der Widersprüchlichkeit des Prozesses steht somit nicht zu erwarten, dass der Technisierungsprozess ein „ehernes technisches Gehäuse" globaler Dimension hervorbringen oder gar zu einem „Ende der Geschichte" führen könnte.

c) Globale Ökologie

Will man an die Überlegungen des vorangegangenen Abschnitt b) zum Phänomen Technik unmittelbar anknüpfen, so kann man sagen, dass der Technisierungsprozess nicht nur in alle gesellschaftlichen

Bereiche eingedrungen ist, sondern auch den von manchen radikalen Ökologen erhobenen emphatischen Anspruch eines „Lebens in Einklang mit der Natur" hat obsolet werden lassen. Letzterer favorisiert ein Verständnis von „Natur", das insofern unrealistisch geworden ist, als die in Rede stehende Natur bereits so weitgehend technisch durchdrungen und transformiert worden ist, dass sich der Begriff der Natur kaum noch als „reiner" Gegenbegriff zu dem der Technik oder dem der Gesellschaft verwenden lässt. Wenn es zutrifft, dass die Natur (und wohl auch der Mensch selbst) im Zeitalter ihrer technischen Reproduzierbarkeit angekommen sind, dann sind alle Versuche eines „Zurücks zur Natur" vergeblich.

Um Missverständnissen vorzubeugen: Dies kann und soll selbstverständlich nicht heißen, man könne auf einen konsequenten „Natur"-Schutz oder Projekte einer „Re-Naturierung" verzichten; wohl aber sollte man sich der Grenzen solcher Bemühungen bewusst sein. Insbesondere sollte man sie nicht (natur-)ideologisch überhöhen und auch eingestehen, dass sie nicht zuletzt eines immensen und intelligenten Einsatzes modernster Technik bedürfen, der wiederum, was nicht ohne Ironie ist, nur durch weitere Globalisierung zustande und zum Zuge kommen kann.

Ebensowenig sollte man die Einsicht, dass Natur und Technik bzw. Gesellschaft nicht als Gegenbegriffe taugen, überstrapazieren. Insbesondere sollte man sich nicht dazu verleiten lassen, Natur gänzlich als „soziales Phänomen" bzw. als „soziale Kategorie" zu begreifen. Der Mensch hat zwar im historischen Prozess große Teile seiner natürlichen Lebensgrundlagen vernichtet, verändert oder technisch durchdrungen; dennoch kann man die Möglichkeit, dass es ihm gelingen wird, sich aus seiner existenziellen Angewiesenheit auf leidlich intakte natürliche Lebensgrundlagen zu lösen, getrost ausschließen.

Doch nun zur Frage, ob und inwiefern es sich bei ökologischen Problemen um eine Dimension des Globalisierungsprozesses handelt. Von Globalität kann in Bezug auf ökologische Probleme in mehrfacher Hinsicht gesprochen werden: Zunächst und in einem sehr abstrakten Sinne bilden ökologische Prozesse einen globalen Zusammenhang, manche sagen: ein globales System. Doch wenn von einer ökologischen Dimension der Globalisierung die Rede ist, dann bezieht man sich in der Regel nicht auf die *Existenz* globaler ökologischer Systeme, sondern auf deren Gefährdung, also auf globale (oder potenziell bzw. tendenziell globale) ökologische *Probleme*. Sie manifestieren sich auf dreifache Weise: Erstens existieren einzelne ökologische Probleme, die – wenngleich in unterschiedlichem Aus-

c) Globale Ökologie

maß bzw. unterschiedlicher Intensität – grundsätzlich jeden Menschen betreffen (können). Zweitens existieren regionale oder lokale ökologische Probleme, die gleichwohl *Folge* von Globalisierungsprozessen oder einzelner Erscheinungen von Globalisierung sind: d. h., sie sind Folgen der eben besprochenen technischen Durchdringung aller Lebensverhältnisse im Allgemeinen und (beispielsweise) der Aktivitäten transnationaler Unternehmen im Besonderen. Und drittens können viele Umweltprobleme, teilweise auch solche, die man nicht im eigentlichen Sinne als „globale Probleme" qualifizieren kann, nur in faktisch globaler *Kooperation* bewältigt werden. Zu Letzteren zählt man neben den beiden unbestrittenen Exempeln für globale Umweltprobleme – der Emission von „Treibhausgasen" und der von ihr bewirkten Klimaveränderung zum einen, der Zerstörung der stratosphärischen Ozonschicht zum anderen – auch die Bedrohung der Biodiversität, die Belastung und Ausbeutung der Weltmeere sowie die Gefährdung großer ökologischer Systeme, denen, wie den Amazonas-Wäldern oder der Antarktis, essenzielle Bedeutung für das globale ökologische Gleichgewicht zukommt.

Zahlreiche andere Umweltprobleme, wie die Verstädterung, der Raubbau an Wäldern, die Desertifikation, die Versalzung, Wasser- oder Brennholzmangel etc., sind auf den ersten Blick eher lokaler oder regionaler Natur, können allerdings auch global wirksame Folgen hervorbringen: etwa in Form von sozialen, ökonomischen oder politischen Destabilisierungen schwacher und armer Staaten, durch die Entstehung zwischen- oder innerstaatlicher Spannungen und Konflikte und durch die Erzeugung von Flüchtlingsströmen. Im Übrigen können lokale oder regionale Umweltprobleme durch ihre Wiederholung bzw. Summierung zu einem „globalen" Phänomen werden, das als Ganzes eine völlig andere Qualität annimmt, als sie die zahlreichen lokalen und regionalen Einzelprobleme für sich genommen aufweisen; dies unterscheidet Umweltprobleme von der weiter oben diskutierten globalen Ausbreitung wesensmäßig partikularer Phänomene, wie dem Staat, der Nation etc. Und schließlich können verschiedenartige Umweltprobleme auch untereinander in Wechselwirkung treten und damit Prozesse in Gang setzen, die kaum zuverlässig und auf Dauer zu prognostizieren sind; auch hier besteht die Möglichkeit, dass diese sich zu einer globalen Problemlage auswachsen.

Wenngleich also alles in allem kaum Zweifel daran bestehen können, dass Umweltprobleme eine gewichtige Dimension des Globalisierungsprozesses bilden, ist doch ebenso augenfällig, dass keineswegs alle Umweltprobleme einen globalen Charakter annehmen bzw.

eine globale Antwort verlangen. Die Annahme, das Lokale sei immer auch global, ist folglich nicht haltbar. Gleichwohl besteht insbesondere für Ökologen eine große Versuchung darin, aus jedem Umweltproblem ein „globales" Problem zu machen, weil dies die Aufmerksamkeit steigert, die ihrem Anliegen entgegengebracht wird. Andererseits kann die Betonung der globalen (oder Staatsgrenzen relativierenden) Dimension ökologischer Probleme jedoch auch zu einem Vorwand für Nicht-Handeln werden. So begegnet man oft dem Argument, das anstehende Problem verlange eine (erst noch zu erreichende) globale Übereinkunft, gelegentlich auch eine „europäische Lösung", kurzum: die Problemlösung erfordere Geduld. Hier dient der Verweis auf globale Zusammenhänge dem Zweck, von bestehenden Handlungsmöglichkeiten abzulenken, insbesondere eine etwa vorhandene Tendenz zum „nationalen Alleingang" zu unterbinden. *Was* zu einem bestimmten Zeitpunkt und *warum* etwas zu einem bestimmten Zeitpunkt als ökologisches Problem oder als *globales* ökologisches Problem wahrgenommen oder anerkannt wird, ist somit von vielen Einflussfaktoren abhängig, nicht zuletzt von spezifischen Interessen bzw. Interessenkonstellationen.

Versucht man sich dem Zusammenhang von Globalisierung und Ökologie systematisch zu nähern, lässt sich an verschiedene Klassifikationsvorschläge anknüpfen. Eine differenzierte und bezüglich der Unterscheidungskriterien schlüssige Variante bietet Steven Yearley an (vgl. Yearley 1996). Die erste Ebene seiner Klassifikation bezieht sich auf die zahlreichen Erscheinungsformen von Umweltbelastung bzw. -verschmutzung. Yearley geht hier sinnvollerweise vom *Medium* der Belastung aus und unterscheidet dementsprechend zwischen Luft-, Wasser- und Bodenbelastung. Neben diesen drei Grundtypen nennt er einige weitere Erscheinungsformen, die eindeutig zu klassifizieren allerdings kaum möglich erscheint: die radioaktive und die ihr verwandten Belastungen, die Belastung von Lebensmitteln sowie schließlich die gentechnische Manipulation.

Trotz solcher Klassifikationen ist es äußerst schwierig, Belastung bzw. Verschmutzung zweifelsfrei zu definieren und festzulegen, wann Verschmutzung im eigentlichen Sinne beginnt, d. h. ab wann sie bedenkliche Ausmaße annimmt („Grenzwerte"-Diskussion). Die Definitionsprobleme hängen nicht zuletzt damit zusammen, dass man, wie oben dargelegt, Natur auf der einen und Mensch bzw. Gesellschaft auf der anderen Seite nicht ohne weiteres trennen kann. Im Übrigen können bestimmte Umweltentwicklungen, wie der Klimawandel, gleichsam natürlich verstärkt werden, etwa durch Ausscheidungen

c) Globale Ökologie

von Tieren, durch Vulkanausbrüche oder Waldbrände; umgekehrt können technische Produkte oftmals „ohne Rest" in einen natürlichen Kreislauf zurückgeführt werden. Was ich oben schon in Bezug auf Umweltprobleme allgemein festgestellt hatte, gilt auch hier: In jegliche Festlegung von Umweltstandards fließen aktuelle Interessen, der wissenschaftliche Kenntnisstand, der Stand der Technik und die jeweils entwickelten Grade an Umweltbewusstsein ein. Die je gültigen Umweltstandards spiegeln somit eine Mischung aus dem wider, was Menschen zu einem bestimmten Zeitpunkt wissen *können*, und dem, was sie wissen *wollen*.

Als zweite Kategorie ökologischer Probleme lässt sich die Ressourcenerschöpfung unterscheiden. Die Prognose, dass zumindest einige Energie- und Rohstoffvorräte in nicht allzu ferner Zeit zur Neige gehen könnten, hatte den eigentlichen Auftakt der neueren Ökologiediskussion gebildet. In der Version des ersten Club of Rome-Berichts zu den „Grenzen des Wachstums" drehte sie sich vorrangig um der These, dass die Menschheit, wenn sie den eingeschlagenen Kurs fortsetze, die Grundlagen wirtschaftlichen Wachstums erodiere. In einer endlichen Welt, so die einleuchtende These, könne es kein unendliches Wachstum geben. Auch wenn inzwischen deutlich geworden ist, dass man die Verfügbarkeit von Ressourcen durch die Einsparung oder Substitution von Energie und Rohstoffen zeitlich strecken kann, ist die seinerzeit formulierte Wachstumskritik nicht ins Unrecht gesetzt worden, zumal sie schon bald durch die insbesondere von Fred Hirsch vorgenommene und in ihrer Kernaussage wohl nicht widerlegbare Analyse der *sozialen* Grenzen des Wachstums ergänzt wurde (Hirsch 1980). Die Entdeckung Hirschs besagt, dass sich die Nutzungsbedingungen „positioneller Güter" verschlechtern, je verbreiteter ihr Gebrauch ist. Positionelle Güter lassen sich nicht beliebig vermehren. Der einsame Badestrand oder das von Verkehrslärm und lästigen Nachbarn abgeschottete Haus im Grünen verlieren rapide an Wert, wenn immer mehr Menschen derartigen Luxus erwünschen und ihn sich leisten können; am Ende ist die Landschaft zersiedelt und die letzte einst einsame Badebucht überfüllt. Hirschs Einsicht kann nicht lediglich für einzelne Güter auf nationalen oder regionalen Märkten Gültigkeit beanspruchen. Denn denkt man im globalen Maßstab, dann muss man inzwischen ganz generell in der Industrialisierung bzw. „*unserer* Lebensweise" positionelle Güter sehen. Ein Beispiel von vielen:

„Die Automobilisierung der gesamten Menschheit würde nicht nur den Treibhauseffekt befördern, sondern die Automobilität überall (wenn auch sicherlich nicht gleichmäßig) in den Stau und in die Immobilität überführen. Die einmal entwickelte Produktions- und Regulationsweise verändert sich also allein dadurch, dass sie globalisiert – und dabei demokratisiert wird, indem immer mehr Menschen an den Gratifikationen teilzuhaben vermögen. Demokratisierung bedeutet demzufolge *an der Grenze* der 'carrying capacity' natürlicher Ressourcen einen beträchtlichen sozialen und physischen Entropieanstieg" (Altvater/Mahnkopf 2002, S. 457).

Erst nach der Sensibilisierung für ökonomische und soziale Grenzen des Wachstums trat in der Ökologiedebatte voll ausgeprägt die Erkenntnis hinzu, dass sogar das Überleben großer Teile der Menschheit infolge der Ressourcenübernutzung gefährdet sein könnte, etwa durch Engpässe bei fruchtbarem Boden oder trinkbarem Wasser. Das Gleiche gilt für die Wahrnehmung einer bereits erreichten oder in nächster Zukunft zu erwartenden ökologischen Überforderung des Planeten, konkret: einer Überforderung der Tragfähigkeit der „Senken" für die gasförmigen, liquiden und festen Emissionen des Produktions- und Konsumtionsprozesses (vgl. Altvater/Mahnkopf 2002, S. 444).

Als dritte Kategorie ökologischer Probleme nennt Yearley das Weltbevölkerungswachstum. Dass „Überbevölkerung" auch unter ökologischen Gesichtspunkten von Bedeutung ist, liegt auf der Hand; zugleich zeigt die Bevölkerungsproblematik, wie eng Umweltfragen mit solchen der „Entwicklung" verknüpft sind (vgl. dazu weiter unten). Im Wesentlichen findet das Bevölkerungswachstum in Ländern der „Dritten Welt" statt. Diese befinden sich vielfach in einem bedrückenden Dilemma, von dem derzeit nicht erkennbar ist, wie es wirksam und rechtzeitig entschärft werden könnte. Denn weder das westliche Modell, durch technischen, ökonomischen und sozialen Fortschritt (und also eine Erhöhung des Ressourcenverbrauchs und der ökologischen Belastung) eine Stabilisierung der Bevölkerungsentwicklung zu erreichen, noch gar der Verzicht auf derlei Fortschritt kann unter ökologischen Gesichtspunkten zu akzeptablen Ergebnissen führen. Im Übrigen ist die Bevölkerungsfrage gerade wegen ihrer Komplexität und Multidimensionalität ein Beispiel für die weitgehende Tabuisierung eines zentralen Problemfeldes: zum einen durch den „Norden", der zwar um die essenzielle Bedeutung der Bevölkerungsfrage weiß, diese jedoch aus der politischen Alltagsdiskussion immer wieder erfolgreich verdrängt (was nicht zuletzt insofern schwer verständlich ist, als seine eigenen Fortschritte in der Umweltpolitik durch die globale Bevölkerungsvermehrung in der Gesamtrechnung wieder zunichte gemacht werden); zum anderen durch viele Länder des „Südens", die in der Deutung der Bevölkerungsproblematik als eines „ökologischen" Problems eine Einseitigkeit und Überheblichkeit des Nordens sehen.

Die letzte von Yearley genannte Kategorie betrifft den Verlust der Biodiversität, die sich zuvörderst in einem durch Umweltverschmutzung und Zerstörung von Lebensraum bewirkten Artenverlust (d. h. Dezimierung des Bestandes bestimmter Arten bis hin zu deren Aussterben) äußert. Im Kontext der Globalisierung ist dieser Vorgang von Belang, weil einige kommerziell bedeutsame Arten (insbesondere Meerestiere) im globalen Maßstab verfolgt werden, ohne dass dies zufriedenstellend koordiniert und geregelt wäre. Neben der Artenschutzdiskussion hat sich inzwischen eine weit umfassendere Debatte über biologische Vielfalt entwickelt, die wiederum in engem Zusammenhang mit revolutionären Fortschritten der Gentechnologie, den Interessen und Aktivitäten großer Nahrungsmittelproduzenten und den ökonomischen Abhängigkeiten im Nord-Süd-Verhältnis steht.

Die gerade angesprochenen Aspekte des Umweltproblems verweisen auf den Zusammenhang zwischen Ökologie und Ungleichheit bzw. Entwicklung. Dieser tangiert eine effektive Umweltpolitik in besonderer Weise und ist zugleich eine der zentralen Dimensionen des Globalisierungsproblems insgesamt:

Die sichtbarste Ungleichheit im Zusammenhang mit dem Ökologieproblem ist die global ungleiche Verteilung der Umweltlasten. Die Annahme, dass man diese Problematik in Nord-Süd-Kategorien fassen könne, die Länder des Südens also grundsätzlich stärker in Mitleidenschaft gezogen würden als die entwickelteren Regionen, wäre voreilig. Letztere haben zwar in der Regel größere Möglichkeiten, gewisse Schäden abzuhalten oder zu begrenzen, und sie sind auch nicht mit der Doppelbelastung von Ökologieproblematik und Unterentwicklung konfrontiert. Doch auch sie können weder lokal bzw. regional eingegrenzten noch global ausgreifenden Problemlagen entkommen. Gleichwohl können ungleiche Belastungen und Bedrohungen zu einer entsprechend unterschiedlich ausgeprägten Bereitschaft führen, sich mit Umweltproblemen konstruktiv auseinanderzusetzen und eine international koordinierte Umweltpolitik voranzubringen.

Wie im lokalen, nationalen oder regionalen Rahmen, so ist auch die globale Umweltkontroverse das Ergebnis unterschiedlicher Interessen, unterschiedlicher sozialer und kultureller „Modelle" und unterschiedlicher Betroffenheiten, die wiederum zu unterschiedlichen Problemwahrnehmungen, -definitionen und -gewichtungen sowie zu unterschiedlichen Handlungsorientierungen führen. Die subjektiv oder kulturell gefärbten Urteile zu Umweltfragen rühren auch aus der Notwendigkeit, die Lebensbedingungen zukünftiger Generationen mit in Betracht zu ziehen. Insbesondere zwischen „Nord" und „Süd" lassen sich ausgeprägte Unterschiede im Hinblick auf die sozialen und ökonomischen Rahmenbedingungen der Problemwahrnehmung beobachten. Während die industrialisierten Länder primär Klima- und Bevölkerungsprobleme sehen, sich um Biodiversität und Abholzung tropischer Wälder sorgen, thematisieren die Entwicklungsländer Fragen der strukturellen Anpassung, der Verschuldung und der lokalen Lebens- und Überlebensbedingungen. Zu ihnen gehören nicht nur die Notwendigkeiten ökonomischer Entwicklung, sondern auch Umweltprobleme, die aus Sicht des Nordens weniger drängend erscheinen: beispielsweise die Desertifikation, die Holzknappheit, der Mangel an Wasser im Allgemeinen und an sauberem Trinkwasser im Besonderen, der Mangel an sauberer Luft und an akzeptablen sanitären Einrichtungen. Eine global angelegte Umweltpolitik kann hier die Gefahr bergen, dass der Norden die Agenda in einseitiger Weise bestimmt bzw. mit zweierlei Maß misst und sich von Seiten des Südens mit dem Vorwurf des ökologischen Kolonialismus konfrontiert sieht. Auch die von einer kosmopolitischen Moral oder Ethik getragenen Forderungen nach Einschränkung von nationalstaatlicher Souveränität können Gefahren für die schwächeren Staaten des Südens bergen und diese zu Interventionsopfern nördlicher Umweltstrategien werden lassen.

Ein letzter Aspekt des Zusammenhangs von Ökologie und Ungleichheit betrifft die Frage, ob eine globale Umweltpolitik dadurch erschwert oder verhindert wird, dass viele Länder, insbesondere der südlichen Halbkugel, ihr primäres Interesse darin sehen, zunächst einmal ihre Entwicklungsrückstände zur fortgeschritteneren Welt zu vermindern oder aufzuholen – ungeachtet der ökologischen Konsequenzen, die dieses Unterfangen mit sich bringen kann. Nun ist es zweifellos legitim, wenn arme Länder bestrebt sind, ihren Lebensstandard dem der entwickelten Länder möglichst anzunähern. Dies umso mehr, als die Entwicklungsniveaus sich zwar seit den 60er Jahren in absoluten Zahlen generell erhöht, die Gegensätze sich jedoch zugespitzt haben, d.h. *relativ* eine merkliche Erhöhung der Ungleichheit eingetreten ist.

In den vergangenen Jahren ist diese Problematik insbesondere anhand des von der Brundtland-Kommission entwickelten Konzepts der

c) Globale Ökologie

„nachhaltigen Entwicklung" diskutiert worden (Hauff 1987). (Die Kommission ist benannt nach der ehemaligen norwegischen Ministerpräsidentin Gro Harlem Brundtland, die den Vorsitz innehatte.) Es verfolgte den Anspruch, das Dilemma zwischen ungleicher Entwicklung und Ökologie aufzulösen. Bislang ist jedoch noch nicht recht erkennbar, wie die Versöhnung von Ökologie und Ökonomie im globalen Maßstab und insbesondere im Hinblick auf die unterentwickelten Länder aussehen könnte. Gegenwärtig spricht, im Gegenteil, immer noch viel dafür, dass die Integration unterentwickelter Länder ins globale Handels- und Produktionssystem sowie eine Veränderung der Konsumansprüche und -gewohnheiten mit einer Orientierung an den Wachstumspfaden der entwickelten Länder einhergehen müsste – mit allen Folgen, die dies in Bezug auf Umweltbelastung und Ressourcenverbrauch mit sich brächte. Auch wenn man die heute mögliche effizientere Nutzung von Ressourcen oder den Einsatz neuer Technologien in die Betrachtung einbezieht, so wird dies doch den hier sichtbar werdenden Widerspruch wohl nicht grundsätzlich aufheben, sondern nur mildern können.

5. Eigendynamik und Dialektik

In den vorangegangenen Kapiteln habe ich mehrfach vom „Prozess" der Globalisierung gesprochen, auch die verschiedenen Dimensionen der Globalisierung habe ich als „Prozesse" bezeichnet. Und ich habe immer wieder betont, dass die jeweiligen Prozesse einen hohen Grad an „Eigendynamik" aufweisen. Es ist nun an der Zeit, diese „Prozessualität" genauer zu bestimmen und zu verdeutlichen, wie es zu ihrer „Eigendynamik" kommt. Ein guter Anknüpfungspunkt ist das von dem Soziologen Norbert Elias entwickelte Konzept der „gerichteten Prozesse". Was ist unter „gerichteten Prozessen" zu verstehen? In einer Schlüsselpassage seines Hauptwerks >Über den Prozeß der Zivilisation< schreibt Elias, sein soziologisches Interesse richte sich primär darauf,

„[...] wie aus der Verflechtung von unzähligen individuellen Interessen und Absichten – sei es von gleichgerichteten, sei es von verschieden gerichteten und feindlichen – schließlich etwas entsteht, das, so wie es ist, von keinem der Einzelnen geplant oder beabsichtigt worden ist, und das doch zugleich aus Absichten und Aktionen vieler Einzelner hervorging" (Elias 1979, S. 221).

An der längerfristigen gesellschaftlichen Entwicklung, so kann man diese Sichtweise zusammenfassen, sind zwar eine Vielzahl von individuellen und kollektiven Akteuren bzw. Interessen beteiligt, doch die Entwicklung als solche und ihre Ergebnisse werden von niemandem wirklich gesteuert, auch nicht von den mächtigsten Gruppen. Die Geschichte verläuft letztlich ungeplant und unbeabsichtigt. So spricht Elias davon, dass „Menschen durch die Verfolgung ihrer begrenzten Einzelzwecke zugleich einen unbezweckten gesellschaftlichen Prozess in Gang halten, der dem, was sie bezwecken, in mancher Hinsicht Hindernisse in den Weg stellt" (Elias 1977, S. 142). Und er fügt hinzu, dass „[d]ie heutigen Menschen [sich] dem Fortgang solcher Prozesse beinahe [...] hilflos ausgeliefert" sehen (ebd.). An anderer Stelle schreibt er gar, dass die in Rede stehenden Prozesse „kaum weniger ungeplant und ungewollt sind als Naturprozesse" (Elias 1994, S. 146).

Wesentlich ist nun, dass diese Prozesse nicht nur blind, ungeplant und zwecklos verlaufen, sondern dass es sich darüber hinaus um „gerichtete Prozesse ohne vorgegebenes Ende" (Elias 1977, S. 145) handelt. Die Prozesse verlaufen somit nicht völlig diffus, sondern sie halten eine *Richtung* ein; dennoch wohnt ihnen keine „Teleologie" (also Zielgerichtetheit) inne, zumindest keine, die ihnen von Menschen eingeschrieben worden wäre oder von ihnen entschlüsselt werden könnte. Wenn Elias von „gerichteten Prozessen" spricht, unterstellt er zwar eine gewisse Gesetzlichkeit der Abläufe, erteilt aber der Vorstellung eines wie auch immer gearteten historischen Determinismus eine Absage. Gleichwohl kann man die Prozesse erklären, jedoch nicht, indem man die Handlungen und Interessen der diversen beteiligten Akteure minutiös rekonstruiert, sondern indem man ihren Ablaufgesetzlichkeiten oder -logiken, ihrer „immanenten Dynamik" (Elias 1977, S. 145) bzw. ihrer „Struktur" (ebd., S. 148) auf die Spur zu kommen sucht. Es geht Elias also keinesfalls darum, gerichteten Prozessen ein geheimnisvolles Innenleben anzudichten, sondern es geht ihm, ganz im Gegenteil, um ihre „Entmythologisierung" (ebd., S. 145).

Wenn Elias die „Gerichtetheit" von Prozessen behauptet und die Vorstellung einer Teleologie zurückweist, dann bestreitet er nicht nur, dass diese Prozesse auf ein von Menschen identifizierbares oder von ihnen vorab gesetztes Ziel zulaufen. Er wirft, zumindest indirekt, auch die Frage auf, ob sie überhaupt auf ein Ziel zulaufen, ob also zu erwarten ist, dass sie in unbestimmter Zukunft zu einem „bündigen Schluss" (Hans Freyer) kommen werden. Auf den hier interessierenden Globalisierungsprozess bezogen, lautet demzufolge die Frage, ob dieser noch „unabgeschlossene" Prozess sich als „abschließbar" erweisen und eines Tages in voll ausgebildeter Globalität münden wird oder ob man gerichtete Prozesse als grundsätzlich ergebnisoffen anzusehen hat und insofern der Globalisierungsprozess auch andere, unerwartete Wendungen nehmen (oder Abschlüsse finden) könnte.

Elias' Konzept der „gerichteten Prozesse" lässt menschliche Autonomie in einem merklich veränderten Licht erscheinen und führt beinahe zwanglos zur Frage, ob von einer „Autonomie" bzw. einer nicht (nennenswert) beeinflussbaren Eigendynamik des Globalisierungsprozesses auszugehen ist. Immerhin lassen sich – zumindest aus Elias' Sicht – die in Rede stehenden Prozesse, eben weil sie gerichtet sind und man ihre immanente Dynamik entschlüsseln kann, mit einiger Sicherheit bis zu einem gewissen Grad prognostizieren.

In einem der oben angeführten Zitate spricht Elias davon, dass Menschen durch jene Prozesse, die sie in Gang setzen und durch ihr Handeln vorantreiben, dem, was sie bezwecken, in mancher Hinsicht Hindernisse in den Weg stellen. Diese Zwänge – man kann sie auch als „Sachzwänge" (oder „Sachgesetzlichkeiten") bezeichnen – reduzieren die zur Verfügung stehenden Handlungsspielräume. Will man die Aussage positiv wenden, kann man allerdings auch sagen, dass zu allen Zeiten ein gewisses Maß an Handlungsspielräumen zur Verfügung steht. Elias hätte zwar eine umfassende Kontrolle „gerichteter Prozesse" mit der Möglichkeit, „grand designs" oder Blaupausen für die Zukunft zu entwickeln, vermutlich ausgeschlossen; doch war er durchaus der Überzeugung, man könne planerische, gestalterische Elemente in sie einbringen. Beispiele für solch gelungene gestalterische Einflüsse gibt es viele: So hat die Arbeiterbewegung zwar den Prozess der kapitalistischen Industrialisierung nicht aufgehalten (was im Übrigen auch nicht ihr Ziel war), doch sie hat erhebliche Korrekturen vorgenommen und zumindest in Ländern, in denen sie über eine ausreichende Stärke verfügte, den Prozess humanisiert. Ungeachtet der Eigendynamik und Gerichtetheit der Prozesse sind demzufolge die Ziele und Interessen der einzelnen Akteure nicht unwichtig. Dass niemand am Schalthebel sitzt und die Prozesse zur Gänze zu steuern vermag, bedeutet nicht, dass es überhaupt keine Steuerungsmöglichkeiten gäbe. Die jeweilige historische Konstellation ist immer eine Mischung aus Möglichkeit *und* Notwendigkeit, aus Freiheit *und* Sachzwang. Und im Laufe des historischen Prozesses bleibt dieses Mischungsverhältnis selbstverständlich nicht gleich. Die Freiheitsgrade können größer oder kleiner sein oder gegen Null tendieren; die Zwänge können klein sein, größer oder gar übermächtig werden. Am Ende dieses Buches werde ich genauer darlegen, wie sich das Mischungsverhältnis unter den gegenwärtigen Bedingungen, also im Zeitalter gerichteter Globalisierungsprozesse, darstellt. Viele Menschen neigen verständlicherweise dazu, die Handlungsspielräume zu überschätzen und die Zwänge zu ignorieren – ein Fehler, vor dem auch Wissenschaftler nicht gefeit sind. Noch mal Elias: „Manche Forscher scheinen zu glauben, sie könnten dadurch der Freiheit eine Gasse bahnen, dass sie solchen Zwängen keine Beachtung schenken. Aber durch die Nichtbeachtung der Forscher schafft man sie nicht aus der Welt" (Elias 1994, S. XLIV). Man könnte hinzufügen: Ihre Anerkennung als Zwänge ist vielmehr die Bedingung der Möglichkeit, sie zu überwinden.

Versteht man den Globalisierungsprozess in diesem Sinne als gerichteten, weitgehend (nicht ausschließlich!) eigendynamischen Prozess, wird man angesichts seiner offenkundigen Reißkraft kaum überzogene Erwartungen an Gestaltungsmöglichkeiten stellen dürfen. Zusätzliche Komplikationen ergeben sich dadurch, dass Globalisierung

5. Eigendynamik und Dialektik

wie auch ihre Teilprozesse nicht nur gerichtete, sondern auch dialektische Prozesse sind.

Ein geeigneter Ansatzpunkt zur Erläuterung der dialektischen Momente von Globalisierung ist das oben erörterte Merkmal der Multidimensionalität. Ich hatte schon darauf hingewiesen, dass es unter den einzelnen Dimensionen, aus denen sich der Gesamtprozess aufbaut, gewichtigere Teilprozesse, vielleicht sogar – mit der Technisierung – einen dominanten Teilprozess gibt. Von unterschiedlichem Gewicht kann dann gesprochen werden,

– wenn ein Teilprozess ein weiter fortgeschrittenes Stadium erreicht hat oder ein deutlich stärkeres Globalisierungswachstum aufweist als andere Teilprozesse. Ein „Missverhältnis" dieser Art kann man beispielsweise für die ökonomische oder technische gegenüber der politischen Globalisierung unterstellen.

– wenn ein Teilprozess den Gesamtprozess der Globalisierung stärker prägt als andere Teilprozesse, d.h., wenn er bestimmte Entwicklungen verursacht oder seine Dynamik auf andere Prozesse bzw. den Gesamtprozess überträgt. Als dialektisch kann man solche Vorgänge dann bezeichnen, wenn die Spannungen innerhalb des Gesamtprozesses durch sie gesteigert werden. Dies kann zum Beispiel so aussehen, dass durch eine zunehmende globale Technisierung auch ökologische Schäden wachsen oder die soziale Anpassungsfähigkeit überstrapaziert wird. Ebenso ist es möglich, dass durch Rück- und Wechselwirkungen Verlangsamungen oder Rückschläge auch in den Prozessen eintreten, von denen die eigentliche Dynamik ausgeht. So können beispielsweise durch soziale Verwerfungen, politische Konflikte oder ökologische Schäden auch das ökonomische Wachstum oder der technische Fortschritt in Mitleidenschaft gezogen werden.

Ob Wirkungen, Rückwirkungen oder Wechselwirkungen: Sie alle können sich in Form von Dissonanzen, Spannungen, Risiken, Krisen oder auch Katastrophen manifestieren. Wenn Phänomene dieser Art gemeint sind, werde ich im Folgenden von „Dialektik der Globalisierung" sprechen. Die Dialektik der Globalisierung kann sich auf mehrfache Weise äußern:

Zum einen kann man eine *innere Dialektik von Teilprozessen* beobachten, zum anderen gibt es eine *Dialektik zwischen Teilprozessen*. Bei Letzterer handelt es sich immer und notwendigerweise auch um eine *Dialektik des Globalisierungsprozesses in seiner Gesamtheit*.

Die *innere Dialektik* von Teilprozessen (bzw. Dimensionen) der Globalisierung manifestiert sich beispielsweise in der Krisenanfälligkeit des globalen Finanzsystems, in den aus dem Innern von Volkswirtschaften bekannten, aber nunmehr potenziell globale Dimensionen annehmenden Problemen des „Marktversagens" oder auch in der mit wachsender Komplexität und geografischer Ausdehnung sich erhöhenden Störanfälligkeit, Verwundbarkeit und Fragilität technischer Systeme.

Dialektiken *zwischen* Teilprozessen können, wie erwähnt, schon allein durch deren unterschiedliche Geschwindigkeit ausgelöst werden; hierdurch wiederum kann es in der Folge zu Spannungen mit Rückwirkungen auf die Geschwindigkeit oder Dynamik des Gesamtprozesses kommen. Aber auch der Umstand, dass „gerichtete Prozesse" nicht notwendigerweise „gleich gerichtet" sein müssen, kann entsprechende Auswirkungen haben. So lassen sich zum Beispiel zahlreiche Anzeichen für die *prinzipielle* „Gegenläufigkeit" ökonomischer und sozialer oder ökonomischer und ökologischer Prozesse erkennen. Und schließlich spielen auch weniger dramatische Widersprüche in diesem Zusammenhang eine Rolle: beispielsweise der insbesondere in Zeiten umwälzender und sich beschleunigender technischer Fortschritte manifeste und überaus kostenträchtige Druck, die von der Technik bereitgestellten Innovationen auch ökonomisch zu nutzen.

Von der gerade diskutierten inneren Dialektik des Globalisierungsprozesses bzw. seiner Teilprozesse lässt sich eine *äußere Dialektik*, also eine Dialektik zwischen Globalisierung und „externen Phänomenen", unterscheiden. Unter externen Phänomenen kann man Prozesse oder soziale Bewegungen verstehen, die eine andere Richtung einschlagen, als es der Globalisierungsprozess tut. Bestimmte Varianten des Nationalismus oder auch der religiöse Fundamentalismus im islamischen Raum grenzen sich explizit von Globalisierung ab. Vielfach wird diese Gleichzeitigkeit von Globalisierung und gegenläufigen Bewegungen oder Prozessen auch als Wechselspiel zwischen *Integration* und *Fragmentierung* bzw. *Zerfall* beschrieben, wobei der Begriff Integration mit dem der Globalisierung in eins gesetzt wird (vgl. Menzel 1998). Aufgrund der bisherigen Erörterungen ist offenkundig, dass sich dieser Gegensatz nicht aufrechterhalten lässt. Um als Gegenbegriff zur Fragmentierung gelten zu können, müsste Globalisierung ein rein integrativer Prozess sein, was aber infolge ihrer dialektischen Momente nicht der Fall ist. Im Übrigen ließe sich zumindest partiell die *innere* Dialektik von Globalisierung gleichfalls als Dialektik von Integration und Fragmentierung beschreiben.

5. Eigendynamik und Dialektik

Auch ansonsten lässt sich der Begriff der Fragmentierung nicht als „reiner" Gegenbegriff zu dem der Globalisierung aufbauen; vielmehr ist Fragmentierung in mancherlei Hinsicht an Globalisierung gekoppelt. Das Mit- und Gegeneinander von (potenziell globaler) Integration und Fragmentierung kann nicht als das Ergebnis voneinander unabhängiger Prozesse verstanden werden. Was die oben angesprochenen Fälle des religiösen Fundamentalismus oder des Nationalismus angeht, so werden solche gegenläufigen, fragmentierenden Phänomene zwar nicht im eigentlichen Sinn durch Globalisierung verursacht oder hervorgebracht; wohl aber können sie offenbar bei Vorliegen entsprechender Bedingungen durch Prozesse der Globalisierung verstärkt oder revitalisiert werden. Ein wichtiger Unterschied zwischen der inneren und äußeren Dialektik besteht darin, dass sich die *inneren* Spannungen, Widersprüche oder Unverträglichkeiten des Globalisierungsprozesses mit einer gewissen Zwangsläufigkeit ergeben, während es sich beim Offenbar-Werden *äußerer* Widersprüche oder gar bei der Entstehung fragmentierender Gegenbewegungen um weit offenere Prozesse handelt. Insbesondere fragmentierende soziale Bewegungen besitzen meist ein hohes Eigengewicht, eine von Globalisierung unabhängige Entstehungsgeschichte und müssen zudem von Menschen in Gang gesetzt und gehalten werden. Auch wenn man also die gegenwärtige Stärke einiger nationalistischer Bewegungen oder des religiösen Fundamentalismus als fragmentierende Reaktionen auf Globalisierung interpretieren kann, bietet Letztere in den meisten Fällen allenfalls eine günstige Konstellation für deren Wachstum oder Revitalisierung.

Die triviale Einsicht, dass Globalisierung, wie weit oder eng auch immer definiert, nicht alles ist, dass es also noch vieles gibt, das nicht in den Sog von Globalisierung hineingeraten ist und möglicherweise auch nicht hineingeraten wird, kann (muss jedoch nicht) zu einem weiteren Spannungsverhältnis führen. Denn wenn der Globalisierungssog zunehmend stärker und dominanter wird, kann grundsätzlich alles, was sich diesem Sog widersetzt oder sich lediglich als nicht (ohne weiteres) „globalisierbar" erweist, als Fragmentierung gedeutet werden und in Konflikt mit Globalisierungsprozessen geraten. Es muss demzufolge kein bewusstes „Widersetzen" vorliegen, sondern ein Phänomen kann ins Scheinwerferlicht einfach deshalb rücken, weil es *von Seiten der Globalisierung* (und das heißt konkret: von Akteuren, denen an der bruchlosen Fortsetzung, Beschleunigung oder Ausweitung des Prozesses gelegen ist) als Hindernis identifiziert wird.

Meist wird Fragmentierung, allzu verengt, als räumliche Abschottung, rückwärts gewandter Widerstand etc. verstanden. Nicht selten wird unterstellt, Globalisierung bzw. Integration sei die eigentliche, die vorwärts treibende und fortschrittliche Kraft, Fragmentierung hingegen ein auf längere Sicht zum Scheitern verurteilter Vorgang. Nun sind der hier vorgetragenen Globalisierungsanalyse zufolge zwar gegenwärtig die integrativen Kräfte stark und scheinbar übermächtig, gleichwohl lassen die den Prozessen innewohnende Eigendynamik, Strukturierungsmacht und Dialektik keine sichere Prognose darüber zu, welche längerfristige Entwicklung zu erwarten ist (wenngleich kurzfristige Prognosen, wie oben erläutert, durchaus möglich sind). Demzufolge wäre Fragmentierung in umfassenderer Weise zu begreifen, als dies zurzeit meist geschieht: nämlich als die notwendige, unvermeidliche „andere Seite der Globalisierungsmedaille", mit der ebenso zu rechnen und die ebenso Ernst zu nehmen ist wie die in der öffentlichen Debatte im Vordergrund stehende integrierende Seite.

Die Annahme, Globalisierung vollziehe sich als *dialektischer* Prozess, gefährdet nicht die weiter oben entwickelte These von dessen „Gerichtetheit". Dialektische Momente sind, im Gegenteil, oft ein wesentlicher Impulsgeber für das eigendynamische, über längere Zeiträume eine bestimmte Richtung einhaltende Fortschreiten des Prozesses. So macht zum Beispiel die Notwendigkeit, unerwünschte soziale oder ökologische Technikfolgen zu bewältigen, vielfach weitere Technisierung unausweichlich; oder, ein anderes Beispiel, die durch Globalisierung mitverursachte soziale Misere in etlichen unterentwickelten Ländern erzwingt von diesen umso nachdrücklicher eine Öffnung gegenüber Globalisierungsprozessen, um die Misere nicht noch weiter zu verschärfen.

Vor dem Hintergrund der bisherigen Erörterungen lässt sich schwerlich behaupten, es handele sich bei Globalisierung um einen einsinnigen, linearen Fortschrittsprozess. Weit eher ist von einem Bündel in sich widersprüchlicher und untereinander sowie mit Phänomenen „außerhalb" des Globalisierungsprozesses in Widersprüche geratender und darum immer auch krisenhafter und krisenträchtiger, in jedem Fall aber „ergebnisoffener" Prozesse auszugehen.

Nun kann man fragen: Wenn der Globalisierungsprozess ein dialektischer Prozess ist, sollte man dann nicht den Begriff der Globalisierung ganz aufgeben? Denn dieser Begriff deutet durch das Suffix „-ung" ja eine Richtung an, und zwar eine Richtung hin zu (mehr) Globalität. Wenn der Prozess jedoch durch seine vielfältigen Dialektiken gefährdet ist, also auch andere Richtungen einschlagen oder

5. Eigendynamik und Dialektik

gegenläufige Prozesse begünstigen kann, dann führt der Begriff möglicherweise in die Irre.

Die Antwort auf diesen prinzipiell richtigen Einwand ist zweigeteilt: Zum einen muss man – ungeachtet aller Dialektik – daran erinnern, dass zurzeit die integrativen Wirkungen der Globalisierung noch derart dominant sind, dass es gerechtfertigt ist, am Begriff der Globalisierung festzuhalten. Zum anderen führen selbst offenkundige Widersprüche, etwa zwischen Ökonomie und Ökologie, in gewisser Hinsicht zu mehr (oder anderer) Globalität. Solche Dialektiken mögen zwar ökonomische Wachstumsprozesse gefährden; sie können aber im Gegenzug auch globale ökologische Probleme erzeugen oder diese verschärfen und damit zur „ökologischen Globalisierung" beitragen. Weitet man den Blick über das Verhältnis von Ökonomie und Ökologie hinaus aus, zieht man also sämtliche Dimensionen des Globalisierungsprozesses und somit die Dialektik des Prozesses in ihrer Gesamtheit in Betracht, lässt sich analog formulieren: Die Dialektik kann zwar auf bestimmten Gebieten Globalisierungsprozesse verlangsamen, erschweren oder zurückwerfen, doch in anderer Hinsicht trägt sie zu weiterer Globalisierung bei, indem sie neue globale Probleme, welcher Art auch immer, hervorbringt. Sieht man den Prozess in dieser Weise, verabschiedet man sich also von der Vorstellung, Globalisierung sei ein einsinnig-linearer Fortschrittsprozess und öffnet sich konsequent einer dialektischen Betrachtung, dann löst sich das oben angesprochene Begriffsproblem auf. Fragwürdig würde der Begriff der Globalisierung erst dann, wenn die dialektischen Fliehkräfte so stark werden, dass die globalen Zusammenhänge, seien sie „positiv" (d.h. linear, integrierend, Probleme lösend) oder „negativ" (d.h. dialektisch, desintegrierend, Probleme erzeugend), zerreißen. Dann wäre der Prozess der Globalisierung gescheitert und es demzufolge nicht länger möglich, ihn zu analysieren oder als analytische Bezugsebene zu wählen.

6. Globalisierung als historischer Prozess

Wie ich in meiner Erörterung der ökonomischen Globalisierungsdimension erwähnt hatte, beteiligen sich an der wissenschaftlichen Globalisierungsdiskussion einige Autoren (man bezeichnet sie auch gerne als die Gruppe der „Skeptiker"), die die Tragfähigkeit des Konzepts „Globalisierung" in Zweifel ziehen. Sie wollen stattdessen lediglich von einer (wenn auch verschärften) *Internationalisierung* sprechen sowie von einer zunehmenden *Regionalisierung* (also der Herausbildung regionaler Wirtschaftsblöcke). Eines ihrer *wesentlichen* Argumente gegen die aktuelle Fixierung auf Globalisierung lautet, dass es bereits in den Jahren und Jahrzehnten vor dem Ersten Weltkrieg ein Ausmaß an wirtschaftlicher Verflechtung gegeben habe, das durchaus mit dem heutigen Stand vergleichbar sei. Insbesondere den zuletzt genannten Hinweis sollte man ernst nehmen, allerdings schlage ich vor, ihn in *anderer* Weise ernst zu nehmen, als die Skeptiker es gerne sähen. Denn statt die beiden Epochen, um die es hier geht, gleichsam gegeneinander auszuspielen und das Globalisierungskonzept als solches aufzugeben, halte ich es für sinnvoller, die Argumentationsrichtung umzukehren und die beiden Epochen als *zwei Globalisierungsphasen* zu betrachten: eine *historische*, die sich letztlich nicht durchsetzen konnte, und eine *aktuelle*, in der wir uns gerade befinden und über deren weitere Entwicklung wir gerne Genaueres wüssten.

An früherer Stelle hatte ich bemerkt, dass die aktuelle Globalisierung zwar eine „neue Qualität", jedoch zweifellos auch eine historische Dimension aufweise, deren Beachtung bei der Bewältigung aktueller Globalisierungsprobleme hilfreich sein könne (vgl. Osterhammel/Petersson 2003). Es sind insbesondere die Jahrzehnte vor dem Ersten Weltkrieg, die in dieser Hinsicht von Interesse sind. Es gibt viele Möglichkeiten, diese und unsere Epoche aufeinander zu beziehen, sie miteinander zu vergleichen. Einen besonders aussichtsreichen Weg sehe ich darin, sich mit Autoren auseinanderzusetzen, die in der ersten Globalisierungsphase über ihre Zeit reflektiert, sie analysiert und theoretisch verarbeitet haben. Auf diese Weise könnte es gelingen, aus dem, was in der einen Epoche geschehen ist oder gedacht worden ist, für die andere Epoche, *unsere* Epoche, zu lernen.

6. Globalisierung als historischer Prozess

Zudem lassen sich möglicherweise Traditionslinien des Denkens über Globalisierungsphänomene erkennen, die auch aktuell eine Rolle spielen, deren Protagonisten sich ihrer historischen Vorläufer aber vielleicht nicht immer bewusst sind.

Wenn liberale, globalisierungsbejahende Autoren, wie etwa der Wirtschaftshistoriker Harold James (James 2001), die Epoche des ausgehenden 19. und frühen 20. Jahrhunderts betrachten, dann kennzeichnen sie diese als eine Zeit der *Integration* mit ausgedehnten Güter-, Kapital und Menschenströmen, insbesondere einer Integration des *Kapitalmarktes*, die der heutigen nicht nachstehe. Sie beschreiben eine ausgeprägt *liberale* Ordnung, die lediglich durch einige kleinere Vorkehrungen gegen allzu raue Winde des Wettbewerbs – Zölle, regulierende Eingriffe der Zentralbanken, zunehmend restriktive Immigrationspolitik – in ihrer Liberalität tangiert worden sei.

Dieses Bild ist allerdings unvollständig. Denn die Epoche, von der hier die Rede ist, war auch eine enormer und rapider technischer Fortschritte. In ihr entstanden oder wuchsen die modernen, vertikal und horizontal integrierten, von Manager-Hierarchien gesteuerten Großunternehmen, erlangten Unternehmen dieser Kategorie dominierende, monopolartige Marktpositionen; man beobachtet Kartelle und Trusts. Es ist eine Zeit, in der, immerhin schon 1910, Rudolf Hilferding sein großes Werk über das „Finanzkapital" schreiben konnte, sich ein „organisierter Kapitalismus" (auch dies ein Hilferding'scher Begriff) abzeichnete, vor allem aber – und auch da kann man das Stichwort „Globalisierung" assoziieren – ist es eine Zeit der imperialistischen Expansion, einer Aufteilung der Welt (fast ohne Rest) unter die großen imperialistischen Mächte. Über all diese Phänomene, auch das zuletzt genannte, also die Zeit des „Hochimperialismus" von etwa 1880 bis zum Ersten Weltkrieg, wurde zeitgenössisch reflektiert in Gestalt der *Imperialismustheorien*. Zu den bekanntesten dieser Theorien dürften diejenigen marxistischer Provenienz gehören. Im Folgenden werde ich mich exemplarisch mit *einer* Theorie aus dem marxistischen Spektrum, derjenigen Karl Kautskys, beschäftigen. Gerade weil Kautskys Sichtweise eher untypisch ist und nur sehr begrenzt dem entspricht, was man sich gemeinhin unter einer marxistischen Argumentation in Sachen Imperialismus, wie man sie etwa von Lenin, Rosa Luxemburg und anderen kennt, vorstellt, ist sie für die hier verfolgten Zwecke interessant. Denn es gelingt Kautsky nicht nur, Brücken zu nicht-marxistischen Deutungen des Imperialismus zu schlagen, sondern er bestreitet in einer differenzierten Argumentation auch die angebliche „Notwendigkeit" des Imperialismus, von der viele Befürworter wie auch Gegner überzeugt waren. Er arbeitet damit „Handlungsspielräume" gegenüber einem scheinbar übermächtigen Prozess heraus und verfolgt damit eine Fragestellung, die auch gegenwärtig von besonderem Interesse ist.

Karl Kautsky war die unumstrittene theoretische Autorität der deutschen Sozialdemokratie und wohl auch der II. Sozialistischen Internationale in den Jahrzehnten vor dem Ersten Weltkrieg. Die über 40 Jahre währende Auseinandersetzung Kautskys mit dem Phänomen Imperialismus und dem Zusammenhang zwischen Kapitalismus und Imperialismus spiegelt sich nicht nur in zahlreichen Artikeln, Artikelserien und Broschüren wider, sondern auch in einem auf vier Bände angelegten historiografischen Alterswerk über Probleme des Krieges und des Friedens, von denen er leider nur zwei (allerdings voluminöse) vollenden konnte: der eine trägt den Titel ›Demokratie und Krieg‹ (1932), der andere den Titel ›Sozialisten und Krieg‹ (1937). In einer so langen Zeitspanne wandeln sich die Auffassungen eines Menschen natürlich, gibt es die normalen Erkenntnisprozesse, Revisionen, Akzentverschiebungen; in Kautskys Fall spielen aber immer wieder auch parteitaktische oder opportune Überlegungen allgemeiner Art in seine Schriften hinein. Ich werde seine Position möglichst „gültig", d.h. in gereinigter und von Ausschlägen in verschiedene Richtungen entlasteter Form vorstellen, auch in etwa so, wie er wohl gegen Ende seines Lebens über diese Fragen gedacht hat. Ich gehe dabei in drei Schritten vor: Zunächst resümiere ich seine Imperialismusanalyse, gehe dann der Frage nach, warum er den Imperialismus nicht für eine notwendige, unvermeidliche Ausprägung des Kapitalismus hielt und zeige schließlich, welche prognostischen Elemente seine Schriften enthalten, wie er also die Zukunft des Imperialismus beurteilte.

Die Kolonialpolitik, die in den letzten zwei Jahrzehnten des 19. Jahrhunderts aufkam, war Kautsky zufolge von anderer Art als die vom 15. bis zum 18. Jahrhundert betriebene. Die ältere Kolonialpolitik fand ihre sozialen Träger und Nutznießer in dynastischen, feudalen, militaristischen und bürokratischen Kräften – und sicherlich auch im Kapital. Allerdings, so Kautsky, gilt es hier zu differenzieren: und zwar zwischen *kommerziellem* bzw. *Handelskapital* sowie *Bankkapital* auf der einen Seite und *industriellem Kapital* auf der anderen Seite. Die Kräfte des *industriellen* Kapitals verlieren von einer gewissen Höhe ihrer Entwicklung an, etwa seit Ausgang des 18. Jahrhunderts (ebenso übrigens wie einige andere soziale Schichten), zusehends das Interesse an der Politik überseeischer kolonialer Eroberungen.

6. Globalisierung als historischer Prozess

Zwar verlangt auch das Industriekapital, so konzediert Kautsky, nach einer beständigen Vermehrung und Ausdehnung seiner Ausbeutungsstätten und seiner Märkte; insbesondere ist es auf Austauschbeziehungen mit den überseeischen, den „agrarischen Gebieten", wie er sie nennt, angewiesen. Aber: Um dies zu erreichen, ist das Industriekapital *nicht* auf die Vergrößerung des Staatsgebiets angewiesen. Wenn die technischen Möglichkeiten gegeben sind und das entsprechende Arbeitskräftepotenzial vorhanden ist, kann es diese Erweiterung am ehesten durch die Verbesserung der Verkehrsmittel und die wachsende Verbilligung seiner Produkte erreichen – vorausgesetzt, es herrscht allseitiger Freihandel.

Vor diesem Hintergrund hat nach Kautskys Beobachtung das industrielle Kapital, nachdem es erstarkt war, die Kolonialpolitik eher als lästige Störung und Hemmung seiner Entwicklung empfunden, insbesondere auch angesichts der kriegerischen Implikationen, die sie mit sich brachte. Die Kolonialpolitik gerät in den Industriestaaten Europas umso mehr in die Defensive, je stärker das industrielle Kapital wird und je bestimmender die von ihm vertretenen Orientierungen für das Denken der Bevölkerungen sowie die Praxis der Regierungen werden.

Eine Zäsur in dieser Entwicklung bringt die 1873 einsetzende, lang andauernde Wirtschaftskrise. In ihr sei auch das industrielle Kapital „völlig revolutioniert" worden, hätten seine Unternehmungen immer riesenhaftere Formen angenommen. Dies wiederum habe den Zusammenschluss der Unternehmungen gleicher Art in Organisationen, in Kartellen, die den Markt beherrschen, ihn monopolisieren, erleichtert, damit auch das Streben nach monopolartiger Macht und die Verabschiedung vom Ideal der freien Konkurrenz möglich gemacht. Dieser Vorgang führt nun zu einer Annäherung zwischen Geld- und Industriekapital. Zudem bewirken der Übergang industrieller Großbetriebe in Aktienbesitz sowie die zunehmende Dominanz geborgten Kapitals im Produktionsprozess, dass das Geldkapital mit den größten und stärksten Teilen des industriellen Kapitals immer mehr verschmilzt zum so genannten „Finanzkapital" (ein Vorgang, der selbstverständlich das Verhältnis von *Staat* und Kapital, aber auch das von Finanzkapital und *Großgrundbesitz* nicht unberührt lässt). Diese Neuausrichtung macht auch vor den *auswärtigen Märkten* nicht halt und manifestiert sich schließlich im Erwerb von Kolonien. Diesen neuen, in die industriekapitalistischen Kreise eindringenden Geist beschreibt Kautsky zusammenfassend so:

„Aus einem freihändlerischen, pazifistischen, liberalen, aus einem dem Grundadel, dem Militarismus und Bureaukratismus feindlichen Element verwandelt sich der industrielle Kapitalist seit den letzten Jahrzehnten des 19. Jahrhunderts in das gerade Gegenteil. Da ändert sich auch seine Stellung zur Kolonialpolitik. Zu den früheren Faktoren, die auf eine solche Politik hindrängten, gesellt sich nun auch das Industriekapital" (Kautsky 1937, S. 291).

Diese Fassung seiner Imperialismustheorie darf man wohl als die „gültige" betrachten; sie stellt eine Synthese aus verschiedenen früheren Versuchen dar. So hatte Kautsky in seiner ersten, Ende des 19. Jahrhunderts vorgelegten systematischen Stellungnahme zum Imperialismus das Industriekapital noch faktisch „freigesprochen", den Imperialismus als ein gleichsam „prä-industrielles" Phänomen gedeutet und seine Entstehung den eher rückwärts gewandten sozialen Kräften oder Klassen (der Bürokratie, dem Großgrundbesitz, der Kirche, dem Geldkapital – für Kautsky gleichfalls ein „vorindustrieller" Akteur) und den rückwärts gewandten Staatswesen (wie Frankreich, Deutschland, Russland) angelastet. Der Imperialismus, so Kautsky damals, sei „ein Werk der Reaktion" – eine Analyse, mit der er wesentliche Aussagen der zwanzig Jahre später veröffentlichten berühmten Studie Joseph Schumpeters über die „Soziologie der Imperialismen" vorwegnahm.

Wenig später aber gerieten ihm schon die wirtschaftlichen Monopolisierungs- und Kartellierungstendenzen in den Blick, öffnete er sich einer Perspektive, die Rudolf Hilferding dann einige Jahre danach systematisch entfalten sollte und der sich Kautsky dann im Wesentlichen anschließen konnte. Entscheidend in diesem Zusammenhang ist, dass diese beiden Erklärungen (die erste, die – wie Schumpeter – prä-industrielle Erklärungsfaktoren anführte, und die zweite, die – wie Hilferding – auf den industriellen Kapitalismus abhob) keineswegs unvereinbar waren; und Kautskys Imperialismusverständnis zeichnet sich im Allgemeinen eben dadurch aus, dass es *beide* Erklärungsvarianten im Blick behält und zu einer *Synthese* zusammenzuführen sucht, also eine *multikausale* Erklärungsstrategic verfolgt, die politische *und* ökonomische, industrielle *und* prä-industrielle Faktoren kombiniert.

Die kapitalistische Expansion, daran lässt Kautsky keinen Zweifel, stellt eine ökonomische Notwendigkeit dar. Jedoch: Mit dem Nachweis, dass dieses Expansionsstreben eine Lebensbedingung des Kapitalismus bildet, ist für ihn noch keineswegs nachgewiesen, dass eine der spezifischen *Formen*, in denen sich dieses Streben abspielt, ebenfalls eine Notwendigkeit für die kapitalistische Produktionsweise

6. Globalisierung als historischer Prozess 79

bedeutet. Kautsky zufolge war die *Form*, in der der Kapitalismus den Austausch zwischen industriellen und agrarischen Gebieten vorantrieb, variabel. Der Imperialismus war nur *eine von mehreren Möglichkeiten*; er war *keine* Notwendigkeit, kein notwendiges „Stadium" in der kapitalistischen Entwicklung, schon gar nicht das *letzte* Stadium, wie Lenin meinte, sondern, wie man heute in der Politikwissenschaft sagen würde, er war eine *Policy*, eine bestimmte (veränderbare) Politik des Kapitalismus.

Mit dieser Einschätzung geriet Kautsky nicht nur in Gegensatz zu Imperialismus-Befürwortern jeglicher Couleur, sondern auch zum rechten wie auch zum linken Flügel seiner eigenen Partei. Wichtige Vertreter dieser beiden Flügel stimmten, wenngleich aus unterschiedlichen Erwägungen und mit unterschiedlichen praktischen Konsequenzen, darin überein, dass der Imperialismus eine notwendige Phase in der Entwicklung des Kapitalismus darstelle. Wenn jedoch Kautsky Recht hatte, dann ergaben sich aus seiner alternativen Lagebeurteilung erhebliche politische Handlungsspielräume. Imperialistische Politik konnte ebenso bekämpft werden wie Lohnkürzungen oder andere Erscheinungsformen kapitalistischen Wirtschaftens, für die ebenfalls keine Notwendigkeit bestand. Der Ausgang des Kampfes war eine bloße Machtfrage; daher auch Kautskys ausgeprägtes Interesse an einer *Soziologie* des Imperialismus wie auch des Anti-Imperialismus.

Doch der Imperialismus war aus Kautskys Sicht nicht nur nicht notwendig, nein, er wurde in seiner tatsächlichen ökonomischen Bedeutung erheblich überschätzt und mehr noch: er lag auf längere Sicht nicht einmal im wohlverstandenen Eigeninteresse des Kapitalismus, sondern war schädlich. Schädlich insofern, als er unter den Methoden der kapitalistischen Expansion nur die kostspieligste und gefährlichste, aber keineswegs die wirksamste bildete. Als gefährlich erachtete Kautsky den Imperialismus vor allem deshalb, weil die mit ihm einhergehende territoriale Expansion starke Gegensätze zwischen den kapitalistischen Industrienationen, nicht zuletzt ein folgenreiches Wettrüsten, hervorgerufen habe. Die kapitalistische Wirtschaft, die selbst gewiss nicht unschuldig an der imperialistischen Expansionspolitik war, wird nun, gut dialektisch, durch die imperialismusbedingt verschärften Gegensätze ihrer Staaten aufs Äußerste bedroht. Jeder weitersehende Kapitalist, so Kautsky zu Beginn des Ersten Weltkriegs, müsse daher seinen Genossen zurufen: „Kapitalisten aller Länder, vereinigt euch!"

Stellt man abschließend die Frage nach der *prognostischen* Qualität der Kautsky'schen Imperialismusinterpretation, dann kann man beim zuletzt zitierten Slogan anknüpfen, der unmittelbar überleitet zur wohl bekanntesten Prognose Kautskys zur Zukunft des Imperialismus: die der Entstehung eines „Ultraimperialismus". Diese Konzeption wird heute vielfach, nicht zuletzt infolge der polemischen Auseinandersetzung, die Lenin mit ihr geführt hat, als die einzige und definitive Prognose Kautskys angesehen. Dem ist jedoch *nicht* so. Der Ultraimperialismus stellte aus Kautskys Sicht nur eine von mehreren Möglichkeiten dar. Unter diesem Schlagwort spekulierte er schon im Jahr 1914, der Weltkrieg hatte gerade erst begonnen, darüber, dass dessen Schrecken eine Entwicklung beschleunigen könnten, die in Friedenszeiten möglicherweise lange auf sich hätte warten lassen. Es sei nicht unwahrscheinlich, dass das durch die Erfahrungen des Krieges geläuterte Finanzkapital einen neuen Weg einschlagen und eine friedliche Aufteilung und gemeinsame Ausbeutung der Welt in die Wege leiten werde (dies ist, wenn man so will, die Hilferding'sche Vision eines „Generalkartells" auf die internationale Ebene übertragen). Kautsky belegt diese Eventualität mit einprägsamen, griffigen Bezeichnungen: nicht nur von den Kapitalisten aller Länder, die sich vereinigen, ist die Rede, auch von einer „heiligen Allianz der Imperialisten" oder einer „imperialistischen Internationale". Obwohl Kautsky keinen Zweifel daran ließ, dass die Perspektive des Ultraimperialismus für die Arbeiterbewegung erhebliche Nachteile und Gefahren mit sich bringen würde, bot sie nach seiner Einschätzung unter dem Gesichtspunkt von *Krieg und Frieden* große Chancen: Da sie eine Verständigung unter den führenden imperialistischen Mächten voraussetzte bzw. mit sich brächte, könnte sie zu einer substanziellen Abrüstung, ja zu einem auf Dauer gestellten Friedenszustand führen. Eine Entwicklung dieser Art sei – darauf insistierte Kautsky im Unterschied zu vielen anderen Marxisten – auch unter *kapitalistischen* Verhältnissen durchaus vorstellbar; sie könnte dieser Wirtschaftsordnung sogar (wenn auch nur zeitlich begrenzt) neue Kraft und Legitimität in den Augen der Bevölkerungen verleihen.

Neben der Entstehung eines Ultraimperialismus sah Kautsky noch zwei andere Entwicklungsmöglichkeiten. Die eine trieb ihn insbesondere während des Ersten Weltkriegs um, ließ ihn aber auch später nicht los und sollte sich schließlich bewahrheiten: gemeint ist die Möglichkeit, dass sich durch den Weltkrieg das Misstrauen und die Antagonismen der involvierten Mächte nicht erschöpfen, sondern, im Gegenteil, der zu erwartende Friede sich lediglich als ein kurzer Waffenstillstand erweist, dem ein zweiter großer Krieg nachfolgt. Die noch schwachen Keime des Ultraimperialismus würden zertreten.

Die dritte Variante schließlich ist diejenige, die Kautsky sicherlich den beiden bisher erläuterten vorgezogen hätte: die der Rückkehr zum *Freihandel* im Besonderen und zur *Freizügigkeit* im Zusammenleben der Staaten und Nationen im Allgemeinen. Diese Perspektive entwickelte er bereits in seinem frühesten systematischen Beitrag zur Imperialismusdiskussion vom Ende des 19. Jahrhunderts. Dabei ist er sich sehr wohl der Paradoxie seiner Position bewusst, die darin besteht, auf der einen Seite als Anwalt des Proletariats aufzutreten und das Kapital zu bekämpfen, auf der anderen Seite im Interesse des ökonomischen Fortschritts die Grundlagen der kapitalistischen Produktion, insbesondere den liberalen, freihändlerischen Kapitalismus, das „Manchestertum", gegen den seinerzeitigen Ansturm der Reaktion oder – wie man vielleicht auch sagen könnte – gegen den Ansturm der damaligen „Globalisierungsgegner" zu verteidigen. Und auch noch vierzig Jahre später, in seiner Schrift >Sozialisten und Krieg<, geschrieben zu einer Zeit, der gegenüber die von Kautsky vor 1914 kritisierten Verkrustungs- und Vermachtungstendenzen wie ein harmloses Vorspiel erscheinen mussten, hielt er an seiner liberalen Perspektive mit Nachdruck fest:

„Was die Menschheit braucht, ist nicht eine Ära der Eroberungen und der Autarkie, sondern der Wiederbelebung der Freizügigkeit, wie sie bis zum Weltkrieg mit wenigen Ausnahmen bestand, und des Freihandels. Alle Ökonomen, die ernst zu nehmen sind, haben die Notwendigkeit dieser Einrichtungen ebenso erkannt, wie die der Gewerbefreiheit. Nicht theoretische Erwägungen haben diese Forderungen des Liberalismus überwunden, sondern das Aufkommen von Mächten im Schoße des Hochkapitalismus, die stark genug wurden, die Staatsgewalt zu beherrschen und mit ihrer Hilfe für sich auf Kosten der Gesamtheit Monopole und Privilegien herauszuschlagen" (Kautsky 1937, S. 665).

Worin liegen nun die Stärken, worin liegt insbesondere die Aktualität der Kautsky'schen Deutung? Kautsky begreift das Zeitalter des Imperialismus bzw. die seinerzeitige Globalisierung als einen *multidimensionalen* (nicht lediglich eindimensional-ökonomischen oder ökonomisch bedingten) Prozess und trägt eine differenzierte, *multikausale* Ursachenanalyse vor. Obwohl er natürlich nicht den Stand der heutigen geschichts- oder sozialwissenschaftlichen Imperialismusforschung erreicht, können sich seine Arbeiten auch vor dem Hintergrund dieser Forschungen durchaus sehen lassen. Auch die *di-*

alektischen Momente der von ihm analysierten Prozesse sind Kautsky nicht entgangen: Die von ihm in Erwägung gezogene Fortsetzung des imperialistischen Kurses hätte Krieg unter den imperialistischen Mächten bedeutet und sich im Hinblick auf eine gedeihliche kapitalistische Entwicklung als kontraproduktiv erwiesen. Die mögliche Rückkehr zu Freihandel und Freizügigkeit hätte zwar im wohlverstandenen kapitalistischen Eigeninteresse gelegen, wäre aber auch der Arbeiterbewegung zugute gekommen, weil sie deren Kampfbedingungen verbessert und die Chancen einer sozialistischen Transformation erhöht hätte. Der Ultraimperialismus schließlich mochte zwar Fortschritte, vielleicht sogar den Durchbruch im Hinblick auf die Frage nach Krieg und Frieden bringen; er werde jedoch, so Kautskys Mahnung, *andere, neue* Missstände erzeugen, vielleicht sogar *schlimmere* als die überwundenen, Gefahren, die ebenso energisch bekämpft werden müssten wie ehedem die des Imperialismus.

Die eigentliche Aktualität Kautsky wird jedoch erst erkennbar, wenn wir seine subtile Deutung des Verhältnisses von Notwendigkeit und Freiheit in Betracht ziehen: Gegen die kapitalistische Expansion, gegen die Ausweitung der Märkte war nach Kautskys Überzeugung fürs Erste nichts auszurichten; erst ein grundlegender Wandel (also die von ihm erstrebte sozialistische Gesellschaftsordnung) hätte hieran etwas ändern können, wobei es wohl auch im Fall einer sozialistischen Transformation bei der fortschreitenden wirtschaftlichen Verflechtung, wenn auch unter anderen Vorzeichen, geblieben wäre. Die gewaltsame imperialistische Expansion war hingegen *nicht* notwendig; ob sie stattfand oder nicht, war eine politische Machtfrage. Was vielen Zeitgenossen in den imperialistischen Ländern seinerzeit als unabänderlich (und zudem nützlich) erschien, stellte sich für Kautsky ganz anders dar. Und, wie wir heute wissen, hat er Recht behalten. *Diese* Form des Imperialismus ist Vergangenheit, längst ist der Prozess der Entkolonialisierung erfolgreich abgeschlossen. Und viele einstmals expansionsgierige Mächte waren schließlich froh, dass sie sich von der Last der Kolonien befreien konnten.

Welche Schlüsse lassen sich nun aus der Imperialismus-Analyse Kautskys, auf die ich an späterer Stelle (Kapitel 9) nochmals kurz zurückkommen werde und die man, wie erwähnt, auch als Analyse einer historischen Globalisierungsphase deuten kann, im Hinblick auf die aktuellen Globalisierungsprozesse ziehen? Zunächst wird man nüchtern feststellen müssen, dass im Vergleich zu der von Kautsky analysierten ersten Globalisierungsphase die Handlungsspielräume enger geworden sind. Gleichwohl gilt auch heute, woran Kautsky zu seiner Zeit unbeirrt festgehalten hat: dass es nämlich keinen Grund gibt, *allen* Behauptungen der dominanten Notwendigkeits- und Sachzwang-Rhetorik zu glauben. Der Wert einer historischen Perspektive ergibt sich vor allem aus dem Umstand, dass sich Handlungsspielräume, die es gegeben hätte, im historischen Rückblick für die Nachgeborenen leichter erkennen lassen, als dies den Zeitgenossen möglich war. Nehmen wir einige Beispiele aus dem ökonomisch-technischen Bereich: In den 50er und 60er Jahren galt die Kernenergie allgemein als *die* Zukunftstechnologie. Heute sind nicht nur einzelne Reaktorlinien, wie der „Schnelle Brüter", zu den Akten gelegt, sondern es ist – zumindest in Deutschland – der komplette Ausstieg aus dieser Form der Stromerzeugung eine beschlossene Sache. Ähnlich stellt sich in der Rückschau die Geschichte des motorisierten Individualverkehrs dar, die man heute durch diverse verkehrspolitische Maßnahmen zu korrigieren versucht (mit bescheidenem Erfolg, weil inzwischen manifeste volkswirtschaftliche Abhängigkeiten entstanden sind). Und auch auf dem Gebiet des hoch technisierten Gesundheitswesens, der industrialisierten Landwirtschaft oder auf dem Feld der Massenmedien sind bedrückende Fehlentwicklungen offenbar geworden; sie wurden zwar von einzelnen, weitblickenden Beobachtern prognostiziert, doch diese drangen in der allgemeinen Euphorie nicht durch. Wie werden wir in einigen Jahren oder Jahrzehnten die aktuellen Fortschritte der Gentechnik oder die Entwicklung des Internet beurteilen?

Letztlich resultieren die skizzierten unerfreulichen Entwicklungen aus der ihnen innewohnenden und schon mehrfach hervorgehobenen Dialektik, oder genauer: sie resultieren aus der Unfähigkeit oder dem Unwillen, dieser Dialektik beizeiten gewahr zu werden. Weil die dialektischen Momente von Globalisierungsprozessen nicht oder nur ungenügend wahrgenommen werden – oder sich noch nicht in ausreichendem Maß bemerkbar gemacht haben –, werden sie immer wieder ignoriert oder erst dann beachtet, wenn sie unübersehbar geworden sind. Erst dann stellt man überrascht fest, dass nicht nur ökonomische oder technische Sachzwänge ihre Wirkung tun, sondern auch ökologische oder soziale. Gerade die Dialektik des Prozesses, die angesichts der dominanten, auf linearen Fortschritt gepolten Momente allzu leicht übersehen wird, bietet jedoch auch Handlungsmöglichkeiten, die man in einer Politik, die bereit ist und den Mut hat, über den Tag hinauszusehen, zur Geltung bringen kann.

Allerdings wäre es naiv und möglicherweise auch gefährlich, historische Analogien zu sehr zu strapazieren. Ich hatte schon darauf hingewiesen, dass die Handlungsspielräume heutzutage vermutlich enger sind, als sie es zu Kautskys Zeiten waren. Dies ist darauf zurückzuführen, dass wir es heute mit einer wesentlich ausgebildeteren Variante von Globalisierung zu tun haben – im Sinne der im zweiten Kapitel dargelegten vier Kriterien der Intensität, der räumlichen Ausdehnung, der zeitlichen Dimension und der Folgenträchtigkeit. Während Globalisierung heutzutage im Hinblick auf alle vier Kriterien voll ausgebildet ist, wird man, je weiter man historisch zurückgeht, an einem oder mehreren der genannten Kriterien Abstriche machen müssen. Auch wenn man der begründeten Auffassung sein kann, dass sich historische Globalisierungsphänomene und -phasen auffinden lassen, wäre es vor diesem Hintergrund kurzschlüssig, nach dem Motto zu argumentieren: Weil es damals so war, muss es auch heute so sein.

Beispielhaft für solch möglicherweise überzogene historische Analogien sei die Argumentation des britischen Politikwissenschaftlers Ian Clark angeführt (Clark 1997). In seiner Rückschau auf einen Globalisierungsprozess, der aus seiner Sicht zu Beginn des 20. Jahrhunderts einsetzt, betont Clark ein Wechselspiel von globalisierenden und fragmentierenden Tendenzen, die beide, so seine These, in beträchtlichem Maße durch politischen bzw. staatlichen Einfluss bewirkt worden seien. Im Laufe des 20. Jahrhunderts haben sich Staaten, so Clark, mehrfach gegenüber Prozessen der Globalisierung geöffnet, diese befördert und geprägt, immer wieder aber auch, gleichsam in einer Gegenbewegung, Globalisierungstendenzen abgebremst oder gar umgekehrt. Wenngleich die gegenwärtige Konstellation aus Clarks Sicht für den modernen Staat von besonderer Brisanz ist, glaubt er aufgrund seiner historischen Analyse an eine Bestätigung des von ihm erkannten Musters, denn er folgert, dass die aktuelle globalisierungsbedingte „Entstaatlichung" sich nicht ungebrochen fortsetzen, sondern abermals politisch eingeholt werde. Nicht der Sieg der Globalisierung über den Staat stehe daher zu erwarten, sondern eine abermalige wechselseitige Anpassung der beiden Seiten. Es liegt auf der Hand, dass die Überzeugungskraft dieser These mit der Antwort auf die Frage steht und fällt, ob es sich beim gegenwärtig erreichten und in Zukunft zu erwartenden Stand von Globalisierung lediglich um eine graduelle Steigerung eines Prozesses, der bereits das gesamte 20. Jahrhundert durchzieht, handelt oder ob wir es mit einem „qualitativen Sprung" zu tun haben, bei dessen theoretischer Analyse und praktischer Bewältigung historische Analogien, wie sie von Clark vorgetragen werden, nur bedingt hilfreich sind.

6. Globalisierung als historischer Prozess

Die einzelnen Dimensionen von Globalisierung haben eine teilweise weit zurückreichende historische Genese, jedoch erst in jüngster Zeit hat der Gesamtprozess eine Qualität erreicht, die es erlaubt, von einem ausgebildeten Syndrom-Charakter der Globalisierung zu sprechen. Nicht von Ungefähr sind die Prozesse denn auch erst vor wenigen Jahren als *Globalisierungsprozesse* ins Bewusstsein getreten. So darf man zwar davon ausgehen, dass sich wichtige Erkenntnisse aus der Analyse der historischen Dimensionen gewinnen lassen, dass die Situation, der wir uns heute konfrontiert sehen, aber zu einem erheblichen Grad auch historisch neuartig ist und sich insoweit nicht durch Rückgriff auf vergangene Erfahrungen erhellen lässt.

Zwischenbilanz:
Was heißt „Globalisierung"?

Das in den vorangegangenen Erörterungen entwickelte Globalisierungsverständnis lässt sich wie folgt zusammenfassen:

Globalisierung ist ein *multidimensionaler*, *multikausaler*, weitgehend *eigendynamischer*, *dialektischer* und im Hinblick auf seine Folgen *ambivalenter* Prozess, der über eine länger zurückreichende historische Genese verfügt, jedoch erst in jüngster Zeit eine „neue Qualität" angenommen hat. Infolge seiner ihm innewohnenden Dialektik ist die Vorstellung abwegig, Globalisierung könne in einer einsinnig-linearen Bewegung zu einem (End-)Zustand voll ausgebildeter Globalität führen. Trotz diverser gegenläufiger Bewegungen stehen gegenwärtig allerdings die integrativen Momente im Vordergrund. Und in der Tat führt Globalisierung zu global ausgreifenden Netzwerken, Strukturen oder Diskursen, zu wechselseitigen oder auch einseitigen Abhängigkeiten. Die Analyserichtung kann daher nicht allein „von unten nach oben" gehen, also z.B. von Entscheidungen einzelner Akteure her den Gesamtprozess erklären, sondern sie muss ebenso und in wahrscheinlich stärkerem Maße „von oben nach unten" verlaufen, also die globalen Strukturen in ihrem Eigenleben, in ihrer Eigenlogik zu begreifen versuchen.

Im Kern bedeutet und bewirkt Globalisierung die *Relativierung von Grenzen*, sofern diese Relativierung *globale Dimensionen* (oder *potenziell* bzw. *tendenziell* globale Dimensionen) annimmt oder aber in einem globalen *Kontext* stattfindet. Der Begriff der Relativierung berücksichtigt weit stärker als derjenige der „Entgrenzung" die Dialektik des Prozesses. Das Spektrum dessen, was durch den Begriff der Relativierung erfasst wird, ist weit gespannt: Es reicht von einem zunehmenden „Überqueren" von Grenzen (was man auch als wachsende *Internationalisierung* oder *Transnationalisierung* bezeichnen kann) über die „Öffnung" oder „Durchlässigkeit" von Grenzen (was man auch als wachsende *Liberalisierung* bezeichnen kann) bis zur regelrechten „Auflösung" oder faktischen Irrelevanz von Grenzen (was man auch als eine Globalisierung in einem *engen, spezifischen* Sinn bezeichnen kann). Zudem bezieht sich das Konzept nicht lediglich auf die *horizontale*, sondern auch auf die *vertikale* Ebene, also nicht nur auf (geographisch darstellbare) nationale, staatliche oder kulturelle Grenzen, sondern auch auf Grenzen zwischen Akteuren oder Akteursgruppen in hierarchisch geordneten Zusammenhängen, also auf Macht- und Herrschaftsverhältnisse, die im Zuge von Globalisierung in Bewegung geraten oder durch neue ersetzt werden. Des Weiteren erstreckt sich der Begriff der Relativierung auf das Entstehen *neuer* (horizontaler oder vertikaler) Grenzen, weil neue Grenzen immer auch zur Relativierung alter Grenzen beitragen. Zudem stehen unter (vergleichsweise flexiblen und im Fluss befindlichen) Globalisierungsbedingungen auch neue Grenzen ständig in Gefahr, ihrerseits relativiert zu werden. Des Weiteren ist im Zuge der Globalisierung eine zwar schon länger im Gang befindliche, doch in neuerer Zeit an Dynamik gewinnende Relativierung von Grenzen *in einem übertragenen Sinne* zu beobachten; sie gibt sich insbesondere in der offenkundigen Schwierigkeit zu erkennen, ethisch begründete Grenzen naturwissenschaftlichen Fortschritts und technischer Weltveränderung zu definieren und durchzusetzen. Und schließlich relativiert Globalisierung, wie wir noch genauer sehen werden, die Grenzen der Politik: Je weiter der Globalisierungsprozess fortschreitet, desto mehr engt er die Grenzen politischer Gestaltungsmöglichkeiten ein.

7. Akteure im Globalisierungsprozess

a) Staat

Eine oberflächliche Betrachtung könnte vermuten lassen: Wer unter Globalisierung die Relativierung von Grenzen oder gar eine „Entgrenzung" versteht, der hält auch die Tage der Institution „Staat" für gezählt. Und in der Tat sind in den vergangenen Jahren einige Publikationen erschienen, die einen „Abschied vom Staat" oder ein „Ende des Staates" postulieren. Doch im Allgemeinen findet sich nur selten eine Argumentation, die im Verhältnis von Staat und Globalisierung ein bloßes „Nullsummenspiel" sieht, ein Spiel also, in dem die eine Seite (die Globalisierung) das gewinnt, was die andere Seite (der Staat) verliert.

Gleichwohl ist die Globalisierungsdebatte bis zu einem gewissen Grad immer auch eine Debatte über die gegenwärtige und zukünftige Rolle des Staates. Denn es ist kaum anzunehmen, dass in einer Zeit, in der wir eine „Relativierung von Grenzen" beobachten und die Unterscheidung zwischen „innen" und „außen" immer schwieriger, teilweise sogar unmöglich wird, ausgerechnet der Staat unbeeinflusst bliebe, setzt seine Existenz doch definitionsgemäß „Grenzen" voraus. Doch von einer Beeinflussung, auch einer starken Beeinflussung, bis hin zu einer regelrechten Auflösung oder Marginalisierung von Staaten ist es ein weiter Weg. So werde ich denn im Folgenden eher zurückhaltend von einer *Problematisierung*, auf Teilgebieten auch einer weit reichenden Problematisierung der Rolle des Staates im Kontext der Globalisierung sprechen. Diese Sichtweise stellt jedoch den Staat als *Institution* bzw. als *Apparat* weder in Frage noch behauptet sie seine Verdrängung oder vollwertige Ersetzung durch konkurrierende Akteure bzw. Institutionen. Wohl aber liegt ihr die Überzeugung zu Grunde, dass die jeweiligen Zustände des Staates bzw. der Staatlichkeit nur angemessen erfasst werden können, wenn dem Phänomen Globalisierung analytische Priorität eingeräumt wird.

Bevor ich diesen Interpretationsansatz näher erläutere, scheint es mir jedoch sinnvoll, daran zu erinnern, dass fundamentale Wandlungen oder Herausforderungen des Staates nicht erst seit jüngster Zeit zur Diskussion stehen und nicht erst mit der neueren Globalisie-

a) Staat

rungsdebatte aufgetreten sind. Eine dieser historischen Debatten weist durchaus Analogien zur gegenwärtigen auf. Sie wurde insbesondere in den 60er Jahren ausgetragen und drehte sich um die Frage, ob die moderne wissenschaftlich-technische Entwicklung den Staat qualitativ verändere. Der vielleicht bedeutsamste Unterschied zur gegenwärtigen Diskussion besteht darin, dass internationale oder globale Zusammenhänge noch kaum in den Blick gerieten und das Phänomen Staat fast ausschließlich „von innen" her thematisiert wurde. Die seinerzeit diskutierten Problemfelder sind jedoch auch heute noch aktuell. Im Zentrum der Auseinandersetzungen stand die (in Deutschland vornehmlich von dem Soziologen Helmut Schelsky verfochtene) These, dass der moderne Staat unter dem prägenden Einfluss technischer und wissenschaftlicher Prozesse seinen *politischen* Charakter verliere und sich mehr und mehr zu einen „technischen Staat" wandele (Schelsky 1965). Es würde an dieser Stelle zu weit führen, den Politikbegriff, der dieser These zu Grunde lag, zur Gänze zu entfalten. Im Kern basierte er jedoch auf der Vorstellung, dass ein Handeln nur dann politisch sein könne, wenn *praktische* Alternativen existieren („theoretisch" lassen sich immer Alternativen denken), man also mindestens zwischen zwei verschiedenen, gleichermaßen gangbaren Wegen oder Lösungsmodellen wählen kann. Wenn sich hingegen ein bestimmter Weg oder ein bestimmtes Lösungsmodell regelrecht aufdrängen oder aufzwingen, gibt es, recht besehen, nichts mehr zu entscheiden. Politische Instanzen, die sich in einer solchen Situation befinden, ergreifen eine bestimmte *Maßnahme*, aber sie treffen keine *Entscheidung*.

Nun ist es ein äußerst seltener Fall, dass sich das politische Leben völlig alternativlos darstellt und von absoluter Notwendigkeit regiert wird. Wohl aber kann man beobachten, dass die Alternativen näher zusammenrücken, die Spielräume enger werden. Das Politische – im Sinne von „eine Wahl haben" – hat sich zwar nicht verflüchtigt, doch das Spektrum, innerhalb dessen diese Wahlmöglichkeit besteht, hat sich verkleinert und insoweit sind die Vorgänge „unpolitischer" geworden. Diese Erfahrung müssen Bürger immer wieder machen, wenn sie nach einem Regierungswechsel feststellen, dass sich unter der neuen Ägide, ist der anfängliche Schwung erst einmal dahin, relativ wenig ändert. Oft warten sie vergeblich auf die Einlösung von Wahlversprechen; stattdessen werden sie von den Regierenden daran erinnert, dass die Versprechungen ohnehin immer unter einem „Finanzierungsvorbehalt" (gewissermaßen das „Kleingedruckte" des vorangegangenen Wahlkampfs) gestanden hätten und sich nach dem obligatorischen „Kassensturz" alles noch viel betrüblicher darstelle, als man es befürchtet habe. Sowohl die Programmatiken der konkurrierenden Parteien als auch ihre Praxis haben sich einander angeglichen. Die Begriffe „links" und „rechts" haben erkennbar an Substanz verloren. Zwischen den deutschen Parteien (und in anderen hoch entwickelten Ländern ist die Lage ähnlich) beobachtet man immer öfter Überschneidungen dergestalt, dass mancher „Sozialpolitiker" der Unionsparteien links von manchem „Modernisierer" der SPD steht. All dies schließt nicht aus, erfordert es vielmehr, dass die Bereiche, in denen sich die Kontrahenten denn doch unterscheiden, übermäßig profiliert werden, politische Debatten oft wochenlang von zweit- oder drittrangigen Fragen beherrscht werden, in denen es weniger um Substanzielles als um Symbolisches geht, oder dass nationale Wahlen wider besseres Wissen zu „Schicksalsentscheidungen" hochgespielt werden. Auch die wachsende Personalisierung von Politik ist letztlich Ausfluss dieser Entwicklung, weil sie es erlaubt, die mangelnde Unterscheidbarkeit in Sachfragen zu überdecken. Dass manche Medien, insbesondere das Fernsehen, diesen Trend noch verstärken, liegt auf der Hand.

All dies sind durchaus folgerichtige, ja zwangsläufige Entwicklungen, die belegen, dass „Sachzwänge" bzw. „Sachgesetzlichkeiten" keine bloße Chimäre oder Ideologie sind, sondern höchst reale Phänomene. Dies schließt selbstverständlich nicht aus, dass sie gelegentlich instrumentalisiert werden, um eine Politik, zu der es Alternativen gegeben hätte, zu legitimieren, oder sich mitunter auch als bloße „Denkzwänge" zu erkennen geben, als eine Unfähigkeit oder Unwilligkeit, Reformen oder Innovationen auf den Weg zu bringen. Gleichwohl dürfte kaum zu bestreiten sein (und wird auch von kaum jemandem noch bestritten), dass sich die großen politischen Alternativen, wie man sie noch im 19. Jahrhundert oder in der Zeit der Weimarer Republik fand, wie sie auch von der Partei der Grünen in ihren fundamentalistischen Anfangsjahren propagiert wurden, aufgelöst haben und sich das politische Leben auf einen „mittleren Streifen" (so der Soziologe Hans Freyer schon in den 50er Jahren) eingependelt hat. Politikverdrossenheit, Parteienmüdigkeit, auch eine in vielen Ländern wachsende Abneigung gegen die Demokratie als solche dürften sich ohne Verweis auf die skizzierte Verengung und „Erosion des Politischen" kaum erklären lassen.

Zwei weitere Aspekte der auf das Verhältnis von Technik, Wissenschaft und Politik bezogenen Staatsdiskussion, die hier nur kurz gestreift werden können, betreffen die „Technisierung des politischen

Systems" und den „Verlust an authentischer Demokratie". Die These von der Technisierung des politischen Systems muss vor dem Hintergrund gesehen werden, dass der moderne Staat insbesondere im 20. Jahrhundert einen enormen Aufgabenzuwachs zu verzeichnen hat. Zahlreiche dieser neuen oder ausgeweiteten Funktionen haben einen eher technischen Charakter: der Staat leistet, plant, steuert, koordiniert, kontrolliert etc. Gewiss stehen hinter diesen Tätigkeiten immer auch politische Entscheidungen, doch das, was dann, ist die Entscheidung getroffen, im Zuge staatlichen Handelns ins Werk gesetzt wird, hat überwiegend technisch-bürokratischen Charakter. Und auch die Entscheidungen, die solcher Umsetzung vorausgehen, bedürfen aufgrund ihrer Komplexität der technischen oder wissenschaftlichen Expertise.

Wenn im Zusammenhang der Staatsdebatte der 60er und 70er Jahre eine Technisierung des politischen Systems behauptet wurde, dann nicht, wie manche Kritiker der These argwöhnten, weil unterstellt wurde, Wissenschaft und Technik könnten nunmehr auch politische Probleme „lösen" und damit politische „Entscheidungen" überflüssig machen. Für *genuin politische Probleme* gibt es keine „richtige" oder „falsche" Lösung; ihr Charakter unterscheidet sich grundlegend von dem technischer oder wissenschaftlicher Probleme. Man kann politische Probleme durch Macht oder Mehrheit entscheiden, bei veränderten Macht- oder Mehrheitsverhältnissen frühere Entscheidungen revidieren, man kann einen möglichst breiten Konsens suchen, man kann die Probleme „vertagen", sie können ungelöst fortbestehen – immer jedoch sind Interessen, Wertpräferenzen und Machtverhältnisse im Spiel, die festlegen, wer oder was sich am Ende durchsetzt. „Technisierung" meint in diesem Zusammenhang etwas anderes: Sie bezieht sich auf den Umstand, dass Politik zunehmend mit *technischen* Fragen konfrontiert und belastet wird, die naturgemäß einen anderen Charakter als genuin politische Fragen haben und infolgedessen das politische Feld verändern. Die Frage, welchen Teerbelag man für eine neue Autobahn auswählt, ist sicher weniger „politisch" als die, ob man mit einem neu entstandenen Staat diplomatische Beziehungen aufnimmt oder nicht. Sicherlich gibt es Fragen, die gerne als technische deklariert werden, in Wahrheit jedoch einen eminent politischen Charakter haben. Die Entscheidung der Bundesrepublik Deutschland, einen großen Teil ihrer Elektrizität durch Kernkraftwerke zu erzeugen, war selbstverständlich politischer Natur. Nachdem diese Entscheidung aber einmal getroffen war, ergaben sich zahlreiche Folgeprobleme – von der Betriebssicherheit bis zur Entsorgung –, die von eher technischer Qualität waren und sich nur insofern als politisierbar erwiesen, als die Gegner der Kernenergie die „Unlösbarkeit" dieser Probleme behaupteten und sie zum Anlass nahmen, den Ausstieg aus der Kernenergie anzumahnen. Und auch der inzwischen beschlossene Ausstieg (wenn man ihn denn so nennen will) erweist sich aufgrund der entstandenen Abhängigkeiten und Verpflichtungen als ein enorm komplizierter und langwieriger Vorgang. Selbst wenn es in solchen und anderen Fällen Handlungsspielräume gibt, sind es Spielräume, die nicht von der Politik erkämpft, sondern von der Technik eröffnet werden. Oder anders: Wenn es keine technischen Spielräume gibt, dann gibt es auch keine politischen. Die Entdeckung, dass bestimmte Substanzen die Ozonschicht zerstören, wurde nicht von Politikern gemacht, sondern von Wissenschaftlern mit den entsprechenden technischen Hilfsmitteln. Und auch die Lösung des Problems, die gefährlichen Substanzen aus dem Verkehr zu ziehen bzw. durch andere zu ersetzen, wird man schwerlich als eine „*politische* Lösung" qualifizieren können.

Infolge des hohen Technisierungsgrads und des hohen Technisierungsniveaus in entwickelten Gesellschaften sind Staat und Politik im Alltagsgeschäft immer stärker mit der Regelung technischer Fragen befasst – mit „Sachfragen" also, die sich nicht oder nur in sehr begrenztem Maße zu politischen Streitfragen umdefinieren lassen, über die dann in der einen oder anderen Weise entschieden werden könnte. Nicht zuletzt sind es technische Denk- und Handlungsmuster, die im Zuge dieses Prozesses auf den politischen Bereich übergreifen; sie prägen einzelne Politiker, vor allem aber den technisch-bürokratischen Apparat, der hinter ihnen steht und von dem sie abhängig sind. All dies geschieht nicht zufällig, auch nicht, weil der Staat all diese Aufgaben begierig an sich zieht (wenngleich es sicherlich eine nicht unerhebliche Eigendynamik der bürokratischen Expansion gibt), sondern weil mit der Komplexitätssteigerung und Problembeladenheit moderner Gesellschaften diese technischen Aufgaben dem Staat notwendig zugefallen sind.

Was schließlich den Verlust an authentischer Demokratie angeht, so ist er das Resultat der beiden beschriebenen Faktoren: also des enorm gewachsenen, oft hoch spezialisierten Aufgabenspektrums staatlichen Handelns und der mit diesem einhergehenden allgemeinen Komplexitätssteigerung sowie der Verengung politischer Handlungsspielräume. Weil viele Fragen, mit denen sich Staat und Politik befassen, der Öffentlichkeit nicht wirklich vermittelbar sind, konzentrieren sich die Debatten nicht nur auf Themen, die sich plakativ und kontrovers darstellen lassen, sondern sie befördern auch den Machtzuwachs technokratischer Eliten auf Kosten authentischer Partizipation.

Folgt man dieser Beschreibung, dann kann man feststellen, dass der Aktionsradius des politischen Systems, d.h. seine Eingriffsbreite und -tiefe in die Gesellschaft („Staatswachstum") im Laufe des 20. Jahrhunderts zwar größer geworden ist, doch dieser Zuwachs an technischer Macht wurde mit der Erosion politischer Substanz erkauft. Der moderne Staat erscheint mächtig und ohnmächtig zugleich. Er verfügt über eine erhebliche und historisch einzigartige *technische* Macht, doch seine *politische* Macht ist eng begrenzt. Er betreibt technisches bzw. technobürokratisches „Big Government", doch er ist alles andere als ein politisch „starker Staat". Er ist, wie der französische Publizist Jean-François Revel es formulierte, zwar *omnipräsent*, doch keineswegs *omnipotent*. Insofern kann man die in Rede stehende Macht bzw. Machtsteigerung nicht umstandslos, zumindest in westlich geprägten Systemen, als quasi-totalitäre Dominanz des Staates über die Gesellschaft interpretieren. Es handelt sich, wie Michael Mann in einer erhellenden Unterscheidung feststellte, nicht um *despotische*, sondern um *infrastrukturelle* Macht.

Wenn der moderne Staat sich in diesem Sinne einer „technischen Rationalität" unterwirft, dann, so könnte man vermuten, mag das zwar nachteilige Folgen haben, insbesondere für seine demokratische Qualität. Doch auf der anderen Seite könnte diese Entwicklung auch Gutes bewirken: Sie könnte staatliches Handeln optimieren, die Wirksamkeit von Ideologien brechen, Experten an die Schalthebel bringen, Willkür und Machtmissbrauch ausschließen, die Kalkulierbarkeit erhöhen, ein vernunftgeleitetes und sachgemäßes Vorgehen verbürgen. Diese Argumentation hat zweifellos einiges für sich. Gleichwohl ist Vorsicht angebracht. Zunächst wäre es ein Missverständnis zu glauben, im modernen, rationalisierten Staat geschehe nur Rationales. Man könnte mühelos unzählige Gegenbeispiele anführen. Insoweit ist, wenn oben von „Sach-*Zwang*" die Rede war, kein Zwang im wörtlichen Sinne gemeint, sondern eher eine *Sachgesetzlichkeit* (und daher werde ich diesen Begriff im Folgenden dem des Sachzwangs vorziehen). „Sachgesetzlichkeit" bedeutet: Man kann die im modernen Staat dominante Form der Rationalität zwar durchaus verletzen oder ignorieren, doch in aller Regel bleibt ein offenkundiges Verletzen oder Ignorieren dieser Rationalität nicht folgenlos und bringt Kosten und Kurskorrekturen mit sich, die vermeidbar gewesen wären. Des Weiteren kann man feststellen, dass die heutzutage dominante Form technischer Rationalität auch eine problematische Vereinseitigung darstellt, die den weiter oben diskutierten dialektischen Momenten der Moderne nicht oder nur unzureichend gerecht zu werden vermag und von daher auf längere Sicht ein hohes Gefahrenpotenzial birgt. Damit jedoch gerät politisches Handeln in ein Dilemma: Einerseits kann man dominante Sachgesetzlichkeiten nicht einfach durch einen puren „Willensakt" ignorieren oder verletzen, andererseits wäre es ebenso unverantwortlich, sich ihnen „willenlos" zu ergeben oder darauf zu vertrauen, dass bloße Anpassung an dominante Sachgesetzlichkeiten schon den richtigen Weg weisen werde. Somit käme es entscheidend darauf an, klug kalkulierte Strategien zu entwickeln, um Sachgesetzlichkeiten zu entschärfen oder partiell außer Kraft zu setzen und andere Gesichtspunkte im staatlichen Handeln zur Geltung zu bringen. Doch auf diese Möglichkeit, die auch unter heutigen Bedingungen durchaus besteht, werde ich an späterer Stelle, wenn ich auf alternative Handlungsmöglichkeiten im Rahmen der Globalisierung zu sprechen komme, detaillierter eingehen (vgl. Kapitel 10). Zurück also zur Annahme einer umfassenden Rationalität des modernen Staates.

Diese Annahme ist nicht nur im Hinblick auf die gerade angesprochenen Aspekte problematisch, sondern auch insofern, als der moderne Staat schwerlich als „einheitlicher Akteur" aufgefasst werden kann. Er erhebt zwar den Anspruch, „*eine* Organisation" zu sein, bietet aber tatsächlich eher das Bild eines „polyzentrischen Akteurs" (Joachim Jens Hesse). Von jenen, die an der Vorstellung des Staates als einer „hoheitlichen Eingriffsverwaltung" hängen, wird diese Entwicklung als Krisensymptom moderner Staatlichkeit interpretiert. Dieses für den modernen Staat charakteristische Spannungsverhältnis zwischen dem Streben nach Integration auf der einen und „Zerfaserung" auf der anderen Seite, zwischen Zentralisierung und Fragmentierung, ist letztlich das Ergebnis jenes weitgehend technisch bedingten Staatswachstums und seiner Begleiterscheinungen, die weiter oben bereits diskutiert wurden.

Der Staatsapparat wird im Zuge dieses Prozesses notwendigerweise nicht nur größer und komplexer, weitet seine Aktivitäten aus und fächert sie auf, sondern er wird auch differenzierter: d.h., er wird arbeitsteiliger, spezialisierter und pluralisierter. In der Folge werden die staatsinternen Abläufe konfliktträchtiger und erzeugen einen hohen Bedarf an Mechanismen der Konfliktregelung; immer wieder müssen die divergierenden Perspektiven und Interessen einer Vielzahl von Stellen und Einheiten, die an der Regierungs- und Verwaltungsorganisation beteiligt sind, miteinander in Einklang gebracht werden.

Kompliziert werden die Vorgänge zusätzlich dadurch, dass wir es nicht nur mit einem verstärkten Eindringen des Staates in die Gesellschaft, also einer „Verstaatlichung der Gesellschaft", zu tun haben; auch umgekehrt hat sich die Gesellschaft im Laufe der Zeit in den Staat „hineingekämpft". Zahlreiche Interessengruppen können für ihre Klientel nur dann etwas erreichen, wenn sie Ansprüche beim Staat anmelden und diese – in Konkurrenz mit den Begehrlichkeiten anderer Interessengruppen – durchsetzen. Ihr Handeln ist, wenn man so will, auf den Staat „fokussiert"; sie reduzieren damit die „Autonomie" des Staates, aber zugleich und notwendig auch ihre eigene Autonomie. Beide Bewegungen verstärken sich wechselseitig: Die organisierten Interessen sorgen für eine wachsende gesellschaftliche *Nachfrage* nach mehr Staat, auf die dieser, wie selektiv auch immer, antwortet und damit in die Rolle eines „Dienstleisters" rückt; zum anderen wächst das staatliche *Angebot* von mehr Staat, durch welches der Staat aktiv und expansiv in die Gesellschaft eindringt und für manifeste Abhängigkeiten sorgt (vgl. Poggi 1990). Selbstverständlich kann sich diese „Spirale nach oben" nicht endlos fortsetzen. In der gegenwärtigen Finanzkrise des Staates lässt sich verfolgen, wie schwierig und schmerzhaft es ist, die Spirale anzuhalten oder zurückzudrehen, Leistungen abzubauen, Subventionen zu kürzen oder Appellen an die „individuelle Eigenverantwortung" Gehör zu verschaffen.

Vor dem skizzierten Hintergrund ist es mehr und mehr unrealistisch, sich den Staat als eine Institution vorzustellen, die, wie noch im überkommenen Bild von „Vater Staat", *über* der Gesellschaft angesiedelt ist. Eher trifft die Annahme zu, dass es sich beim Staat, wie man in der Politikwissenschaft sagt, um ein „funktional differenziertes System" der Gesellschaft handelt, das sich seinerseits aus funktional differenzierten und mit bestimmten Politikfeldern oder Aufgabenbereichen befassten Subsystemen zusammensetzt. Der damit verbundene unverkennbare Gewinn an Rationalität wird zumindest teilweise wieder aufgewogen durch den Umstand, dass solche Systeme (und also auch der Staat und seine Teile) dazu neigen, „selbstreferenziell" zu agieren. Soll heißen: Sie handeln aus einem verengten Blickwinkel heraus, sind in ihrem Handeln auf sich selbst, ihre Aufgabenbereiche, ihre Klientel bezogen, haben selten das „große Ganze" oder gar das „Gemeinwohl" im Blick. Eine solch verengte Perspektive ist es häufig auch, aus der die staatlichen Subsysteme ihre Beziehungen untereinander und zum „Staat als Ganzem" gestalten. Gelegentlich befinden sie sich in Konkurrenz- oder Konfliktsituationen, gelegentlich bilden sie Allianzen. Und selbstverständlich pflegen die staatlichen Subsysteme im Zuge der Verschränkung von „Staat" und „Gesellschaft" enge Kontakte zu der für sie relevanten nichtstaatlichen Umwelt. Sie tauschen Dienstleistungen, Informationen und Gefälligkeiten aus und versichern sich der Unterstützung von Interessengruppen bei Entscheidungsprozessen, an denen sie selbst beteiligt sind oder von denen sie tangiert werden. Für gewöhnlich bezeichnet man solche Phänomene als „Neo-Korporatismus". Doch über neo-korporatistische Arrangements hinaus lässt sich auch eine bereits angesprochene Tendenz zum „kooperativen Staat" beobachten (vgl. den Diskussionsüberblick bei Schuppert 1989). Damit ist gemeint, dass sich eine veränderte Trägerschaft von Staatsfunktionen herausbildet und staatliche Programme ohne die Mitwirkung oder zumindest die Duldung nicht-staatlicher oder quasi-staatlicher Entscheidungsträger nicht durchführbar sind. Es ist dies die Verabschiedung des Staates vom Modell einer hoheitlichen Eingriffsverwaltung; er öffnet sich für „gesellschaftliche" Kräfte, arbeitet weniger mit den Mitteln der zentralstaatlichen Weisung, Steuerung oder Normsetzung, sondern strebt die dezentrale Koordination an, die partnerschaftliche Übereinkunft, versucht zu überzeugen. Nicht die Mehrheitsentscheidung, sondern der möglichst breite Konsens steht im Vordergrund. Partiell beinhaltet dieser Wandel auch einen „Rückzug" des Staates, dann zum Beispiel, wenn er bestimmte einstmals staatliche oder staatlich kontrollierte Bereiche der Selbststeuerung oder Selbstkontrolle überlässt. Der Staat wirkt in diesem Zusammenhang, wie oft gesagt wird, als „Moderator", ist aber, sieht man genauer hin, wohl doch mehr als ein „primus inter pares". Solche Aushandlungsprozesse mit einer Vielzahl von Beteiligten sind langwierig und für die Öffentlichkeit oft verwirrend. Wobei die Verwirrung nicht zuletzt daher rührt, dass Politiker immer mehr dazu neigen, die „Konsensgespräche" medienwirksam zu inszenieren, als nächtliche Verhandlungsrituale oder „Marathon-Sitzungen", in denen nicht selten das beschlossen wird, was im Vorfeld bereits auf Mitarbeiter- oder Referentenebene vereinbart wurde. Ungeachtet der breiten Beteiligung stehen die Chancen gut, dass sich am Ende doch wesentliche der ursprünglichen staatlichen Präferenzen durchsetzen. Jedenfalls beteiligt der Staat viele Interessen (wenngleich nicht alle!) an wichtigen Entscheidungsprozessen und versucht einen für möglichst viele Beteiligte tragfähigen Kompromiss zu erzielen. Letztlich ist dies ein endloser Prozess, der dem Staat nicht nur die schlussendliche staatliche Umsetzung von Programmen erleichtert, sondern auch immer offen bleibt für „Nachbesserungen" aller Art und meist nur eine Zwischenstation zur nächsten „Reformstufe" ist. Ob diese Öffnung des Staates auch „mehr Demokratie", „mehr Transparenz", „weniger Staat" und „weniger Bürokratie" bedeutet, ist eine ganz andere Frage. Vieles von dem, was in solchen Aushandlungsprozessen stattfindet, ist für die breite Öffentlichkeit unsichtbar, nur schwer nachzuvollziehen und oft von zweifelhafter Legitimität. Es ist nicht abwegig, auch in diesem Zusammenhang von einem „Verlust an authentischer Demokratie" zu sprechen. Und auch die Befürchtung, dass der „kooperative Staat" der Innovations- und Reformfähigkeit der Gesellschaft nicht förderlich ist und eher eine Politik des kleinsten gemeinsamen Nenners begünstigt, ist sicher nicht unbegründet.

Wie auch immer man diese Trends beurteilt: Es sind bedeutsame Wandlungen, die die liberal-demokratischen Staaten des Westens (aber nicht nur sie) im Laufe des 20. Jahrhunderts durchgemacht haben. Im Kontext der Globalisierung erwarten sie nun weitere und nicht weniger ernste Herausforderungen.

Wenn die These zutrifft, dass Globalisierung kein Vorgang ist, der primär „von außen" oder „von oben" auf den Staat einwirkt, sondern ein gleichzeitig innerstaatlicher, transnationaler und internationaler Prozess ist, dann wird man sich das Verhältnis zwischen Globalisierung und Staat nicht (allein) als Nullsummenspiel vorstellen dürfen, in dem die eine Seite das gewinnt, was die andere verliert. Nahe liegender erscheint eine Sichtweise, die das Verhältnis von Staat und Globalisierung nicht (nur) als Widerspruch interpretiert, sondern (auch) die Komplementarität der beiden Seiten betont. Es ist insbesondere die These von einer sich gegenwärtig vollziehenden „Rekonstitution" des Staates, die diese Komplementarität zum Ausdruck bringt (Clark 1997, vgl. auch Rodrik 2000, Rieger/Leibfried 2001).

Die These von der „Rekonstitution" des Staates sieht das wesentliche Merkmal von Globalisierung darin, dass Staaten nicht lediglich einem von außen auf sie einwirkenden Determinismus ausgesetzt sind und in die Defensive gedrängt werden, sondern dass sie Schlüsselfunktionen im Globalisierungsprozess erfüllen. Globalisierung und Rekonstitution gehen dieser Sichtweise zufolge Hand in Hand. Zwar vollziehe sich gegenwärtig die Wandlung eines bestimmten historischen Staatstypus – des nach innen orientierten Wohlfahrts- bzw. Sozialstaats –, doch diese Wandlung stelle keineswegs den Staat als solchen zur Disposition. Das Verdienst dieser Auffassung zum Verhältnis von Globalisierung und Staat liegt sicher darin, allzu einfachen Vorstellungen eines unvermeidlichen Rückzugs des Staates eine differenziertere Sichtweise entgegenzusetzen. Sie tendiert allerdings dazu, im Hinblick auf die aktuelle Rolle des Staates im Globalisierungsprozess die zahlreichen und essenziellen Funktionen von Staaten allzu umstandslos als *politische* Funktionen zu deuten. Dass Globalisierung ohne unterstützende und befördernde Aktivitäten des Staates gegenwärtig nicht auskommt, heisst jedoch noch keineswegs, dass Staaten eine wirkliche Alternative zu derart unterstützendem und beförderndem Handeln besitzen, sie also eine „politische Wahl" haben und gegebenenfalls auch ganz anders handeln könnten. Es ist zweifellos zutreffend, dass Staaten im Globalisierungsprozess weiterhin präsent sind und sich fürs Erste als unverzichtbar erweisen. Doch heisst dies auch, dass ihrem globalisierungs-*freundlichen* Handeln tatsächlich autonome politische Entscheidungen zu Grunde liegen, die ebenso gut auch anders (also globalisierungs-*unfreundlich*) ausfallen könnten? Ist es nicht widersprüchlich, wie z. B. Elmar Altvater und Birgit Mahnkopf es tun, einerseits festzustellen, dass die Politik (und damit in erster Linie der Staat) im Prozess der „Entgrenzung" und „globalen Transformation eine wichtige Rolle gespielt" habe (Altvater/Mahnkopf 2002, S. 479), an anderer Stelle aber zu konzedieren, dass Globalisierung „ein Prozess ohne Alternative" sei (ebd., S. 520)?

Man wird die in Rede stehende „Rekonstitution" kaum als eine „*politische* Rekonstitution" bezeichnen können; sie ist bislang über einen „technischen" Charakter nicht hinausgekommen. Wenn man die im binnenstaatlichen Bereich gewonnene Unterscheidung zwischen politischen und technischen Dimensionen des Staates auf die Ebene der Globalisierung überträgt, ergibt sich folgende Sichtweise auf das Verhältnis von Staat und Globalisierung:

Im Kontext der Globalisierung zeigen sich in der Rolle des Staates sowohl Züge des Wandels als auch der Kontinuität. Der Staat (und auch das Staatensystem) bleiben zwar auf absehbare Zeit erhalten. Wenn es zu einer „Relativierung von Grenzen" kommt und die Unterscheidbarkeit von „innen" und „außen" zunehmend schwierig wird, gerät der moderne Staat allerdings zwangsläufig unter Druck. Er erleidet einen *weiteren* Verlust an *politischer* Substanz, d. h. an innerer und äußerer Autonomie (nicht notwendigerweise an formaler Souveränität – vgl. zur staatlichen Souveränität weiter unten). Er ist zum einen immer weniger in der Lage, seine inneren Verhältnisse autonom zu gestalten; zum anderen ist er (im Verein mit anderen Staaten) immer häufiger mit globalen oder regionalen Problemlagen konfrontiert, die er bislang nicht in adäquater Weise zum Gegenstand gestalterischen politischen Handelns zu machen verstand. Solch offenkundige *politische* Ohnmacht des Staates kann allerdings, da der Staat auch

a) Staat

funktionaler *Teil* des Globalisierungsprozesses ist, durchaus mit Zuwächsen an staatlicher Präsenz, an Aktionsradius, an „technischer Macht" einhergehen. Dies ist eine offenkundige Analogie zur eben diskutierten Technisierung des Staates im Innern, die ja ebenfalls zu einer erheblichen Ausweitung der Staatsfunktionen bei gleichzeitigem politischem Substanzverlust beigetragen hat. Insoweit lässt sich die Linie von der Beziehung zwischen Technik und Staat im innergesellschaftlichen Raum weiterziehen zum Verhältnis von Globalisierung und Staat. Wie dort, so gilt auch hier, dass der Staat in seinen *politischen* Funktionen schwächer, in seinen *technischen* Managementfunktionen aber stärker wird. Da diese Managementfunktionen im Prozess der Globalisierung vorläufig unverzichtbar sind, ist insoweit auch der Staat nicht existenziell gefährdet.

Nun ist es der Technisierung im Innern trotz weit reichender Folgen nicht gelungen, den politischen Staat vollständig zu neutralisieren; ebenso wenig ist der politische Staat im Kontext der Globalisierung gänzlich verschwunden. Und diese politischen Qualitäten sind innerhalb des Staatensystems – je nach staatlichem Machtpotenzial und Handlungsspielraum – unterschiedlich stark ausgeprägt. Im globalen Maßstab kann (anders als im binnenstaatlichen Bereich) insbesondere der technische Machtzuwachs eines Staates in politischen Handlungsspielraum umgesetzt werden – dies ist ein wichtiger Erklärungsfaktor für die derzeitige hegemoniale Rolle US-Amerikas (auf die ich am Ende dieses Kapitels zurückkommen werde). Aufgrund der *Dialektik* von Globalisierung eröffnen sich zudem, wie wir noch sehen werden, immer wieder politische Gestaltungschancen. Weil Staaten jedoch gegenwärtig dazu tendieren, Globalisierung als undialektischen Prozess wahrzunehmen oder aber die derzeit dominanten Trends gegenüber gegenläufigen Trends überzubewerten, agieren sie im Allgemeinen einseitig oder eindimensional. Sie loten die Frage, ob es zu bloßer Anpassung bzw. zu einer bloßen staatlichen Katalysator-Funktion Alternativen gäbe, nur selten ernstlich aus.

Nun haben wir schon gesehen, dass Staaten durch ihr Handeln Prozesse der Globalisierung befördern. Sie tun dies zum Beispiel dadurch, dass sie untereinander um materielle Vorteile konkurrieren und in diesem Zusammenhang immer häufiger auch strategische Allianzen mit ihren Konkurrenten eingehen; sie operieren damit in gewisser Hinsicht ebenso „transnational" wie Unternehmen. Doch Staaten fördern nicht nur Globalisierung, sie werden selbst in wachsendem Maße zu *internationalisierten* oder *globalisierten* Akteuren, zu „global players".

In diesen Vorgängen kann man die durchaus konsequente Fortsetzung des technisch geprägten staatlichen Anpassungsprozesses an Globalisierung sehen. Die seit den 80er Jahren des 20. Jahrhunderts bestehenden neo-liberalen Bemühungen um Deregulierung und Liberalisierung sind ebenso Ausdruck dieses Anpassungsprozesses wie die mit ihnen eng verwobenen Formen einer Re-Regulierung. Durch beide Handlungsorientierungen treiben Staaten den Globalisierungsprozess aktiv voran. Der gegenwärtige Staat zieht sich demzufolge nicht so sehr aus dem Geschäft der ökonomischen Intervention zurück; vielmehr richtet er seine diesbezüglichen Aktivitäten neu aus.

Insoweit ist die wachsende Abhängigkeit von globalen Märkten und von technischer Verflechtung nicht notwendigerweise mit einem Rückgang staatlicher Aktivitäten gleichzusetzen. Im Gegenteil, in mancherlei Hinsicht kann die Verantwortlichkeit des Staates für die globale Wettbewerbsfähigkeit in seinem territorialen Zuständigkeitsbereich sogar einen Anstieg seines Engagements bewirken. Im Kontext der Globalisierung verändert sich weniger der *Umfang* als der *Charakter* der staatlichen Interventionen. Der Staat nimmt immer mehr Abschied von jener Art Intervention, die für den überkommenen Sozial- bzw. Wohlfahrtsstaat typisch gewesen ist.

So ist er zum Beispiel zunehmend darauf bedacht, ein möglichst günstiges Investitionsklima zu schaffen oder den Arbeitsmarkt und insbesondere die Lohnkosten im Rahmen seiner Möglichkeiten so zu gestalten, dass ein Höchstmaß an Wettbewerbsfähigkeit erreicht wird. Er ist bestrebt, Innovationen auf breiter Front zu fördern, die strukturelle Wettbewerbsfähigkeit der eigenen Wirtschaft zu steigern, die Ertragsaussichten transnationaler Unternehmen zu erhöhen oder die Sozialpolitik den Erfordernissen der Arbeitsmarktflexibilisierung und den Zwängen des globalen Wettbewerbs unterzuordnen. Ein Staat, der in dieser Weise seine Attraktivität erhöht, ist in der Regel ein aktiver oder aktivierender Staat, der sich um seinen Arbeitsmarkt, sein Arbeitskräftepotential bzw. sein „Humankapital", die Qualität seiner Arbeitsbeziehungen, seine Infrastrukturen, seine Forschungs- und Entwicklungseinrichtungen, seine Ausbildungscurricula oder sein Steuersystem kümmert, damit diese den Erfordernissen des Wettbewerbs gewachsen sind. Auch Umverteilung – sei es von Einkommen, sei es von Chancen – findet, wenn auch mit veränderter Akzentuierung, weiterhin statt. Diese Anstrengungen, die zum Teil erfreulich sind, zum Teil aber auch erhebliche Zumutungen mit sich bringen, treiben inzwischen sogar skurrile Blüten. Der internationalisierte „Wettbewerbsstaat", wie Philip Cerny ihn nennt (Cerny 1990), versteht sich

a) Staat

zunehmend als „Marke", betreibt globale Imagewerbung (Blairs „Cool Britannia" ist nur eines von mehreren Beispielen) und das gute (oder schlechte) Abschneiden eines Staates in den inzwischen auf allen möglichen Feldern veranstalteten „globalen Rankings" kann für ihn ebenso nützlich (oder schädlich) sein, wie es die Ergebnisse der „Stiftung Warentest" für einzelne Produkte oder Hersteller sein können (vgl. die amüsanten Beispiele bei Leggewie 2003, S. 28–30).

Im Zuge des Globalisierungsprozesses haben die Chancen des Staates, mit Erfolg in das Wirtschaftssystem zu intervenieren, abgenommen. Angesichts einer sich öffnenden Schere zwischen den wachsenden Dimensionen der globalen Ökonomie und den Gestaltungsmöglichkeiten des territorial beschränkten Staates ist es für diesen mit zunehmend größeren Schwierigkeiten verbunden, in gewohnter Weise (und im Sinne einer „öffentlichen Aufgabe") Kollektivgüter bereitzustellen. Dieses Defizit, so Philip Cerny, bedrohe den Staat sowohl in seinen organisatorischen Leistungen als auch in seiner institutionellen Legitimation.

Der Staat, so Cernys Versuch einer Prognose für das 21. Jahrhundert, wird zwar sowohl im nationalen als auch im internationalen Rahmen der zentrale Akteur bleiben und nicht existenziell bedroht sein, nicht unterminiert werden oder gar absterben. Wohl aber wird er sich in einer von wachsender Interdependenz gekennzeichneten Welt strukturell wandeln (müssen). Die strukturellen Zwänge, mit denen staatliches Handeln in den letzten Jahrzehnten zu tun hatte, werden sich weiter verstärken. Die einzelnen Staaten werden sich auf die neuen Gegebenheiten einzustellen und diesen anzupassen haben.

Grundsätzlich gilt, dass der sich herausbildende Wettbewerbsstaat sich selbst immer stärker wie ein „Marktteilnehmer" verhalten wird; er wird bestimmte Güter oder Bereiche nicht länger den Kräften des kapitalistischen Marktes entziehen oder sie vor ihnen schützen, sondern, im Gegenteil, sie den Kräften dieses Marktes verstärkt aussetzen, sie „kommodifizieren" oder „kommerzialisieren". Der Wettbewerbsstaat spielt, wenn man so will, eine „staatskapitalistische" Rolle. Bei alledem wird staatliches Handeln mit extremen Belastungen und Herausforderungen zu kämpfen haben und kaum noch in längerfristig geplanter und kohärenter Weise vonstatten gehen können.

Für das 21. Jahrhundert rechnet Cerny mit einer sich beschleunigt wandelnden staatlichen Struktur. Was die interne Struktur des Staates angeht, kann man schon jetzt generell sagen, dass die Intern/Extern-Gewichtsverlagerungen zu einem Bedeutungszuwachs der „nach außen" gerichteten Teile führen. Innerhalb des Staates konzentriert sich die Macht in jenen Bereichen, die am engsten mit der globalen Ökonomie in Kontakt stehen, also zum Beispiel den Büros der Regierungschefs, den Finanzministerien oder Zentralbanken. Im Gegenzug sinkt die Stellung derjenigen staatlichen Institutionen, die primär an einer heimischen Klientel orientiert sind.

Im Zuge der Globalisierung, so Cerny, „erlangen jene politischen wie ökonomischen Strukturen und Prozesse Vorrang, die erstens häufig (wenn auch nicht immer) eher transnational und multinational als nationalstaatlich ausgerichtet sind – die also eine beträchtlich größere Reichweite besitzen; die zweitens eine potentiell wichtigere Rolle als der Nationalstaat bei der Gestaltung entscheidender Bereiche besitzen – die also de facto 'souveräner' sind; und die drittens die Akteure in die Lage versetzen, ihre Entscheidungen ohne Rücksicht auf den Nationalstaat zu treffen" (Cerny 1998, S. 265).

Solche Strukturen und Prozesse können sowohl oberhalb als auch unterhalb des Staates angesiedelt sein, sie können global oder lokal sein – ihre Zunahme und wechselseitige Verstärkung auf vom Staat abweichenden Ebenen stellen die Autorität, Legitimität sowie die politische Entscheidungs- und Umsetzungsfähigkeit der Staaten von innen wie von außen in Frage. Die Schwächung des Staates kann also durchaus dazu führen, dass im Gegenzug Macht auf supra- oder substaatliche Ebenen verlagert wird. Es spricht einiges dafür, dass das Zusammenspiel lokaler, nationaler, regionaler, internationaler und globaler Ebenen mit einer Vielzahl sowohl staatlicher als auch nichtstaatlicher Akteure ein Macht-, Kompetenz- und Interessengebilde hervorbringen wird, das (wie derzeit im europäischen Integrationsprozess zu beobachten) eher einen „Patchwork-Charakter" annehmen könnte und sich nicht in einfache Formeln fassen lassen dürfte. Im Übrigen wäre es verwunderlich, wenn die Globalisierung nur die staatliche Ebene und nicht auch die darüber und darunter liegenden Ebenen unter Druck setzen würde.

All dies sind Tendenzen. Weil Staaten keine *homogenen* Einheiten/Akteure sind und weil sich einzelne Staaten voneinander unterscheiden, ist die internationalisierende Orientierung nicht überall in gleichem Maße und in gleicher Weise ausgeprägt. Je nach externer und interner Stärke bzw. Schwäche werden Staaten sich der neuen Herausforderungen auf unterschiedliche Weise und mit unterschiedlichem Erfolg stellen.

Die weiter oben vorgetragenen Überlegungen zur Dialektik der Globalisierung und zum Verhältnis von Integration und Fragmentie-

a) Staat

rung haben bereits verdeutlicht, dass vom Globalisierungsprozess nicht nur vereinheitlichende Wirkungen, sondern auch neue Ungleichheiten oder die Verstärkung bzw. Befestigung bestehender Ungleichheiten zu erwarten sind. Mit dem Problem globalisierungsbedingter Ungleichheiten eng verknüpft ist die Frage der Ungleichheit innerhalb des Staaten-Systems. Bislang hatte ich in eher allgemeiner und undifferenzierter Weise über den Staat gesprochen. Bei näherer Betrachtung zeigt sich freilich, dass Staaten nur in einem sehr abstrakten Sinne „gleich" sind, dass sie sich vielmehr in ihrer „Macht", ihrer internen und externen Autonomie, selbst ihrer formalen Souveränität oft erheblich unterscheiden. Insbesondere sehen sich Staaten durch den Globalisierungsprozess auf unterschiedliche Weise tangiert und tragen zu diesem Prozess auf unterschiedliche Weise bei. Dieses Problem lässt sich auf vielfältige Weise untersuchen. Die folgenden Überlegungen beschränken sich auf die Frage, wie die *Auswirkungen* bzw. *Folgen* von Globalisierung die (Un-)Gleichheit von Staaten beeinflussen.

Zunächst kann man feststellen, dass der im Zuge der Globalisierung grundsätzlich alle Staaten betreffende Autonomieverlust uneinheitlich ausfällt – mit entsprechenden Konsequenzen für die Nutzung der Chancen und die Bewältigung der Risiken von Globalisierung. Einige Staaten sind in der Lage, sich mehr Kontrolle über ihre Umwelt zu erhalten als andere. Staaten verfügen allerdings nicht nur über ungleiche Handlungsspielräume im Kontext der Globalisierung, sondern sie nehmen den Prozess auch auf unterschiedliche Weise wahr. Während die einen Globalisierungsprozesse als Chance sehen und von ihnen zu profitieren hoffen oder tatsächlich von ihnen profitieren, haben andere unter ihnen zu leiden und empfinden sie (nicht zuletzt aufgrund konkreter Erfahrungen aus spürbaren Abhängigkeitsverhältnissen) als Bedrohung. Entsprechend vielfältig gestalten sich die Interessenlagen, die Aktions- und Reaktionspotenziale sowie die Bereitschaft und Fähigkeit zur internationalen bzw. globalen Kooperation.

Dass die Staatenwelt bzw. das internationale System differenzierte Gebilde sind, ist selbstverständlich keine neue Erkenntnis. Unterscheidungen in „Nord" und „Süd", in „erste", „zweite" und „dritte" Welt, in „Zentrum", „Peripherie" und „Semiperipherie" legen davon Zeugnis ab. In jüngerer Zeit werden die genannten Differenzierungen zunehmend ersetzt oder ergänzt durch Einteilungen, die in Zusammenhang mit dem Prozess der Globalisierung stehen und auch dessen dialektische Momente in Rechnung stellen. So versucht man etwa unter dem Schlagwort „digital divide" die Disparitäten in der globalen Informationsgesellschaft zu erfassen. Auf einer allgemeineren Ebene scheint mir die fruchtbarste Differenzierung die in *prämoderne*, *moderne* und *postmoderne* Varianten von Staatlichkeit zu sein (vgl. Sørensen 1999).

Prämoderne Staaten verfügen meist nur über eine äußere Souveränität, die sich darin zeigt, dass sie von anderen Staaten in ihrer souveränen Staatlichkeit anerkannt werden. Tatsächlich jedoch lehrt ein Blick auf die *inneren* Verhältnisse dieser Staaten, dass ihrer von außen formal anerkannten Souveränität kein Pendant im Inneren zur Seite steht. Innere Souveränität mit funktionsfähigen staatlichen Institutionen und der Kontrolle über das Gewaltmonopol ist im Fall prämoderner Staaten mehr Anspruch als Wirklichkeit; noch weniger kann die Rede von einer ausgebildeten politischen Autonomie sein, die schon aufgrund starker externer ökonomischer Abhängigkeiten sowie eines geringen und uneinheitlichen Industrialisierungsgrads kaum erreichbar scheint. In der Literatur werden solche Staaten auch als „quasi-states" bezeichnet (Jackson 1990).

Moderne Staaten verfügen demgegenüber nicht nur über eine von außen anerkannte, sondern auch über eine im Innern verankerte Souveränität. Gleichwohl ist ihre politische Autonomie, also ihre tatsächliche politische Gestaltungsfähigkeit, auf vielfältige Weise eingeschränkt und im Zuge der Globalisierung weiterer Erosion ausgesetzt. Dennoch kann an der Existenz einer souveränen Staatlichkeit, die im Übrigen auch durch einen in der Regel hohen industriellen Entwicklungsstand abgesichert wird, kein Zweifel bestehen.

Postmoderne Staaten, also die Staaten der „Ersten Welt", sind hoch entwickelt und in der Regel mit stabilen demokratischen Institutionen ausgestattet. Sie unterscheiden sich von den zuvor beschriebenen Typen insbesondere dadurch, dass sie das mit der Souveränität eng verknüpfte Prinzip des Schutzes vor äußerer Einmischung in ihre inneren Angelegenheiten bewusst (wenn auch nicht unbedingt freiwillig) gelockert haben. Sie akzeptieren damit – unter dem Druck der Globalisierung, die sich mit traditionellen, rigiden Konzepten von Souveränität nicht verträgt – in gewissem Rahmen einen Verlust formaler Souveränität. Warum tun sie dies? Sie tun es, weil sie dadurch im Gegenzug die Möglichkeit erhalten, ihren Einfluss auf supra- oder substaatlichen politischen Ebenen geltend zu machen. Und das heißt: Sie können, indem sie diesen Souveränitätsverzicht leisten, ihre Sicherheit gegenüber ihrer Umwelt und ihre Kontrollmöglichkeiten über andere Staaten erhöhen. Auf diese Weise gewinnen sie ein Stück jener politischen Autonomie zurück, die sie auf der einzelstaatlichen Ebene verloren haben, oder sie verhindern oder verzögern zumindest einen weiteren rapiden Autonomieverlust. Es ist ein Tauschgeschäft: Sie handeln sozusagen mit ihren souveränen Vorrechten, bieten sie zum „Verkauf" an, um im Gegenzug ein Stück politischer Autonomie „einzukaufen". Sie erlauben anderen, auf die Regulierung ihrer internen Angelegenheiten Einfluss zu nehmen, nehmen aber umgekehrt auch verstärkt Einfluss auf die Regulierung interner Angelegenheiten anderer. Das geschieht über internationale oder transnationale Organisationen und Institutionen auf verschiedenen Ebenen. Man diskutiert diese Vorgänge unter dem Stichwort „governance"; damit ist – im Unterschied zu „government" – ein „Regieren ohne Regierung" gemeint. Auch hier haben wir also wieder jenes oben schon skizzierte komplexe Netzwerk auf suprastaatlicher, staatlicher und substaatlicher Ebene, das im Zuge der Globalisierung im Entstehen begriffen ist.

Nun könnte man einwenden: Beweist nicht das aktuelle Beispiel der USA die Fragwürdigkeit dieser Sichtweise? Unterstreichen die USA – nach der hier vorgetragenen Definition doch zweifellos ein postmoderner Staat – nicht durch ihr internationales Verhalten, dass sie nicht gewillt sind, ernstlich von ihrer Souveränität abzugeben? Manches spricht dafür: Mit ihrer Entscheidung, ohne Mandat des UNO-Sicherheitsrats in einen Krieg gegen den Irak zu ziehen, haben die USA das Völkerrecht missachtet. Die amerikanische Bereitschaft, sich notfalls über internationales Recht hinwegzusetzen oder sich ihm zu entziehen, ist auch aus anderen, weniger gravierenden Vorgängen bekannt und hat sich unter der Ägide George W. Bushs merklich verstärkt. So wird beispielsweise die Liste der amerikanischen Absagen an internationale Verträge, Übereinkommen und Projekte immer länger. Sie reicht mittlerweile vom Klimaschutz bis zum Internationalen Strafgerichtshof, von der Raketenabwehr bis zum Atomteststopp, von den Kleinwaffen über die Landminen bis zu den Biowaffen.

Man kann dieses internationale Verhalten der USA selbstverständlich als Beleg dafür nehmen, dass die Machtungleichgewichte zwischen Staaten auch im Prozess der Globalisierung, der ja ansonsten eher zu einer Erosion politischer Autonomie führt, fortbestehen. In gewisser Weise bietet die Globalisierung bestimmten privilegierten Staaten, insbesondere den USA, sogar gute Voraussetzungen, technische und ökonomische Macht in politische Macht umzusetzen und eine globale Hegemonie auszuüben. Allerdings sollte man mit Übertreibungen der amerikanischen Machtfülle, wie sie gegenwärtig an der Tagesordnung sind, vorsichtig sein. Man braucht keineswegs unkritisch in Emmanuel Todds „Nachruf" auf die Weltmacht USA einzustimmen (Todd 2003), um zu erkennen, dass die aktuellen hegemonialen Bestrebungen US-Amerikas nicht unbedingt und nicht allein Zeichen ungefährdeter Stärke und überbordenden Selbstbewusstseins sein müssen. Sie können auch und ebenso gut Ausdruck von Unsicherheit, Nervosität und Irrationalität sein. Es ist nicht unwahrscheinlich, dass der hegemoniale außenpolitische Kurs der USA, sollte er ungebrochen fortgesetzt werden, schon bald und beschleunigt die Kapazitäten des Landes überfordern und in einer „imperialen Überdehnung" münden könnte (vgl. zu diesem Begriff Kennedy 1989).

Das Verdienst Todds besteht darin, auf Machtverluste und Krisenerscheinungen aufmerksam zu machen, wo andere nur Macht und Machtsteigerung sehen. Der gegenwärtig zu beobachtende „theatralische Militarismus" (Todd 2003, S. 38) der USA, so Todd, richte sich bezeichnenderweise nur gegen relativ schwache Staaten. Er könne den realen Niedergang des Landes jedoch allenfalls kaschieren, nicht aufhalten. Krisensymptome sieht Todd beispielsweise in der negativen Außenhandels- und Kapitalbilanz Amerikas, in seiner existenziellen Abhängigkeit von den globalen Rohstoff- und Energiereserven, in der Erosion innerer Liberalität oder auch – und nicht zuletzt – in einer wachsenden Annäherung der mit den USA konkurrierenden Mächte: gemeint sind die „wahren strategischen Akteure" Europa, Russland und Japan (ebd., S. 37). Gewiss muten Todds gewagte Thesen und Prognosen aus heutiger Sicht überzogen an, und gewiss provoziert sein Buch viele Einwände im Detail, aber es hilft, der verbreiteten Neigung, die USA zur Super- oder Hypermacht aufzublasen, ein Korrektiv entgegenzusetzen.

Auch wenn man Todds Analyse in weiten Teilen für einseitig hält, muss man in diesem Zusammenhang daran erinnern – und damit komme ich zum eigentlichen Thema zurück –, dass die skizzierten Sachgesetzlichkeiten der Globalisierung grundsätzlich auf alle Staaten wirken – die USA nicht ausgenommen. Auch ihnen dürfte es kaum gelingen, sich der Rationalität dieses Prozesses zu entziehen. Ein Staat kann, wie an früherer Stelle bemerkt, diese Rationalität durchaus verletzen, doch wird ihm dies kaum *auf Dauer* gelingen; irgendwann werden die Gesetzlichkeiten ihn einholen und ihren Tribut verlangen. Wenngleich gegenwärtig andere Tendenzen die Oberhand haben, ist dieser Zusammenhang vielen Repräsentanten der strategischen Elite der USA durchaus geläufig.

a) Staat

Joseph Nye beispielsweise, renommierter amerikanischer Politikwissenschaftler und in der Ära Clinton stellvertretender Verteidigungsminister, hat eine Kritik des außenpolitischen Kurses der Bush-Administration vorgetragen, die den Gegebenheiten der Globalisierung Rechnung trägt, und alternative Positionen entwickelt, die unter veränderten politischen Vorzeichen gute Chance hätten, auch praktisch wirksam zu werden (Nye 2003). Zwar orientiert sich auch Nye am „nationalen Interesse" Amerikas, hält militärische Stärke für unabdingbar und plädiert für eine globale amerikanische Führungsrolle. Er glaubt sogar, dass die amerikanische Dominanz noch mindestens ein halbes Jahrhundert andauern werde. Voraussetzung hierfür sei allerdings, dass Amerika eine Politik betreibe, die den neuartigen Bedingungen der Globalisierung angemessen sei. Hier setzt Nyes Kritik ein: Der unilaterale Ansatz der Bush-Administration sei auf Dauer nicht durchzuhalten, ihre hegemonialen Ambitionen seien unrealistisch, ihre Fixierung auf militärische Macht verkenne, dass sich Macht heutzutage aus vielen Quellen – nicht nur militärischen – speise. In Amerika, so Nye, stehe derzeit die „harte Macht" im Vordergrund, also die Macht auf militärischem und ökonomischem Gebiet. Die nicht weniger bedeutsame „weiche Macht" werde hingegen vernachlässigt. Weiche Macht, so Nyes Begriffserläuterung, wirkt eher indirekt; sie zwingt nicht, sondern sie kooptiert; sie wirkt anziehend auf andere, animiert zur Nachahmung, sorgt für Einverständnis. Weiche und harte Macht können sich wechselseitig verstärken; umgekehrt kann eine Überbetonung harter Macht die weiche Macht erodieren und auf längere Sicht sogar die Macht schlechthin, also auch deren harte Komponenten, gefährden.

Nye warnt sein Land davor, sich von einer allein aufs Militärische gegründeten „imperialen Illusion" blenden zu lassen. Gewiss seien die USA die global führende Macht. Doch lediglich auf militärischem Gebiet seien sie unangefochten. Auf allen anderen Feldern müsse Amerika schon jetzt die Macht mit konkurrierenden Ländern und auch mit immer mehr nicht-staatlichen Akteuren teilen. In der vernetzten Welt der Globalisierung könnten die USA auf zahlreichen Politikfeldern ihre Interessen nicht mehr einseitig durchsetzen, sondern seien auf Kooperation angewiesen. Amerika könne nur dann seine Macht erhalten und zur Lösung grenzüberschreitender Probleme beitragen, wenn es bereit sei, von seiner Macht abzugeben oder sie intelligenter einzusetzen. Ohne unilaterales Handeln in Einzelfällen auszuschließen, empfiehlt Nye daher eine multilaterale Orientierung. Multilateralismus bedeutet für ihn: die Verständigung mit den Partnern oder Kontrahenten suchen, internationale Institutionen Ernst nehmen und stärken, das amerikanische „nationale Interesse" mehr als bisher mit „globalen Interessen" in Übereinstimmung bringen – und auch sonst größere Sensibilität zeigen, etwa für globale ökologische Probleme oder die Anliegen von Globalisierungskritikern.

Es wäre unfair, Nye vorzuwerfen, er verfolge mit seinen strategischen Empfehlungen letztlich die gleichen Ziele wie die Bush-Administration, beweise lediglich größeres taktisches Geschick und biete eine angenehmere Verpackung. Es ist mehr als nur der Ton, der hier die Musik macht. Hätte die amerikanische Regierung sich im Vorfeld des Irak-Krieges stärker von Vorstellungen wie denen Nyes leiten lassen, wären die Zerwürfnisse mit manchen europäischen Verbündeten wahrscheinlich nicht entstanden. Auch wenn Nye derzeit über keinen unmittelbaren praktischen Einfluss auf die amerikanische Politik verfügt, steht er unter Amerikas Politikstrategen nicht allein. Sein Buch ist ein Indiz dafür, dass die Kluft zwischen den außenpolitischen Perspektiven der europäischen und der amerikanischen politischen Eliten keineswegs so tief und unüberbrückbar ist, wie es in der mitunter aufgeregten öffentlichen Debatte gerne suggeriert wird. Man darf die Prognose wagen, dass zumindest im europäisch-amerikanischen Verhältnis auf längere Sicht eher die integrativen als die fragmentierenden Momente der Globalisierung ausschlaggebend sein werden.

b) Transnationale Konzerne

Transnationale Konzerne sind Machtfaktoren erster Güte. Sie gehören zu den wichtigsten Akteuren im Globalisierungsprozess und ihre Praktiken, insbesondere in Ländern der unterentwickelten Welt, sind eine Hauptzielscheibe der Globalisierungskritiker. Die Zahlen sind beeindruckend:

„Es gibt heute weltweit mehr als 45 000 Aktiengesellschaften mit 300 000 Schwester- und Tochterunternehmen. Doch nur die 200 größten von ihnen – darunter solche Giganten wie *General Motors, Shell, Citigroup, Sony, AOL Time Warner, Exxon Mobil, Siemens, Mitsubishi und Microsoft* – beherrschen tatsächlich die gesamte Weltwirtschaft. Die meisten von ihnen haben ihren Firmensitz in den USA (82), in Japan (41) und in Deutschland (20), der große Rest in anderen europäischen Ländern; alle haben Niederlassungen und Vertragspartner in aller Welt. Ihre Profite explodierten zwischen 1983 und 1997 um 224 Prozent, was weit mehr ist als das 144-prozentige

b) Transnationale Konzerne

Wachstum der gesamten Weltwirtschaft im selben Zeitraum. Ihre Umsätze übertreffen zusammengerechnet das Bruttosozialprodukt von 180 der 190 Nationen der Welt.
Die Verkaufserlöse dieser Top 200 betragen 25 Prozent des gesamten globalen Bruttosozialprodukts. Die gesamte Produktion der Weltwirtschaft findet zunehmend unter dem Dach einiger weniger gigantischer Firmen statt: Die Top 200 halten 90 Prozent aller Patente in der Welt; sie erzeugen, verarbeiten und verkaufen einen großen Teil unserer Nahrung; sie liefern das Öl für unsere Autos und Heizungen; sie betreiben die globale Medien- und Unterhaltungsindustrie für Milliarden von Menschen; sie produzieren den größten Teil der Software und bauen die Computer, auf denen sie läuft. Sie bauen die Flugzeuge und Autos, in denen wir reisen, sie produzieren den größten Teil unserer Kleidung, liefern fast alle Bank- und Finanzdienste und bestimmen auch zunehmend über das Gesundheitswesen. Nicht zuletzt produzieren die Top 200 nahezu alle Waffen für die voll gestopften Arsenale aller Staaten" (Derber 2003, S. 78 f.).

Charles Derber, von dem diese Zusammenstellung stammt, lässt keine Zweifel daran, „dass erst die Globalisierung solche Monopole des Reichtums ermöglicht hat" (ebd., S. 79). Gleichwohl gilt es daran zu erinnern, dass große Konzerne selbstverständlich keine Erscheinung sind, die erst mit der neueren Globalisierungsphase aufgetreten wäre. Ihre Ursprünge liegen in der zweiten Hälfte des 19. Jahrhunderts. Der amerikanische Wirtschaftshistoriker Alfred Chandler hat in seiner faszinierenden und viel beachteten Untersuchung *The Visible Hand* ihren Aufstieg beschrieben, wobei er den Schwerpunkt seiner Darstellung auf die Entwicklung in den USA legte (Chandler 1977). In Folgestudien haben er und andere Autoren in international vergleichender Perspektive gezeigt, dass die neuen Unternehmensformen, die Chandler als „multifunktionale Organisationen" begreift, zwar von den USA ihren Ausgang genommen hatten, dass ihre Herausbildung und Entwicklung in Europa und Japan jedoch, ungeachtet mancher Spezifika im Detail, nach dem gleichen Muster verlaufen war. Was sich im 19. Jahrhundert anbahnte, gelangte im 20. Jahrhundert zur Vollreife. Insbesondere nach dem Zweiten Weltkrieg (nicht zuletzt auch als *Folge* des Krieges) gerieten alle wichtigen Industriezweige unter die Dominanz großer, integrierter Unternehmen, die sowohl national als auch im Weltmaßstab in oligopolistischer Weise im Wettbewerb standen (der Markt wurde also durch wenige Großunternehmen beherrscht). Chandler konstatiert einen beinahe ungefährdeten Siegeszug des „modern business enterprise". Von besonderem Interesse ist in diesem Zusammenhang die Frage, worin Chandler die Ursachen dieser gigantischen Transformation der Unternehmensorganisation sieht. Seine These lautet, dass sie zu einem erheblichen Maße und auf allen Ebenen technisch bedingt war, also, wenn man so will, eine „Technikfolge" darstellt, genauer: eine Folge der in den 60er Jahren des 19. Jahrhunderts einsetzenden „zweiten Industriellen Revolution". Es war die Herausbildung und Ausbreitung neuer Transport- und Kommunikationstechniken (Eisenbahn, Telegraf, Dampfschiff, Kabel etc.), die unternehmensorganisatorische und institutionelle Innovationen bzw. Anpassungen verlangte.

Chandler belegt die von ihm analysierten Wandlungen auch mit dem Schlagwort „Manager-Kapitalismus" und spielt damit auf Beobachtungen an, die andere Ökonomen schon Anfang der 30er Jahre des 20. Jahrhunderts gemacht hatten, als sie unternehmensinterne Machtverschiebungen von den formellen Eigentümern zu jenen konstatierten, die faktisch die Unternehmen leiteten: den Managern. James Burnham hat später sogar von einer „Manager-Revolution" gesprochen, John Kenneth Galbraith vom Machtzuwachs einer „Technostruktur". Das Regime der Manager, so lautete die These, habe die alte Eigentumsideologie ausgehöhlt und eine neue Eigentumsrealität geschaffen. Das unternehmerische Privateigentum in entwickelten kapitalistischen Gesellschaften habe dramatisch an Bedeutung verloren. Zwar habe, rein formal betrachtet, keine Aufhebung des „Privateigentums an Produktionsmitteln" stattgefunden, wohl aber seien die formellen Eigentümer in großen Teilen der Wirtschaft faktisch von der Ausübung der Eigentumsrechte enteignet worden. War es traditionellerweise so, dass die Eigentümer selbst sowohl die kurzfristig-taktischen als auch die langfristig-strategischen Entscheidungen trafen, so verlagerten und verengten sich ihre Einflussmöglichkeiten mit dem Aufkommen von Manager-Hierarchien auf die oberste Management-Ebene. In voll ausgebildeten modernen Großunternehmen zeigt sich allerdings, dass selbst auf der höchsten Ebene von wahrer Entscheidungsmacht der Eigentümer ernstlich keine Rede sein kann. Im Regelfall erweist sich die Überlegenheit des beim strategischen Management konzentrierten Expertenwissens. Gewiss konnten die Eigentümer, wenn ihnen die Aktivitäten ihrer Manager missfielen, andere engagieren, doch sie konnten das Unternehmen nicht selbst managen. Sie wurden zu Rentiers, die sich hauptsächlich für das Einkommen interessierten, das ihnen aus den Profiten des Unternehmens zufloss.

Unternehmen dieser Größenordnung sind nicht nur „multifunktional", sondern sie verfolgen auch eine Vielzahl von Unternehmenszie-

b) Transnationale Konzerne

len; die „Profitmaximierung", so die provozierende These von John Kenneth Galbraith, sei zwar nicht unbedeutend, doch nur ein Ziel unter mehreren (Galbraith 1968). Jedenfalls wird man sagen können – und die nachfolgenden Überlegungen werden dies bestätigen –, dass sich im Verhalten der Unternehmen in der Regel offensive und defensive Elemente mischen. Sie stehen unter dem permanenten Druck, (bei Strafe des Untergangs) innovativ zu sein, den Anschluss nicht zu verpassen, neue Entwicklungen nicht zu verschlafen, „zukunftsfähig" zu bleiben. Und sie sind immer wieder bereit, im Hinblick auf diese Zukunftsfähigkeit notwendige Umstrukturierungen vorzunehmen, Forschungs- und Entwicklungsanstrengungen zu intensivieren, kostenträchtige (und meist auch riskante) Fusionen einzugehen und für all dies zeitweilig auch ein Sinken der Gewinne in Kauf zu nehmen.

Die vertikal und horizontal integrierten, weltweit aktiven Unternehmen haben auch auf volkswirtschaftlicher Ebene tiefe Spuren hinterlassen. In weiten Bereichen haben sie Marktmechanismen außer Kraft gesetzt – daher Chandlers pointierte Formulierung, die „visible hand" des Manger-Kapitalismus habe weitgehend Adam Smiths „invisible hand" der Marktmechanismen verdrängt. Die Unternehmen prägen nicht nur die ökonomische Dimension, sondern auch die anderen Dimensionen des Globalisierungsprozesses. Wie in ihrer Entstehungsphase, so sind es auch in der aktuellen Globalisierung nicht zuletzt technische Entwicklungen, die das Größenwachstum der Unternehmen, ihre weitere Diversifizierung, die Einverleibung kleinerer Unternehmen oder auch die Fusion mit anderen Unternehmen ähnlicher Größenordnung nahe legen oder erfordern.

Den gerade angesprochenen technischen Aspekt kann man auch in anderer Weise zur Geltung bringen. Man kann Unternehmen dieser Art durchaus auch als „große technische Systeme" auffassen, zumindest überlappen sie sich weitgehend mit technischen Systemen oder betreiben sie maßgeblich, etwa die Energieversorgung, die Telekommunikation, die Verkehrssysteme, die militärischen Systeme. Betrachtet man die Unternehmen unter technischen Gesichtspunkten, wird nicht nur ihre Problematik deutlicher, sondern es lassen sich auch die immensen Schwierigkeiten ermessen, die grundsätzlichen Veränderungen der eingangs beschriebenen Machtballungen im Wege stehen. Der amerikanische Politikwissenschaftler Langdon Winner hat eine entsprechend ausgerichtete Analyse vorgenommen (Winner 1977):

Große technische Systeme, so Winner, sind interdependente Systeme. Ihre Abhängigkeit hat einen internen und einen externen

Gesichtspunkt. Innerhalb der Grenzen des Systems stehen, wie auch Chandler sagte, effektives Arrangement, wirksame Kontrolle der Systemkomponenten und optimale Integration im Vordergrund. Doch auch noch so gute interne Integration befreit die Systeme nicht von (graduell unterschiedlichen) Abhängigkeiten und Austauschverhältnissen von bzw. mit anderen Systemen. Somit können große technische Systeme ihre weit reichenden Aktivitäten nur dann erfolgreich entfalten, wenn sie ihre Kontrolle ausdehnen. Auf Elemente angewiesen zu sein, die nicht der eigenen Kontrolle unterliegen, birgt Gefahren. Diese Ausdehnung der Kontrolle bezeichnet man gemeinhin – ein wenig euphemistisch – als „Planung". Größe, Komplexität und Kostengründe zwingen große technische Systeme zur Planung, zu einer Kombination von „intelligenter Antizipation und Kontrolle" (Winner 1977, S. 240). Auf diese Weise können sich die Systeme aus störenden Abhängigkeiten befreien und ihrerseits andere Systeme oder die Gesellschaft als Ganze von sich abhängig machen.

– Entgegen der idealisierenden Annahme, der Markt sei die zentrale Instanz, über die Individuen oder das gesellschaftliche Kollektiv ihre Einflüsse geltend machen könnten, haben große technische Systeme viele Wege gefunden, den Markt zu umgehen bzw. ihre Kontrolle auf jene Märkte auszudehnen, die für ihre Aktivitäten von Bedeutung sind. Insbesondere Galbraith hat darauf hingewiesen, dass Marktmechanismen zunehmend durch Planungselemente ersetzt würden. Vieles von dem, was große Kapitalgesellschaften (wie Galbraith sie nennt) oder große technische Systeme (wie Winner sie nennt) unter Planung verstehen, besteht in der Minimierung oder Auflösung von Markteinflüssen.

– Große technische Systeme sind nicht zuletzt *politische* Machtfaktoren. Sie kontrollieren oder beeinflussen nachhaltig solche politischen Prozesse, deren eigentliche Aufgabe es wäre, die Aktivitäten der Systeme im öffentlichen Interesse zu regulieren oder zu kontrollieren. Winner verweist auf historische Erfahrungen, die von den Eisenbahngesellschaften über die Mineralölkonzerne bis zu den in dieser Hinsicht besonders erfolgreichen öffentlichen Unternehmen reichen – und sich mühelos durch aktuelle Vorgänge anreichern ließen. Sie zeigen, dass die Vorstellung, technische Systeme modernen Zuschnitts würden durch politische Verfahren wirksam gesteuert und kontrolliert, beispielsweise durch ein aus dem Aufeinandertreffen organisierter Interessen sich ergebendes „Gemeinwohl", illusorisch ist.

– Große technische Systeme sind vielfach in der Lage, politische oder gesellschaftliche Unterstützung für Projekte zu organisieren, ohne dass für diese ein unmittelbarer gesellschaftlicher oder politischer Bedarf bestünde. Wenn aber das Projekt von fundamentaler Bedeutung für die Systemerhaltung ist und wenn von einem etwaigen Zusammenbruch des Systems ernste Auswirkungen auf die gesellschaftliche und politische Stabilität zu erwarten wären, dürfte es den politisch Verantwortlichen schwer fallen, ihre Unterstützung zu versagen. Die Systemerhaltung und -expansion wird zu einer „Sachgesetzlichkeit".
– Vielfach befriedigen technische Systeme Bedürfnisse, die von ihnen allererst geweckt wurden. Solche Bedürfnisse sind zwar nicht „falsch", aber sie sind auch nicht „autonom". Wenn die uns bekannten technischen Systeme von einer Gesellschaft mit wahrhaft autonomen Bedürfnissen abhingen, wenn sie gezwungen wären, lediglich auf vorhandene oder sich unabhängig von ihnen entwickelnde Bedürfnisse zu reagieren, würde die Welt vermutlich anders aussehen: Die Zahl der Systeme wäre kleiner, ihre Strukturen wären weniger hoch entwickelt. Die massenhafte Artikulation wahrhaft autonomer Bedürfnisse wäre unter den gegenwärtigen Bedingungen der erste Schritt zum Kollaps des Systems. Hoch entwickelte Gesellschaften im Allgemeinen und technische Systeme im Besonderen sind daher gezwungen, Bedürfnisse zu wecken, zu steuern, zu manipulieren. Mit hohem Aufwand und unter Einsatz der zahlreichen Human- und Sozialtechniken (Werbung, Propaganda, Promotion, Produktdesign, Manipulation etc.) nutzen große technische Systeme die heute gegebenen, historisch einmaligen Möglichkeiten der gezielten Beeinflussung menschlicher Bedürfnisse und tragen dafür Sorge, dass die richtigen Bedürfnisse und Wünsche zur rechten Zeit in annähernd vorherbestimmter Quantität auftreten.
– Wenn der Expansions- bzw. Wachstumsprozess eines technischen Systems stockt oder gar rückläufig ist, wenn sich das Bedürfnis nach Produkten oder Dienstleistungen des Systems verringert, wenn die Legitimität seines Wachstums langsam erodiert, wenn die gesellschaftliche und politische Unterstützung nachlässt, kann das System künstlich eine Krise erzeugen. Es tut dies zum Beispiel dadurch, dass es wichtige Informationen über seine interne Struktur oder sein Umfeld zurückhält, manipuliert oder nur selektiv weitergibt. Gerade den Faktor Manipulation sollte man nicht unterschätzen, wie der Enron-Skandal und ähnliche Vorkommnisse in jüngster Zeit gezeigt haben. Ansonsten gehören zu den häufig Anwendung

findenden Verfahren: die künstliche Schaffung von Engpässen oder die Prognose zukünftig zu erwartender Engpässe (etwa im Bereich der Energieversorgung) oder die Drohung bzw. die Erzeugung von Bedrohungsvorstellungen (z. B. durch militärische Verteidigungssysteme oder Sicherheitsapparate).

– Eine der wichtigsten und ständig an Bedeutung zunehmenden Legitimationen für die Expansion großer technischer Systeme – ein Faktor, auf den Winner nicht eingeht – ist der Erhalt oder die Rückgewinnung internationaler Konkurrenzfähigkeit. Gerade auf diesem Gebiet ist im Zeitalter der Globalisierung eine besonders große Nähe zwischen großen Unternehmen bzw. Systemen und den jeweiligen Regierungen zu beobachten. Der Erfolg des Wettbewerbsstaats (und damit auch, nicht zu vergessen, die Chancen seiner Regierung, wieder gewählt zu werden) hängen eng mit dem Erfolg derjenigen großen Systeme zusammen, die im Zuständigkeitsbereich des jeweiligen Staates ihren Stammsitz haben oder dort zumindest verankert sind. Und der Druck auf den Staat ist enorm, weil global agierende Akteure jederzeit ihre „Exit-Optionen" nutzen können, also Produktionen verlagern, Investitionen zurückfahren oder bei Investitionsvorhaben Staaten gegeneinander ausspielen und die bestmöglichen Bedingungen aushandeln können. Insoweit ist das Spannungsverhältnis zwischen zunehmend grenzüberschreitenden ökonomischen und technischen Prozessen auf der einen Seite und einer weiterhin in Staaten aufgeteilten politischen Welt auf der anderen Seite ein dynamisierender Faktor, ein beachtlicher Impulsgeber für eine weitere Beschleunigung des Wettlaufs, für eine ungebrochene Orientierung an wirtschaftlichem Wachstum und technischem Fortschritt.

Vor dem skizzierten Hintergrund kann man zwar sagen, dass große Konzerne oder technische Systeme in der Lage sind, einen enormen Druck auf Staaten zu entfalten, dass sie jedoch auch unter Globalisierungsbedingungen auf sie angewiesen bleiben (wie auch umgekehrt). Sie bleiben ihrem alten Partner, wie Charles Derber schreibt, rechtlich verbunden, obwohl sie eine Menge neuer Partner heiraten (Derber 2003, S. 79). Sofern eine Entkopplung oder, um im Bild zu bleiben, eine Scheidung von einem Partner stattfindet, bezieht sie sich weniger auf den Staat bzw. die Regierung als auf seine Bevölkerung bzw. die „Nation". Die großen Unternehmen bzw. Systeme vereinnahmen zwar inzwischen sämtliche Aspekte des gesellschaftlichen Lebens, doch sie entziehen sich zunehmend der Verantwortung für die jeweiligen Gesellschaften. Sie sind „entnationalisiert", denken und handeln global, haben sich einseitig „emanzipiert". Es ist zwar keineswegs so, dass global agierende Unternehmen bzw. Systeme die Rahmenbedingungen, die sie in vergleichsweise starken und entwickelten Staaten vorfinden (etwa in arbeitsrechtlicher Hinsicht, in Bezug auf gewerkschaftliche Organisation, auf Qualifikationsniveaus, Infrastrukturen etc.) nicht länger schätzten – im Gegenteil –, doch auf der anderen Seite ist unverkennbar, dass sie in ihren Aktivitäten in schwachen und weniger entwickelten Staaten ganz andere Maßstäbe anlegen.

Wenngleich viele ihrer Aktivitäten für unterentwickelte Länder auch von unverkennbarem Vorteil waren und sind, und wenngleich sich einige Unternehmen um einen Verhaltenskodex bemühen, sind viele ihrer Praktiken nicht zu Unrecht zu einer Hauptzielscheibe der Globalisierungskritiker geworden. Das entscheidende Problem, so Derber, besteht denn auch „nicht in der Abkopplung an sich, sondern im Fehlen globaler Rechenschaftspflicht und weltweiter Gegenmacht, die Missbrauch verhindern und Kontrolle und Balance in der Weltwirtschaft sicherstellen könnten" (Derber 2003, S. 81).

c) Internationale Finanzinstitutionen und die Welthandelsorganisation

Ebenfalls nicht zu Unrecht ins Fadenkreuz der Globalisierungskritiker geraten sind die Welthandelsorganisation (WTO) und die internationalen Finanzinstitutionen, also primär der Internationale Währungsfonds (IWF) und die Weltbank (vgl. zum Folgenden auch die Übersicht bei Müller 2002).

Betrachtet man in einer historischen Perspektive die Jahrzehnte vor dem Ersten Weltkrieg als eine frühe Phase der Globalisierung, dann muss man die Epoche der Weltkriege als Rückschlag einstufen, in der bereits erreichte Liberalisierungen wieder zunichte gemacht wurden. Als das Ende des Zweiten Weltkriegs absehbar war und man an die Neuorganisation der Weltordnung ging, versuchte man, aus den Katastrophen der ersten Hälfte des 20. Jahrhunderts Lehren zu ziehen. In der Gründung der UNO beispielsweise wurden die betrüblichen Erfahrungen mit ihrer Vorläuferorganisation, dem Völkerbund, produktiv verarbeitet. Von kaum weniger großer Bedeutung war die Konferenz in Bretton Woods (1944), auf der jene Organisationen gegründet wurden, die heute im Zentrum der Globalisierungskritik stehen: der IWF, die Weltbank sowie die kurzlebige „International Trade Organization" (ITO), die 1948 durch das „General Agreement on Tariffs and Trade" (GATT) ersetzt wurde, das seinerseits 1995 in der WTO aufging. Die Bretton Woods-Institutionen wurden durch Kooperationsverträge ins System der UNO eingegliedert. Die Institutionen sollten gewährleisten, dass sich Verirrungen der Vergangenheit, also insbesondere eine nationale Autarkiepolitik und „Abwertungswettläufe", die nicht zuletzt in der Großen Depression Ende der 20er, Anfang der 30er Jahre kulminierten, nicht wiederholten. Hierzu war eine entsprechende Koordination der Handels- und Währungsbeziehungen unabdingbar. Die Integration der Bretton Woods-Institutionen ins UNO-System machte zugleich den Willen deutlich, wirtschafts- und finanzpolitische nicht von allgemein-politischen oder sozialen Fragen zu trennen. Der Ansatz, der verfolgt wurde, speiste sich vielmehr aus der Erkenntnis, dass politische Freiheit, soziale Gerechtigkeit, Friedenssicherung, offene Handelsbeziehungen und wirtschaftliche Stabilität als Einheit gedacht werden mussten. Jedenfalls standen die Bretton Woods-Institutionen in ihren Anfängen nicht in Widerspruch zu den in der UNO-Charta deklarierten Menschen- und Sozialrechtsprinzipien. Trotz einiger Orientierungswechsel, die nicht zuletzt den Polarisierungen des Ost-West-Konflikts zuzuschreiben waren, blieb diese Grundlinie auch in den 50er und 60er Jahren maßgeblich.

Ungeachtet solch positiver Ansätze waren die Bretton Woods-Institutionen von Beginn an nicht egalitär organisiert. Sie wurden und werden bis heute entweder von den Beiträgen ihrer Mitgliedstaaten finanziert, wobei die Stimmenzahl und der Einfluss eines Landes sich an der Höhe der von ihm zur Verfügung gestellten Summe bemessen, oder ihre Politik basiert zwar, wie im Fall der WTO, formal auf Konsens- oder Mehrheitsentscheidungen, widerspiegelt aber faktisch die Machtverhältnisse in der globalen Ökonomie. Ein ähnlicher „Geburtsfehler" haftet dem UNO-System an, dessen Sicherheitsrat von den großen Mächten und ihrem Veto-Recht geprägt wird.

Die weitere Entwicklung aller Bretton Woods-Institutionen ist vor allem dadurch gekennzeichnet, dass sie sich im Laufe der Zeit immer neue Aufgabengebiete einverleibten, die zum Zeitpunkt ihrer Gründung noch nicht auf ihrer Agenda standen und eigentlich im Zuständigkeitsbereich anderer UNO-Organisationen lagen. Des Weiteren entfernte sich der von ihnen verfolgte Kurs vornehmlich seit den 80er Jahren zusehends von den anfangs respektierten Ansprüchen politischer oder sozialer Art und lief auf eine ökonomistische Einseitigkeit hinaus, die nur an neo-liberalen Dogmen orientiert war. Diese Dogmen wurden im so genannten „Washingtoner Konsens" die quasi-verbindliche Leitlinie ihres Handelns. Ihre Ausrichtung wurde maßgeblich von den führenden westlichen Ländern, insbesondere den USA, bestimmt und gegenüber vielen Ländern der „Dritten Welt" mit außerordentlicher Entschiedenheit und Härte durchgesetzt. Die Legitimität dieser Vorgehensweise stand und steht für viele Kritiker ebenso in Zweifel wie ihre Erfolgsaussichten. Im Übrigen war und ist sie nicht allein an neo-liberalen Dogmen orientiert, sondern immer auch Ausdruck strategischer Interessen der USA und der EU-Länder, die vielfach dafür sorgten, dass politisches Wohlverhalten in ihrem Sinne mit Krediten oder sonstigen Vergünstigungen belohnt wurde, die eigentlich im Widerspruch zu den Maximen der Bretton Woods-Institutionen standen. „Doppelte Standards" sind auch insofern immer wieder an der Tagesordnung, als viele mächtige Staaten es bis heute verstehen, ihre eigenen Volkswirtschaften manch harten Regularien zu entziehen oder Handelsliberalisierung als Einbahnstraße zu sehen, die vornehmlich dazu dient, Märkte im Süden zu öffnen, den eigenen Märkten jedoch eine allzu offene Konkurrenz mit Produkten des Südens (etwa im Bereich von Agrar- oder Textilprodukten) möglichst zu ersparen.

Seit Ende der 60er Jahre, verstärkt dann in den 70er Jahren, ist eine sich beschleunigende Integration der Weltwirtschaft zu beobachten, insbesondere eine deutliche Beschleunigung der internationalen Kapitalströme. Die erheblichen Investitionen, die in dieser Zeit von den industrialisierten Ländern in der „Dritten Welt" getätigt wurden, nicht zuletzt auch die Kredite, die man den Ländern des Südens gewährte, brachten den unterentwickelten Ländern erhebliche Wachstumsschübe. Auf der anderen Seite führte dieses Vorgehen jedoch auch zu manifesten Abhängigkeiten: Die unterentwickelten Länder waren zunehmend auf Bareinnahmen aus dem Export eigener Waren angewiesen, um Kredite zu tilgen, litten jedoch unter Ungerechtigkeiten im globalen Handel, hatten mit steigenden Zinssätzen und Inflation zu kämpfen und gerieten in der Folge immer stärker in eine „Schuldenfalle". Von einer „Falle" kann man deshalb sprechen, weil keine realistische Aussicht bestand, die Verschuldung in einem angemessenen Zeitraum abzubauen; vielmehr drohte sie sich zu einer dauerhaften Insolvenz auszuwachsen, zu einer strukturellen Abhängigkeit, die auch auf längere Sicht die Entwicklungsaussichten verdunkeln oder gänzlich zunichte machen musste. Die selbstverschuldeten Missstände in vielen dieser Länder – Verschwendung, Misswirtschaft, Inkompetenz und Korruption sowie die schamlose Bereicherung der herrschenden Eliten auf Kosten ihrer Völker – taten ein Übriges.

Mit der zunehmenden Orientierung der entwickelten Länder an neo-liberalen Konzepten begann jene Entwicklung, die schon seit längerem von Kräften aus der „Dritten Welt", seit einigen Jahren aber auch vehement von Globalisierungskritikern aus dem Norden und Westen beklagt wird. Die entwickelten Länder verstärkten ihre Anstrengungen, mit neo-liberalen Konzepten Auswege aus der Schuldenfalle zu finden, die Stagnation zu überwinden und nachhaltige Wachstumsprozesse in Gang zu setzen. Sie taten dies, indem sie neue, langfristig angelegte Kredite zu niedrigen Zinssätzen gewährten oder Umschuldungen vornahmen, verknüpften diese jedoch mit beträchtlichen Auflagen, mehr noch, sie nutzen die Abhängigkeit vieler hoch verschuldeter Länder als Hebel, um ihre neo-liberal durchtränkten Konzepte regelrecht zu diktieren. Die oktroyierten Maßnahmen (unter dem Stichwort „strukturelle Anpassung") waren nicht nur weit reichend und tief greifend, sie wurden auch schnell und umfassend („Schocktherapie") durchgesetzt.

Analog zu diesen Bemühungen ist die Politik des GATT und später der WTO zu sehen, die letztlich auf eine möglichst vollständige und weltweite Deregulierung, Tarifsenkung und Liberalisierung hinausläuft. Betroffen hiervon sind nicht allein der Handel mit Gütern sowie die Finanzströme, sondern auch

– der Handel mit Dienstleistungen, geregelt im „General Agreement on Tariffs in Services" (GATS)
– die Urheberrechte, geregelt im „Trade-Related Intellectual Property Agreement" (TRIPS)
– oder die ausländischen Direktinvestitionen, geregelt im zwar aufgeschobenen, aber nicht aufgehobenen „Multilateral Agreement on Investment" (MAI).

Zu beachten ist in diesem Zusammenhang, dass derartige Abkommen nicht allein im Rahmen der WTO verhandelt werden, sondern auch viele bilaterale Regelungen und die immer zahlreicher werdenden Freihandelszonen gleichfalls deregulierenden und liberalisierenden Zielsetzungen verpflichtet sind.

Im Vergleich zu ihrer Vorläuferorganisation ist die WTO mit einer außerordentlichen Duchsetzungsmacht ausgestattet. Einerseits neigt sie dazu, ihre konkreten Ziele aus einem ökonomisch verengten Blickwinkel anzugehen, sie also als „Waren" zu definieren (auch wenn es sich um Gesundheit, Bildung, Kultur, Medien, Information o. Ä. handelt), zum anderen dehnt sie ihren Zugriffsbereich ständig aus. Dies hat sie mit dem IWF gemeinsam, der sich längst nicht mehr allein um sein originäres Aufgabengebiet, die Währungsbeziehungen,

c) Internationale Finanzinstitutionen ...

kümmert. Insofern ist auch bei diesen Institutionen – wie schon bei den transnationalen Konzernen, die ja gleichfalls dem Bereich der „Ökonomie" zugerechnet werden, – zu beobachten, dass sie nicht nur die ökonomische Dimension, sondern auch die anderen Teilprozesse von Globalisierung prägen. Denn ein ökonomisch verengter Blickwinkel bringt es notwendig mit sich, dass andere Gesichtspunkte, etwa soziale oder ökologische, weitgehend außen vor bleiben. Im Zuge ihrer Expansion ist es IWF und WTO zudem gelungen, andere UNO-Organisationen, die eben jenen Gesichtspunkten oder den Anliegen der „Dritte Welt"-Länder weit größere Beachtung schenken, etwa die an früherer Stelle bereits erwähnte UNCTAD, die „International Labor Organization" (ILO) oder das „United Nations Environment Programme" (UNEP), an den Rand zu drängen.

Die Kritik an den Aktivitäten von IWF und WTO, aber auch der Weltbank (deren Politik freilich im Allgemeinen differenzierter und selbstkritischer ist, obwohl auch sie lange Zeit den Washingtoner Konsens mitgetragen hat), kommt, wie schon erwähnt, nicht nur aus der „Dritten Welt"; sie kommt in neuerer Zeit auch aus den Organisationen selbst, vor allem aber kommt sie von den globalisierungskritischen Bewegungen, die sich insbesondere gegen die einseitige neo-liberale Prägung der Globalisierung wenden. Sie beargwöhnen nicht nur die dünne Legitimationsbasis, auf der die von der „Ersten Welt" und insbesondere den USA gesteuerten Institutionen ihre Aktivitäten entfalten, sondern sie stellen auch die Effektivität ihrer Programme in Frage. So können sie mit Recht darauf verweisen, dass die Zielsetzungen, die mit der neo-liberalen Offensive im Allgemeinen und mit der Politik der strukturellen Anpassung im Besonderen verfolgt wurden, nicht oder nur bedingt erreicht werden konnten. Jedenfalls lässt sich kaum behaupten, dass diese Politik zu einer verstärkten Integration der betroffenen Länder in den Welthandel, zu nennenswerten Wachstumsschüben, zu einem Abbau der horrenden Verschuldung oder zu einer Verringerung von Armut und Hunger geführt hätten. Und auch in den entwickelten Ländern selbst ist die Globalisierungseuphorie erst einmal verflogen, ringt man doch vielerorts mit strukturellen Problemen, Krisen und Destabilisierungen.

Gegenwärtig ist durchaus eine gewisse Öffnung von WTO, IWF und Weltbank gegenüber der globalisierungskritischen Bewegung zu beobachten, auch ist – zumal im Kontext der Weltbank – eine Tendenz erkennbar, die reine neo-liberale Lehre durch einen auch andere Gesichtspunkte berücksichtigenden „Post-Washington Konsens" zu korrigieren. Trotz der in den kommenden Jahren zu erwartenden

Akzentverschiebungen bleibt offen, wie weit diese Bemühungen tatsächlich führen werden, ob die Organisationen sich als lernfähig oder reformierbar erweisen werden und eine konstruktivere, positivgestaltende Rolle im Globalisierungsprozess werden spielen können.

Auch wenn ich in meiner bisherigen Untersuchung einen starken Akzent auf die Eigendynamik von Globalisierungsprozessen gelegt habe, ist doch unverkennbar, dass die Politik der WTO und der internationalen Finanzinstitutionen keineswegs bloß Sachgesetzlichkeiten folgt. Zum einen spielen Machtinteressen und -egoismen eine zentrale Rolle, zum anderen waren die in den letzten beiden Jahrzehnten verfolgten Programme mit einem gehörigen Schuss Ideologie versetzt. Ähnlich wie die oben analysierten „Wettbewerbsstaaten", deuten auch die Betreiber dieser Programme Globalisierung in einseitiger und eindimensionaler Weise, sind somit nicht in der Lage, der Komplexität und Widersprüchlichkeit des realen Geschehens gerecht zu werden. In vielerlei Hinsicht *folgen* sie nicht Sachgesetzlichkeiten, sondern *verletzen* sie. Dies kann auf Dauer nur dazu führen (und hat teilweise auch schon dazu geführt), dass eine Politik dieser Art scheitert, dass Korrekturen vorgenommen werden und Rückzugsgefechte stattfinden, die mit mehr Weitsicht und der Bereitschaft, Probleme in ihrer ganzen Komplexität zur Kenntnis zu nehmen, vermeidbar gewesen wären.

d) Globalisierungskritiker

Dass all dies inzwischen vielen Menschen deutlich geworden ist, liegt nicht nur in der Natur der Sache, sondern ist auch den zahlreichen globalisierungskritischen Organisationen zuzuschreiben, die durch ihre Aktivitäten die problematischen Aspekte der Globalisierung einer breiteren Öffentlichkeit bewusst gemacht haben. Auf die Ziele der Globalisierungskritiker und ihre vermutlich überzogene Einschätzung der verfügbaren Handlungsspielräume werde ich im abschließenden Kapitel näher eingehen. An dieser Stelle soll lediglich versucht werden, die derzeit maßgeblichen Richtungen und einige der wichtigsten Organisationen kurz vorzustellen und das historisch Neuartige an dieser Bewegung herauszuarbeiten. Dabei orientiere ich mich an der derzeit besten deutschsprachigen Darstellung der globalisierungskritischen Bewegung. Ihr Autor Claus Leggewie unterscheidet fünf unterschiedlich motivierte Strömungen der Globalisierungskritik (Leggewie 2003):

d) Globalisierungskritiker

Zum einen erwähnt Leggewie den im rechten Spektrum angesiedelten Versuch, Globalisierung aufzuhalten oder zurückzudrängen. Abschottungen dieser Art richten sich gegen als bedrohlich empfundene Einflüsse „von außen", ob sie nun aus dem sich verschärfenden ökonomischen Konkurrenzdruck herrühren oder aus der zunehmenden Multikulturalisierung von Gesellschaften und der damit verbundenen Auflösung vermeintlich reiner Identitäten.

Von dieser Linie sind die „eigentlichen" Globalisierungskritiker zu unterscheiden, die – soweit solche Kategorien heutzutage überhaupt noch greifen – überwiegend im linken Spektrum zu Hause sind. Sie setzen, wie beispielsweise ihre bekannteste Organisation Attac, auf den medienwirksamen Protest auf der Straße, belassen es aber nicht bei bloßem Protest, sondern tragen ihre Alternativen vor. Das Weltsozialforum im brasilianischen Porto Alegre, einst als „Gegenveranstaltung" zum Weltwirtschaftsforum im schweizerischen Davos konzipiert, hat diesem im Hinblick auf mediale Aufmerksamkeit inzwischen den Rang abgelaufen. Teil dieser Bewegung sind jedoch auch viele der so genannten Nichtregierungsorganisationen (NROs), wie Amnesty International, Greenpeace, Oxfam, Transparency International u. a., die im Einzelnen unterschiedliche Aktionsformen bevorzugen, deren Anliegen es jedoch nicht zuletzt ist, mit ihrem Expertenwissen bei den politischen Entscheidungsträgern Gehör zu finden oder als Verhandlungspartner akzeptiert zu werden.

Des Weiteren unterscheidet Leggewie die „Insider-Kritik". Sie kommt aus dem Innern etwa der Weltbank oder des IWF, teilweise von Mitarbeitern der mittleren Ebene, teilweise aber auch von prominenten Führungskräften, wie zum Beispiel dem früheren Chef-Ökonomen der Weltbank, Joseph Stiglitz (Stiglitz 2002). Sie kommt außerdem von veritablen Finanzkapitalisten, wie George Soros. Bei diesen Einzelpersonen handelt es sich selbstverständlich um keine Bewegung, sondern um einzelne Stimmen, die freilich von den Bewegungen dankbar und als Bestätigung ihrer Kritik aufgenommen werden, die darüber hinaus aber auch Irritationen im Lager der engagierten Befürworter einer neo-liberal geprägten Globalisierung auszulösen vermögen.

Als vierte Strömung macht Leggewie eine linksintellektuelle Globalisierungskritik aus; sie erinnert an die neo-marxistische Gesellschaftskritik der 60er und 70er Jahre und richtet nun, geläutert durch das „Ende des Kommunismus", ihre analytische Kraft auf die Globalisierung. Ihre Renaissance ist für viele ein überraschender Vorgang, glaubte man doch nach der Wende der Jahre 1989/90, dass marxistisch orientierte Denkströmungen auf alle Zeiten diskreditiert seien.

Schließlich beobachtet Leggewie eine religiöse, vor allem aus dem Katholizismus stammende Kritik an der Globalisierung. Sie steht in einer teils sozialreformerischen, teils pazifistischen Tradition; in ihrer entschiedenen Opposition gegen den „Raubtier-Kapitalismus" (ein von Helmut Schmidt geprägter Begriff) und der Ablehnung des Krieges als Mittel der Politik weist sie in Teilbereichen unverkennbare Gemeinsamkeiten mit der Kernströmung der Globalisierungskritik auf und wirkt bis tief hinein in bürgerliche Milieus.

Wenn von Globalisierungskritikern die Rede ist, dann sind meist die Organisationen gemeint, die Leggewie im zweiten Punkt aufführt, also die Nichtregierungsorganisationen und die global orientierten sozialen Bewegungen. Letztere knüpfen in vielerlei Hinsicht an die sozialen Bewegungen der 70er und 80er Jahre an, also insbesondere die Ökologie- und Friedensbewegung. Im Unterschied zu diesen, die sich in der Regel auf *ein* großes Thema konzentrierten, greift die globalisierungskritische Bewegung thematisch immer weiter aus und beschäftigt sich – wenn auch arbeitsteilig – mit nahezu allen wichtigen Aspekten von Globalisierung (und also mit allen wichtigen Aspekten der gegenwärtigen Welt). Was sie des Weiteren von ihren Vorläufern unterscheidet, ist ihre transnationale, globale Ausrichtung und Vernetzung. Dies wiederum hat sie im Prinzip mit der klassischen Arbeiterbewegung gemeinsam, wenngleich sich deren Schlachtruf „Proletarier aller Länder, vereinigt euch" spätestens zu dem Zeitpunkt, als es zur wirklichen Schlacht, dem Ersten Weltkrieg, kam, als Chimäre erwies. Anders auch als die klassische Arbeiterbewegung ist die globalisierungskritische Bewegung außerordentlich heterogen, vermeidet sie allzu große „Theorielastigkeit" und ist eher praxisbezogen und pragmatisch orientiert. Dies ist ihre Stärke, aber auch ihre Schwäche. Oftmals wirkt sie diffus, ist auch im Hinblick auf die intellektuelle Durchdringung der Globalisierung weniger beeindruckend als es die führenden Arbeiterparteien vor dem Ersten Weltkrieg im Hinblick auf die intellektuelle Durchdringung des industriellen Kapitalismus waren. Umso emphatischer nehmen sie für sich in Anspruch, „Menschheitsinteressen" zu vertreten oder das „Weltgewissen" zu repräsentieren. Doch dieser Anspruch steht in einem Missverhältnis zu ihrer inneren Verfassung und zu ihrer Kontrollierbarkeit von außen. Sie leiden unverkennbar, wie Leggewie moniert, an einem Defizit an innerorganisatorischer Demokratie. Insbesondere die NROs sind wenig transparent, auch ihre Geschäftspraktiken sind für die Öffentlichkeit

d) Globalisierungskritiker

kaum durchschaubar. So nehmen sie zwar in Anspruch, globale Anliegen aufzugreifen und im Interesse vieler oder aller zu sprechen, doch letztlich sprechen sie nur für sich selbst. Dies kann die Legitimität ihres Handelns auf Dauer gefährden. Andererseits erzeugen sie einen erheblichen Druck und tragen, obwohl sie selbst ein Demokratiedefizit aufweisen, zur Demokratisierung bei, indem sie die abgeschlossenen Machtzirkel der Globalisierung, also etwa die im vorangegangenen Abschnitt diskutierten Finanzinstitutionen, die WTO oder auch die G7-Gipfel, herausfordern und weit stärker begründungs- und rechenschaftspflichtig machen, als dies ohne ihre Existenz und ihr Engagement der Fall wäre.

8. Globalisierung und Demokratie

Demokratie und Staat sind entwicklungsgeschichtlich eng verkoppelt. So liegt die Überlegung nahe, dass der in Kapitel 7 skizzierte politische Substanzverlust des Staates westlicher Prägung insbesondere auf Kosten hergebrachter demokratischer Prozesse gehen könnte. Zwar wird mit dem Staat, wenngleich in erster Linie in Gestalt eines vergleichsweise „entpolitisierten" Wettbewerbsstaates, auch in Zukunft zu rechnen sein. Doch die Demokratie könnte, als Folge von Globalisierung und mit ihr einhergehender Prozesse, auf Dauer zu einem bloß formalen, praktisch weitgehend folgenlosen Verfahren verkümmern – mit möglicherweise einschneidenden Konsequenzen für die (national-)staatliche demokratische Legitimität.

Nun haftete den am Ideal einer wörtlich verstandenen Volksherrschaft (oder doch zumindest an einer starken Partizipation) orientierten Demokratiekonzeptionen schon seit längerem der Makel der Praxis-Untauglichkeit an; allein die Größe und der Komplexitätsgrad moderner politischer Systeme sorgten dafür, dass eine solcherart gedachte „authentische Demokratie" kaum Realisierungschancen hatte (Sartori 1992). Im Zeichen der Globalisierung geraten nun allerdings selbst die weniger anspruchsvollen Demokratiemodelle unter Druck (vgl. stellvertretend für die entsprechende demokratietheoretische Debatte Höffe 2002, Held 1995).

Die Staaten sind – zumindest soweit sie als „Wettbewerbsstaaten" agieren – an der Entstehung dieser Demokratie gefährdenden Konstellation selbstverständlich wesentlich beteiligt und tragen gegenwärtig zu deren weiterer Verschärfung bei (vgl. zum Folgenden ausführlicher Teusch/Kahl 2001 und die dort verarbeitete Literatur). So reduzieren sie, um nur ein Beispiel aus dem Arsenal von Wettbewerbsstaaten in Erinnerung zu rufen, vielfach Leistungen und soziale Sicherheiten, um angesichts nahezu globaler Standortkonkurrenz den Faktor Arbeit zu verbilligen. Mit einer solchen Politik setzen sie sich jedoch verstärkt einem Dilemma aus: Während nämlich auf der einen Seite der gesellschaftliche Bedarf an staatlichen Leistungen zur Abfederung von Globalisierungsfolgen steigt, sehen sich Staaten auf der anderen Seite (z. B. im Hinblick auf das Steueraufkommen, die Finanzierbarkeit sozialer Sicherungssysteme etc.) wesentlicher Mittel

8. Globalisierung und Demokratie

beraubt, diese Leistungen zu erbringen. In der Folge wird es für sie immer schwieriger, die Grundlagen ihrer demokratischen Legitimation zu sichern.

Setzt sich dieser Trend fort, dann wird sich Regierungshandeln in „Wettbewerbsstaaten" – vermeintlichen oder tatsächlichen Sachgesetzlichkeiten der Globalisierung folgend – mehr und mehr auf die Funktion eines Transmissionsriemens zwischen einer globalisierten Ökonomie und dem jeweiligen (national-)staatlichen Segment dieser Ökonomie verengen. Zumindest auf längere Sicht lässt sich dann nicht ausschließen, dass die solcherart agierenden demokratischen Regierungen von den betroffenen Bevölkerungen primär als ohnmächtige Opfer oder als willfährige Agenten mächtiger, oft anonymer Globalisierungskräfte wahrgenommen werden und nicht (mehr) als Sachwalter ihrer eigenen Interessen.

Wenngleich sich einige demokratische Staaten ein höheres Maß an politischer Autonomie als andere bewahrt haben, drohen sie doch allesamt auf eine Situation zuzutreiben, in der es für sie immer schwieriger wird, ihre Bürger oder innerstaatliche soziale Akteure ausreichend gegen die oftmals krisenhaften Auswirkungen von Entscheidungen, die jenseits ihrer Grenzen getroffen werden, zu schützen. In der Folge droht neben einem ernsten Legitimitätsverlust auch die demokratische Bürgerbeteiligung ausgehöhlt zu werden. Bei den Betroffenen, handelte es sich um einzelne Bürger oder politische Gemeinschaften, könnte sich ein Gefühl der Machtlosigkeit einstellen. Die Demokratie, nicht zuletzt in Gestalt des Wahlvorgangs, könnte zu einem „lediglich symbolischen Akt" (Strange 1997, S. 197) degenerieren. Wenn im „Wettbewerbsstaat" keine wirklichen politischen Alternativen mehr möglich sind, wird die Diskrepanz zwischen dem Recht auf Partizipation auf der einen und den tatsächlichen Einflussmöglichkeiten auf der anderen Seite immer größer – mit dem Ergebnis einer sich ausbreitenden „politischen Frustration" (Cerny 1990, S. 243).

Wenngleich all dies sicherlich nicht geradewegs zu einer Gefährdung konsolidierter westlicher Demokratien führen wird, sollten mahnende Stimmen nicht überhört werden, die für das Zeitalter der Globalisierung eine bedrohliche Destabilisierung von Demokratien oder sogar das Heraufziehen eines „autoritären Jahrhunderts" (Ralf Dahrendorf) nicht ausschließen. Eine als Folge von Globalisierungsprozessen überstrapazierte politische Problemlösungsfähigkeit demokratischer Systeme könnte auf längere Sicht zu einer nachlassenden Unterstützung von demokratischen Institutionen führen und insbesondere freiheitsfeindlichen oder radikalen Akteuren Auftrieb geben – solchen Akteuren also, die scheinbar einfache Wege und Auswege anbieten und damit nicht zuletzt bei denjenigen gesellschaftlichen Gruppen Anklang finden, die sich von demokratisch gewählten Regierungen nicht mehr vertreten fühlen.

Der einzig Erfolg versprechende Weg, der den Staaten bleibt, um die negativen Folgen von Globalisierung zu mildern oder zu bekämpfen, besteht in der intensiven Kooperation mit anderen, ähnlich gesinnten Staaten. Demokratische Staaten sind für eine solche Kooperation prädestiniert, haben entsprechende Netze auch schon geknüpft und ihre Fähigkeit, Probleme zu lösen, durchaus unter Beweis gestellt. Doch auch noch so beachtliche Kooperationserfolge können das „demokratische Dilemma" der Globalisierung nicht lösen; sie verschieben es lediglich auf eine andere Ebene. Denn Kooperationserfolge sind meist nur die eine Seite der Medaille. Deren Kehrseite besteht darin, dass im Zuge von Kooperationsprozessen, also immer dann, wenn Entscheidungen auf *über*-staatliche Ebenen verlagert werden, mit Verlusten an demokratischer Teilhabe und Legitimität gerechnet werden muss. Durch Kooperation gewinnen Staaten zwar insofern an Handlungsfreiheit (und damit auch an Legitimität), als grenzüberschreitende Probleme *überhaupt* einer Lösung näher gebracht werden können (im Fachjargon als „Output-Legitimität" bezeichnet); sie verlieren jedoch auch an Handlungsfreiheit (und „Input-Legitimität"), insofern weit reichende Entscheidungen, die die Lebensverhältnisse vieler Menschen innerhalb von Staaten tangieren, nun immer weniger autonom auf innerstaatlicher Ebene getroffen, sondern in komplizierte zwischenstaatliche Verhandlungsprozesse integriert werden. Je intensiver die Kooperation ist, desto ausgeprägter ist im Allgemeinen auch das Spannungsverhältnis zwischen einer Legitimität, die sich aus Entscheidungseffektivität herleitet, und einer Legitimität, die sich aus der Einhaltung demokratischer Verfahrensweisen ergibt. Besonders brisant sind diese Vorgänge dann, wenn Entscheidungs- und Handlungskompetenzen im Rahmen von Kooperationsvereinbarungen oder der Errichtung internationaler Institutionen (etwa den im vorangegangenen Kapitel beleuchteten Finanzinstitutionen oder der WTO) gänzlich auf eine höhere Ebene verlagert werden und so tendenziell der nationalen öffentlichen Meinungs- und Willensbildung sowie parlamentarischer Einflussmöglichkeit und Kontrolle entzogen werden. Im Übrigen können Regierungen durch Kooperation auf internationaler Ebene auch ganz bewusst versuchen, innergesellschaftliche Partizipationsforderungen abzuweisen oder zurückzudrängen.

8. Globalisierung und Demokratie

Wie auch immer die überstaatliche Kooperation ausgerichtet sein mag – sie läuft stets Gefahr, demokratische Legitimation zu opfern. Internationale Kooperation bzw. „Multilateralisierung", insbesondere ihre Ausweitung über den jetzigen Stand hinaus, bringt politisches Handeln mithin auf eine Ebene, die nicht *ohne weiteres* demokratisch zu vermitteln ist. Wenn die Entscheidungen, die auf dieser Ebene getroffen werden, von den Bürgern nur minimal kontrolliert und zudem immer weniger mit deren Lebensentwürfen in Übereinstimmung gebracht werden können, droht sie deren politische Folgebereitschaft ernsthaft in Frage zu stellen.

Es lassen sich demzufolge zwei gleichzeitig ablaufende Prozesse erkennen, durch die die Legitimitätsgrundlagen demokratischer Politik zerrieben werden könnten: Zum einen haben wir es mit einer durch den globalisierungsbedingten Autonomieverlust des Staates bewirkten zunehmenden Beschränkung der *politischen* Handlungsfähigkeit demokratisch gewählter *Regierungen* zu tun. Zum anderen ist eine durch die Notwendigkeit der zwischenstaatlichen Kooperation bedingte Verminderung der Autonomie *gesellschaftlicher Willensbildung* zu beobachten, durch die das Band zwischen Regierenden und Regierten zu zerreißen droht.

9. Zwischenstaatliche Kriege, neue Kriege und Konflikte, globaler Terrorismus

Im Folgenden werde ich am Beispiel der Entwicklung zwischenstaatlicher Kriege, anderen Kriegs- und Konfliktformen sowie des Terrorismus veranschaulichen, wie die bislang vorgetragene Globalisierungsanalyse auf konkrete Probleme angewendet werden kann. In diesem Zusammenhang wird sich zeigen, dass alle genannten Phänomene in einen Zusammenhang mit Globalisierungsprozessen gebracht werden können, mehr noch: dass diese Phänomene zu einem erheblichen Grad unter Bezugnahme auf Globalisierungsprozesse erklärbar sind. Insbesondere wird sich zeigen, dass ein *dialektisches* Verständnis von Globalisierung in der Lage ist, sowohl die integrativen Momente (also einen Rückgang des Kriegs- und Konfliktgeschehens) als auch die fragmentierenden Momente (also die Entstehung und Zunahme neuer Konflikte und Konflikttypen) zu erfassen. Da der hier entwickelte Globalisierungsbegriff zudem über eine historische Dimension verfügt, werde ich in meiner Darstellung zunächst an die Erörterungen des Kapitels 7 anknüpfen. Dort hatte ich mich mit der Imperialismus-Analyse Karl Kautskys beschäftigt und war in diesem Zusammenhang auch kurz auf die Frage eingegangen, welche Folgen er von der imperialistischen Expansion im Hinblick auf die Frage von Frieden und Krieg erwartete. Diese Betrachtung werde ich zunächst ein wenig vertiefen und danach auf aktuelle Entwicklungen zu sprechen kommen.

Unter Gesichtspunkten von Krieg und Frieden war der *Imperialismus* aus Kautskys Sicht nicht nur deshalb bedenklich, weil militärische Gewalt im Kolonisierungsprozess eingesetzt wurde, sondern auch, weil der Konkurrenzkampf der imperialistischen Mächte ein *Wettrüsten* in Gang setzte, das nach seiner Überzeugung eine der wesentlichen Voraussetzungen eines Weltkrieges werden konnte und, wie er später feststellte, auch tatsächlich geworden ist. Zu beachten ist: Kautsky spricht von *Voraussetzungen*, nicht *Ursachen*. Der Erste Weltkrieg hatte für ihn nur sehr indirekt etwas mit dem Imperialismus zu tun, schon gar nicht handelte es sich um einen „imperialistischen Krieg". Jedenfalls gewann angesichts dieser Analyse der Kampf für

Frieden und Abrüstung den höchsten Stellenwert. Wesentlich dabei ist: Frieden und Abrüstung erschienen Kautsky auch unter *kapitalistischen* Verhältnissen möglich und notwendig. Die Gründe für diese Auffassung ergaben sich aus seiner Imperialismustheorie und wurden bereits dargestellt.

Ebenfalls schon dargestellt hatte ich die drei Prognosen Kautskys zur Zukunft des Imperialismus bzw. zur post-imperialistischen Phase: Zum einen die (eingetroffene) Prognose, dass ein weiterer großer Krieg dem Ersten Weltkrieg folgen könne. Des Weiteren die (eher von Wunschdenken geleitete) Prognose, dass die Welt zu einem allseitigen Freihandel und zu umfassender Freizügigkeit (zurück-)finden werde; sie ist nicht eingetroffen – oder nicht so, wie es Kautskys Vorstellungen entsprochen hätte, denn das, was Kautsky unter „Freihandel" verstand, hat nur wenig mit dem zu tun, was in der liberalisierten Weltwirtschaft heutzutage tatsächlich stattfindet. Bleibt die dritte Prognose, die der Entstehung eines „Ultraimperialismus". Kurz zur Erinnerung:

Unter dem Schlagwort „Ultraimperialismus" hatte Kautsky schon im Jahr 1914 darüber spekuliert, dass die durch die Erfahrungen des Krieges geläuterten Monopolkapitale und die ihnen verbundenen Staaten einen neuen Weg einschlagen und eine friedliche Aufteilung und gemeinsame Ausbeutung der Welt in die Wege leiten könnten. Unter dem Gesichtspunkt von *Krieg und Frieden* bot die Konstellation des Ultraimperialismus erhebliche Chancen. Da der Ultraimperialismus eine Verständigung unter den führenden imperialistischen Mächten voraussetzte bzw. mit sich brächte, könnte er, so Kautskys Vermutung, zu einer substanziellen Abrüstung, ja zu einem auf Dauer gestellten Friedenszustand führen.

Wer in dem an Kriegen und Kriegstoten so reichen 20. Jahrhundert Theorien aufstellte über die wirksame Zurückdrängung oder gar Abschaffung des Krieges, hatte einen schweren Stand. Inzwischen aber hat sich die Situation grundlegend verändert. Man kann heute feststellen, dass sich ganz offenkundig – über viele Um- und Irrwege und manche Katastrophe hinweg – schlussendlich doch eine Tendenz durchzusetzen scheint, die in mancherlei Hinsicht auf eine *friedlichere* Welt hindeutet. Insbesondere die Zahl zwischenstaatlicher Kriege ist rückläufig, so rückläufig, dass wir heute den niedrigsten Stand seit dem Zweiten Weltkrieg erreicht haben. Der klassische zwischenstaatliche Krieg, so Herfried Münkler, ist ein „historisches Auslaufmodell" (Münkler 2002), er ist eher ein Phänomen der Vergangenheit als der Gegenwart. Und wenn die Ursachenanalyse für diese Entwicklung zutrifft, dann wird sich der positive Trend wahrscheinlich auch in Zukunft erhalten. Selbstverständlich gibt es auch andere Kriegsformen – man denke an die aktuelle Diskussion über „neue Kriege" –, auf die ich weiter unten zurückkommen werde. Doch auch hier ist das Bild keineswegs so niederschmetternd, wie es vielfach gezeichnet wird. Was man in diesem Zusammenhang *auf jeden Fall* festhalten kann: Die um 1990 herum verbreitete Prognose, die Zahl der Kriege und Konflikte werde infolge des Endes des Ost-West-Konfliktes zunehmen, ist eindeutig *nicht* eingetroffen.

Was nun die Ursachen für den Rückgang der *zwischenstaatlichen* Kriege angeht, so werden in der wissenschaftlichen Diskussion insbesondere folgende Erklärungsfaktoren angeführt:

1. Kosten-Nutzen-Kalküle in Gestalt der sich verbreitenden Einsicht, dass Kriege sich nicht mehr lohnen, dass sie kontraproduktiv werden und nur Verlierer hinterlassen,
2. Lernprozesse aufgrund gemachter Kriegserfahrungen,
3. wachsende Interdependenzen, also wechselseitige Abhängigkeiten, insbesondere auf wirtschaftlichem Gebiet sowie schließlich
4. Demokratisierungsprozesse.

Genau diese vier Faktoren, die in einem direkten oder indirekten Zusammenhang mit Globalisierungsprozessen stehen bzw. durch diese in ihrer Wirksamkeit verstärkt werden, sind es, denen auch *Kautsky* die zentrale Rolle zugeschrieben hatte. Selbst die Demokratisierung als friedensförderlicher Faktor wird von ihm ausdrücklich und in mehrfacher Hinsicht erwähnt. Zum einen findet sich bereits bei Kautsky explizit die heute lebhaft diskutierte und empirisch in beeindruckender Weise untermauerte These, dass Demokratien in der Regel keine Kriege gegeneinander führen, des Weiteren die These, dass Demokratien generell eine kompromissbereitere, friedensbetontere Außenpolitik betreiben als andere politische Systeme und schließlich die These, dass sie eine konstruktivere Rolle in internationalen Organisationen spielen.

Ein wesentliches Verdienst Kautskys in der Diskussion über Krieg und Frieden besteht nicht zuletzt darin, dass er mit seiner These, Frieden und Kapitalismus seien keineswegs unvereinbar, auch unter kapitalistischen Bedingungen sei der Kampf gegen den Krieg, der Kampf für Abrüstung und Völkerverständigung aussichtsreich, die von ihm repräsentierte sozialistische Strömung gegenüber bürgerlich-pazifistischen oder liberal-internationalistischen Strömungen geöffnet hat. Von Seiten Letzterer hat es vergleichbare Analysen gegeben – man denke nur an die zahlreichen britischen Autoren der Zwischen-

9. Zwischenstaatliche Kriege, ...

kriegszeit, wie Norman Angell, Leonard Woolf, J.A. Hobson u.v.a., deren Schriften Kautsky, anglophil wie er war, sicherlich kannte. Viele Autoren dieser oft als „idealistisch" apostrophierten (und belächelten) Denkrichtung werden gegenwärtig wieder ausgegraben, nachdem sie lange Zeit im Zuge der Dominanz „realistischer" Erklärungsmuster verschüttet waren.

Wenn Kautskys Konzept des „Ultraimperialismus" in neuerer Zeit aufgegriffen und aktualisiert wurde, dann meist als die Vision einer globalen, technokratischen, von Top-Managern weltumspannender Konzerne gesteuerten, stabilen, weitgehend krisenfesten Entwicklung. In solchen Aktualisierungen wird freilich die an früherer Stelle schon betonte *dialektische* Komponente in Kautskys Entwurf geflissentlich übersehen. Bzieht man diese Dialektik ein, dann weist der Ultraimperialismus eine frappierende Ähnlichkeit mit der heutigen Globalisierung auf. Der Ultraimperialismus, so hatte Kautsky gesagt, mochte zwar Fortschritte, vielleicht sogar den Durchbruch im Hinblick auf die Frage nach Krieg und Frieden bringen, er werde jedoch *andere*, *neue* Missstände erzeugen, vielleicht sogar *schlimmere* als die überwundenen, Gefahren, die ebenso energisch bekämpft werden müssten wie ehedem die des Imperialismus.

Wechseln wir in die Gegenwart und fragen uns: Welche Missstände oder Konfliktformen könnten dies sein?

In den vergangenen Jahren hat sich, popularisiert durch Autoren wie Martin van Creveld, Herfried Münkler, Mary Kaldor und anderen, der Begriff der „neuen Kriege" eingebürgert – und mit ihm die Vorstellung, nach dem Ende des Ost-West-Konflikts hätten sich im Kriegsgeschehen qualitative Wandlungen vollzogen und zur Herausbildung eines neuen, an Bedeutung stetig zunehmenden und bislang nicht bekannten Kriegstyps geführt.

Seine Anwälte grenzen das Konzept der „neuen Kriege" insbesondere gegenüber dem klassischen zwischenstaatlichen Krieg souveräner Staaten ab. So lautet eine Kernthese des Militärhistorikers van Creveld, dass der seit Mitte des 17. Jahrhunderts dominierende „trinitarische Krieg" (auf der Unterscheidung von Staat, Volk und Armee beruhend) seinem Ende entgegengehe. Dieser habe zwar schon durch die beiden Weltkriege und schließlich durch die Möglichkeit eines Atomkriegs an Relevanz eingebüßt, werde nun jedoch durch die insbesondere aus Regionen der „Dritten Welt" bekannten „Konflikte geringer Intensität" verdrängt (Creveld 1998).

Ähnlich argumentiert Herfried Münkler (Münkler 2002): An die Stelle der Staaten, die einst das Monopol der Kriegsführung hätten beanspruchen können, seien parastaatliche, teilweise auch private Akteure getreten: lokale Warlords, Guerillagruppen, Söldnerfirmen, Terrornetzwerke. Sie führten – oft mit äußerster Brutalität – Kriege im Innern von Staaten, teilweise auch über die Grenzen von Staaten hinweg. Leidtragende dieser Auseinandersetzungen seien die jeweiligen Zivilbevölkerungen, weniger die eigentlichen Kriegsgegner; diese gingen sich wechselseitig eher aus dem Weg und wichen einer Entscheidungsschlacht aus.

Während für den klassischen Staatenkrieg eine völkerrechtlich geregelte „Einhegung" der Kampfhandlungen erreicht werden konnte, bedeuten die „neuen Kriege" nach Lesart ihrer Analytiker insoweit einen Rückfall, als sie durch eine unregulierte und ungehemmte Anwendung von Gewalt gekennzeichnet sind. Die Kriege seien von langer Dauer, hätten oft weder einen zeitlich klar bestimmbaren Beginn noch kämen sie zu einem wirklichen Ende; sie ermatteten zeitweise, flackerten aber immer wieder auf und nähmen an Intensität zu, um sodann abermals an Kraft zu verlieren. Für alle Beteiligten, insbesondere für die privatwirtschaftlich organisierten Kriegsunternehmer, sei der Krieg zur Erwerbsquelle und Lebensform geworden. Es bildeten sich regelrechte „Gewaltmärkte" heraus, die im Zeitalter der Globalisierung zudem und in durchaus krimineller Weise weltwirtschaftlich vernetzt seien. Da die „neuen Kriege" kommerzialisiert seien und die Kriegsökonomie das Schwungrad der sich selbst reproduzierenden Konflikte bilde, gestalteten sich Friedensprozesse äußerst schwierig und seien von den unmittelbar am Krieg Beteiligten im Grunde nicht erwünscht.

Was die strukturellen Ursachen bzw. die historische Genese der „neuen Kriege" angeht, so verweist Münkler darauf, dass sich die Kriege an den Rändern und Bruchstellen derjenigen Imperien entwickelt hätten, die bis zu Beginn des 20. Jahrhunderts die Welt beherrscht und unter sich aufgeteilt hatten, oder in den Gebieten stattfänden, die bis nach dem Zweiten Weltkrieg von den europäischen Kolonialmächten beherrscht worden waren. Es handelt sich dabei zumeist um jene Weltteile, in denen „prämoderne" Staaten zu finden sind, also „Staatlichkeit" nur gering ausgeprägt oder sogar kollabiert ist.

Als Beschreibung des gegenwärtigen Kriegsgeschehens wirken die Ausführungen Münklers durchaus einleuchtend. Innerstaatliche Kriege wie die im Kongo, in Liberia, in Ruanda, Burundi oder Angola scheinen in dieses Muster zu passen. Und in der Tat ist unbestreitbar, dass sich im Kriegsgeschehen der letzten Jahre neuartige Züge beobachten lassen. So berechtigt es einerseits zweifelsohne ist, auf diese Aspekte hinzuweisen, so problematisch ist es andererseits jedoch, wenn durchaus zutreffende Einzelbeobachtungen voreilig und unzulässig verallgemeinert und zu einem „neuen Phänomen" verdichtet werden (vgl. zum Folgenden Kahl/Teusch 2003/04).

So wird in vielen Analysen zu den „neuen Kriegen" – bewusst oder unbewusst – dem Eindruck Vorschub geleistet, die innerstaatlichen Kriege hätten die zwischenstaatlichen Kriege *ersetzt* oder *verdrängt* und seien zudem nach dem Ende des Ost-West-Konflikts quantitativ stark angestiegen und breiteten sich auch gegenwärtig weiter aus.

Nun hatte ich bereits festgehalten, dass zwischenstaatliche Kriege in der Tat immer seltener stattfinden. Ebenso unbestreitbar ist die Zahl innerstaatlicher Kriege nach 1945 deutlich angestiegen (allerdings sind auch die Staaten zahlreicher geworden und mit ihnen die Möglichkeiten, innerstaatliche Kriege zu führen). Eine Kausalbeziehung zwischen dem starken Rückgang der zwischenstaatlichen und dem verstärkten Auftreten anderer Kriegstypen lässt sich jedoch nicht ohne weiteres herstellen. Nicht-zwischenstaatliche Kriegstypen gibt es bereits seit langem und in großer Zahl. Es handelt sich dabei zum einen um die Kolonisations- und Dekolonisationskriege, die in den 70er Jahren zu einem Ende gekommen sind, zum anderen um die „innerstaatlichen Kriege": dies sind Kriege, die zwischen Gruppen innerhalb des Territoriums eines anerkannten Staates geführt werden, also etwa Bürgerkriege in Form von Anti-Regimekriegen, Sezessions- bzw. Autonomiekriegen, aber auch Kriege zwischen nicht-staatlichen Gruppen, etwa bestimmte ethno-nationalistische Kriege.

Auch die Behauptung, dass die Zahl nicht-zwischenstaatlicher Kriege ständig ansteige, hält einer Überprüfung nicht stand. Das Kriegsgeschehen ist für die Phase seit 1816, also für einen zusammenhängenden Zeitraum von fast 200 Jahren, statistisch erfasst. Überblickt man diesen Zeitraum, stellt man fest, dass zwischenstaatliche Kriege nur weniger als ein Fünftel aller Kriegsfälle ausmachen; die meisten Kriege waren *seit jeher* nicht-zwischenstaatlicher Natur. Auch bei den Konflikten unterhalb der Kriegsschwelle ist das Verhältnis ähnlich. Was gegenwärtig als „neu" wahrgenommen wird – die Dominanz innerstaatlicher Konflikte – ist demzufolge ein Charakteristikum des gesamten Konfliktgeschehens seit 1816.

Verengt man den Blickwinkel auf die Phase zwischen 1945 und 1990, ergibt sich, dass in diesem Zeitraum (vor allem in der „Dritten Welt") weit über 100 größere bewaffnete Auseinandersetzungen mit mehr als 40 Millionen Toten stattgefunden haben. Das Kernsystem der Abschreckung zwischen den Blöcken war stets umgeben von einer durch Kriege und innerstaatliche Konflikte gekennzeichneten Peripherie. Diese Auseinandersetzungen wurden in der „Ersten Welt" allerdings nur dann (als bedrohlich) wahrgenommen, wenn der jeweilige Gegner während des Ost-West-Konflikts durch sie Vorteile erlangen konnte. Eine Einordnung von Konflikten und Kriegen in der Peripherie nach solchen Kosten-Nutzen-Kalkülen ist heute kaum noch möglich. Auf der anderen Seite erfahren nun selbst kleinere bewaffnete Auseinandersetzungen – einer einleuchtenden „Erklärung" in Kategorien des Ost-West-Konflikts beraubt – weit größere Aufmerksamkeit als zuvor, gelten vielfach als Belege für eine zunehmend aus den Fugen geratende Welt.

Analysiert man schließlich nur die Entwicklung in der Periode nach dem Ende des Ost-West-Konflikts, so ist festzuhalten, dass die Zahl kriegerischer innerstaatlicher Auseinandersetzungen bis etwa 1992 weiter angestiegen ist. Nach diesem Zeitpunkt jedoch – erstaunlicherweise also parallel zur Diskussion über „neue Kriege" – ist ihre Zahl *nicht mehr weiter angestiegen*, sondern sogar *zurückgegangen*. Zwischen 1989 und 2001 haben 115 bewaffnete Konflikte stattgefunden, im Jahr 2001 waren noch 34 Konflikte in 28 Staaten zu verzeichnen. Diese Zahl liegt somit erheblich niedriger als noch zum Ende des Ost-West-Konflikts (47 Konflikte) und ist seit 1995 in etwa stabil geblieben.

Man könnte diese Betrachtung noch in vielfältiger Weise ausdifferenzieren: Welche Konflikttypen man aber auch im Einzelnen unter die Lupe nimmt, auf welche Weltteile man auch immer sein Augenmerk richtet oder welche Statistiken man zu Rate zieht – das Ergebnis bleibt im Kern identisch. Die Zahl nicht-zwischenstaatlicher Kriege oder Konflikte ist seit der ersten Hälfte der 90er Jahre rückläufig oder stagniert. Auch die These, dass die Konflikte nunmehr von längerer Dauer seien als ehedem, lässt sich empirisch nicht belegen. Und selbst eine wachsende „Brutalisierung" und „Entzivilisierung" der Auseinandersetzungen oder ein genereller Anstieg der Opferzahlen wird sich auf der Basis des vorhandenen statistischen Materials oder einer detaillierten historischen Analyse kaum glaubhaft machen lassen.

Mit den vorangegangenen Bemerkungen geht es mir keinesfalls darum, die furchtbaren Kriege und Konflikte, die wir insbesondere in vielen „Dritte Welt"-Ländern beobachten können, zu verharmlosen oder zu „entproblematisieren". Wohl aber bin ich der Überzeugung, dass man gegenüber allzu „alarmistischen" Analysen angeblich „neuer Kriege", wie sie in letzter Zeit gehäuft vorgetragen werden, skeptisch bleiben sollte. Der zentrale Schwachpunkt dieser Studien besteht darin, dass sie die Entstehung eines neuen, unkontrollierten und womöglich unkontrollierbaren Phänomens suggerieren und dieses Phänomen negativ absetzen gegenüber den „eingehegten", nach Regeln ausgetragenen zwischenstaatlichen Kriegen europäischer Mächte des 19. Jahrhunderts. Würden sie stattdessen nicht lediglich die aktuellen nicht-zwischenstaatlichen Kriege und Konflikte analysieren, sondern sich einem historischen Blickwinkel öffnen, also diese Konflikttypen über längere Zeiträume betrachten, kämen sie notwendig auch zu wesentlich differenzierteren Ergebnissen. Und auch ihr Bild des regelgeleiteten europäischen Krieges bekäme Risse, denn dieselben europäischen Mächte, die unter ihresgleichen durchaus Regeln beachteten, agierten weit weniger zivilisiert, wenn sie sich im Rahmen ihrer Kolonialkriege mit „minderwertigen" Völkern auseinandersetzten. Der wesentliche Punkt ist jedoch ein anderer: Viele Autoren, die die vermeintlich „neuen Kriege" ins grelle Licht rücken, verbinden ihre Analyse mit einer außerordenlichen Skepsis, ja einem Pessimismus in Bezug auf die Chancen einer globalen Friedenspolitik, zumal sie nicht selten, wie etwa Martin van Creveld, das „Übergreifen" derartiger Konflikte auf die entwickelten Zentren dieser Welt prognostizieren. Partiell spielen sie damit sogar Militärplanern in die Hände, die mit Verweis auf derartige Möglichkeiten globale militärische Eingriffsstrategien befürworten und legitimieren.

Wenngleich es also nicht gerechtfertigt ist, die „neuen Kriege" als „neu" zu bezeichnen (im Sinne eines „neuen Phänomens" oder „neuartigen Kriegstyps"), so weisen viele der aktuellen Kriege doch einzelne neue Aspekte auf. Es ist insbesondere die These von der „Ökonomisierung" innerstaatlicher (oder, wenn sie grenzüberschreitend stattfinden: transnationaler) Gewaltkonflikte, die hier von Interesse ist und die sich, wie wir sehen werden, durchaus in einen Zusammenhang mit Globalisierungsprozessen bringen lässt. Allerdings sollte man sich auch im Hinblick auf die Ökonomisierung davor hüten, nunmehr alle Konflikte über diesen Kamm zu scheren, also überall dort, wo man als Europäer oder Amerikaner nicht so recht versteht, worum es in einem Konflikt in einem „Dritte Welt"-Land überhaupt geht, den Kämpfern kurzerhand ökonomische Profitmotive zu unterstellen und zu sagen, sie betrieben Krieg als reines Geschäft oder Unternehmen mit dem Ziel, sich persönlich zu bereichern.

So lassen sich in vielen innerstaatlichen Konflikten ökonomische von anderen Beweggründen nur schwer unterscheiden; oft sind die Grenzen fließend, so dass es kaum akzeptabel ist, den ökonomischen

Aspekt einseitig in den Vordergrund zu rücken. Wer Bürgerkriege umstandslos durch das Streben nach individueller Bereicherung motiviert sieht, unterschlägt die in vielen Fällen durchaus maßgeblichen politischen oder sonstigen Beweggründe der Beteiligten. Gewiss kann eine ökonomische Analyse von Kriegsursachen dazu beitragen, die Logik einiger der zurzeit geführten Bürgerkriege einschließlich ihrer Ursachen nachzuvollziehen. Sie enthält, wie Michael Ehrke schreibt, wichtige Hinweise auf die Logik „degenerierter" Bürgerkriege, in denen keine der Konfliktparteien eine Lösung finden kann oder will, und sie macht deutlich, dass Bürgerkriegsparteien ökonomische Interessen am Krieg bzw. an der dauerhaften Fortsetzung bewaffneter Auseinandersetzungen haben können.

„Sie bietet aber nicht das Instrumentarium, das es erlaubte, generelle Aussagen über die ökonomische Dimension von Bürgerkriegen abzugeben. Darüber hinaus enthält die generalisierende Reduktion des Rebellenmotivs auf 'Gier' die Gefahr einer systematischen Delegitimierung sozialer Auseinandersetzungen, die in einem Umfeld mit hohem Gewaltniveau geführt werden. Ist das Motiv der Landlosen-Bewegung in Brasilien, die den defensiven oder offensiven Einsatz von Gewalt unter den gegebenen Bedingungen nicht ausschließen kann, bloße Gier" (Ehrke 2002, S. 151)?

Dort freilich, wo ökonomische Motive tatsächlich ausschlaggebend sind, ist der Bezug zur vernetzten Welt der Globalisierung kaum zu leugnen. Der Zugang zu den Märkten für kostengünstiges militärisches Gerät ist leichter geworden, die Kriegsparteien spekulieren von vornherein auf humanitäre Hilfslieferungen in die Krisen- und Kriegsgebiete, aus denen sie sich zur eigenen Versorgung bedienen, sie knüpfen kriminelle Handelsnetzwerke, über die sie ihre Kriegsbeute zu Geld machen und damit abermals neue Waffen beschaffen etc. Im Laufe der lange andauernden gewaltsamen innerstaatlichen Auseinandersetzungen informalisieren sich ökonomische Prozesse. Die unterentwickelten Bürgerkriegsökonomien können insbesondere dann, wenn eine direkte Unterstützung aus dem Ausland fehlt, nur aufgrund von Raub, Plünderungen, Erpressungen, Geiselnahmen, Repressalien, Schutzgeld-Erpressung, Schmuggel (illegaler Waffen und Drogen) oder Geldwäsche überleben. Ein anderer Weg ist die verbesserte Effizienz der Ressourcennutzung, etwa über eine forcierte Globalisierung der lokalen Wirtschaft. Insbesondere der Fortfall der externen Unterstützung nach dem Ende des Ost-West-Konflikts bereitet den bewaffneten Bewegungen erhebliche materielle Probleme, die sich zugleich als ökonomische Zwänge geltend machen. Da zudem im Bürgerkrieg das staatliche Gewaltmonopol außer Kraft gesetzt ist, sind Märkte in Bürgerkriegsökonomien ungeschützt und stellen die Akteure vor andere Probleme und Optionen als staatlich geschützte Märkte; dies hat eine Verwischung von Kriegsführung, illegalem Erwerbsstreben und „organisierter" Kriminalität zur Folge (vgl. Ehrke 2002, S. 138 f.).

Doch auch in anderer Hinsicht sind Globalisierungsprozesse von Bedeutung. Globalisierung, so hatte ich festgestellt, führe generell zu einem Verlust an politischer Autonomie von Staaten; in den entwickelten Ländern ist dieser Autonomieverlust zumindest teilweise durch die Bereitschaft zu zwischen- oder überstaatlicher Kooperation aufgefangen worden. Ein solch „ausgleichender" Effekt ist jedoch in den Entwicklungs- und Transformationsländern ausgeblieben. „Damit haben sich spezifische Konfliktformen etabliert, die [...] mit Begriffen wie 'Bürgerkrieg', 'innerer Krieg' oder 'innerstaatlicher Krieg' nur unzureichend erfasst werden, da der Staat in vielen Fällen nicht mehr der Bezugspunkt der Auseinandersetzungen ist" (Ehrke 2002, S. 160). In Anlehnung an einen Vorschlag von Mark Duffield entwickelt Ehrke daher das Konzept des „post-nationalstaatlichen Konflikts", der mit Globalisierungsprozessen in einem unmittelbaren Zusammenhang steht.

„Post-nationalstaatliche Konflikte liegen vor, wenn die Akteure nicht mehr daran interessiert sind, ihre Macht über die staatliche Bürokratie zu sichern und es nicht mehr für notwendig oder realistisch halten, ihre Bereicherungsstrategien im Rahmen nationalstaatlicher Legalität zu verfolgen. Die wirtschaftliche Globalisierung hat trans- und subnationalen Akteuren eine Vielzahl von Gelegenheiten verschafft, sich unter Umgehung staatlicher Kontrollinstanzen direkt mit den globalen Märkten zu 'vernetzen'" (ebd.).

Eine Beziehung zwischen dem Kriegs- bzw. Konfliktgeschehen in „Dritte Welt"-Ländern und Globalisierungsprozessen besteht nicht zuletzt insofern, als manche Konfliktursachen sich historisch weit zurückverfolgen lassen: nämlich bis in die koloniale Vergangenheit der betroffenen Staaten und somit in eine frühere Globalisierungsphase. Als die ehemaligen Kolonien ihre Unabhängigkeit erlangt hatten, ist es ihnen oftmals nicht gelungen, Modernisierungs- oder „Aufhol"- Prozesse erfolgreich zu gestalten, Bemühungen um Staats- und Nationbildung sind vielfach gescheitert. Die Ausrichtung der aktuellen Globalisierung ist wenig geeignet, hieran etwas zu ändern. Vielmehr verstärkt sie negative Trends und könnte auf Dauer zur Konfliktverschärfung oder zur Entstehung neuer Konflikte beitragen. Insoweit kann aus dem Umstand, dass das Konfliktgeschehen gegenwärtig stagniert oder sogar rückläufig ist, keinesfalls abgeleitet werden, dass dies auch in Zukunft so bleiben wird (vgl. zum Folgenden Teusch/Kahl 2001).

Insbesondere in Afrika und Asien hat sich immer wieder gezeigt, wie eine nicht gelingende gesellschaftliche Integration, wie desintegrierende, fragmentierende Momente konfliktauslösend und -verschärfend wirken können. Zwar ist auch in vielen Gesellschaften der „Dritten Welt" eine Homogenisierung durch die Globalisierung von Märkten und Kommunikation unübersehbar (wie im Übrigen auch – zumindest temporäre – Demokratisierungen stattgefunden haben). Gerade die mit der Globalisierung einhergehende Homogenisierung verschiedener nationaler Kulturen und die Herausbildung neuer „globaler" Identitätsmuster hat aber in schwächer legitimierten Staaten auch ein chauvinistisch, ethnisch, fundamental-religiös oder sonst wie begründetes Verlangen nach Identität verstärkt oder möglicherweise erst hervorgerufen. Dieses Verlangen dürfte zunehmen, je bedrohlicher die „Relativierung von Grenzen" von den betroffenen Bevölkerungen im Hinblick auf ihre „kollektive Identität" empfunden wird. Da solche Identitäten nicht gesellschaftlich integrierend wirken, sondern vielfach auf der bewusst vorgenommenen Ausschließung bestimmter Gruppen gründen, provozieren sie nicht selten gewaltsame Auseinandersetzungen. Während in einer intakten Gemeinschaft lebende Gruppen sich in der Regel wechselseitig tolerieren und bereit sind, einer gemeinsamen Regierung Gefolgschaft zu leisten, kommt es beim Fehlschlagen von Gemeinschafts-Bildungen häufig zu gewaltsamen internen Auseinandersetzungen, wenn nicht gar zum gänzlichen Scheitern von Staaten.

Versucht man, einen allgemeinen Trend zu kennzeichnen, so lässt sich sagen, dass im Zuge der Globalisierung auf der einen Seite zwar Kooperations- und Integrationsprozesse fortschreiten, dass globale Institutionen und Normen konformitätsfördernd und konfliktvermindernd *zwischen* Staaten wirken, auf der anderen Seite dagegen eine ganze Reihe von „legitimationsschwachen" Staaten nicht (mehr) in der Lage ist, Ordnungsstrukturen so weit aufrechtzuerhalten, dass innerstaatliche Gewaltausbrüche vermieden werden können. Eine derartige Gewaltneigung wird durch das Zusammentreffen mit ökonomischen Problemlagen offensichtlich noch wesentlich verstärkt. Zwar kann Globalisierung auch neue Marktchancen bringen, sie bedeutet aber gerade für schwache Staaten, dass sie den Auswirkungen ökonomischer Interdependenz nahezu schutzlos ausgeliefert sind – mit all ihren gesellschaftlichen Konsequenzen.

Wenn die dialektischen Momente der Globalisierung in schwachen Staaten der „Dritten Welt" konfliktverschärfend wirken, könnten sie dies auf Dauer auch in den entwickelten Ländern tun? Die entwickelten Staaten, die „Zentren der Globalisierung", sind in der Regel stabile Demokratien. Demokratien führen keine Kriege gegeneinander, sondern lösen ihre Konflikte auf andere, friedliche Weise. (Dies ist ein empirisch in beeindruckender Weise erhärtetes Forschungsergebnis der Politikwissenschaft.) Daran wird sich unter den Bedingungen der Globalisierung vermutlich auch wenig ändern – im Gegenteil: Eher ist damit zu rechnen, dass die Kooperationsbemühungen zwischen demokratischen Staaten zunehmen werden. Dies wird jedoch, wie an früherer Stelle schon dargelegt (Kapitel 8), notwendig auf Kosten demokratischer Partizipation gehen. Die führenden Demokratien werden sich also – bis zu einem gewissen Grad jedenfalls – „entdemokratisieren", vermutlich jedoch nicht so weit, dass die Mechanismen, die für die friedliche Konfliktaustragung unter Demokratien verantwortlich sind, außer Kraft gesetzt werden. Allerdings können mit der Entdemokratisierung und den Zumutungen, die sich im Zuge fortschreitender Globalisierung für viele Menschen in demokratischen Staaten ergeben werden, Konflikte auf anderer Ebene herausbilden. So ist durchaus vorstellbar, dass durch die fragmentierenden und entsolidarisierenden Konsequenzen der Globalisierung gravierende Legitimationsprobleme entstehen. Diese könnten dazu führen, dass Interessenkonflikte nicht mehr konsensual innerhalb eines durch demokratische Verfahrensweisen gesetzten Rahmens gelöst werden, sondern es zu dauerhaften, das politische System destabilisierenden Konflikten „von unten", nämlich von Seiten der – aus Entscheidungsprozessen ausgeschlossenen oder in diesen Prozessen nur unzureichend repräsentierten – „Globalisierungsverlierer", kommt.

Vor diesem Hintergrund müsste für die Globalisierungsforschung die Frage von herausragender Bedeutung sein, warum Demokratien sich dekonsolidieren (bis hin zum Rückfall in autoritäre Strukturen), oder die umgekehrte Frage, was Demokratien Stabilität und Dauerhaftigkeit verleiht. Insbesondere wäre der Frage nachzugehen, ob und inwiefern ein durch Globalisierung bedingter fortschreitender Legitimationsentzug und Vertrauensverlust auch in den hochintegrierten westlichen Gesellschaften die demokratische Substanz auf lange Sicht gefährden, zu Desintegration, möglicherweise zu „illiberalen" Demokratien und – im schlimmsten Falle – zu autoritären Rückschlägen führen könnte (Zakaria 2003).

Eine der Unwägbarkeiten bei der Beantwortung dieser Fragen liegt darin, dass es sich bei Globalisierungsprozessen, wie erläutert, um „gerichtete Prozesse" handelt, also Kausalitäten nicht eindeutig auszumachen und Verantwortlichkeiten nicht zweifelsfrei zuzuordnen sind. Dieser Umstand könnte bei den von Globalisierung negativ Betroffenen als Folge einer von ihnen empfundenen „politischen Ohnmacht" durchaus zu einer Dämpfung ihres Konfliktpotentials und Protestverhaltens beitragen. Ebenso vorstellbar ist aber auch ein Umschlagen in einen diffusen Aktionismus, der charakterisiert wäre durch wechselnde Zielgruppen des Protests, wechselnde Akteure bzw. Akteurskoalitionen, wechselnde Protestmotive und -themen, wechselnde Protestformen etc. Denkbar ist ebenfalls, dass sich benachteiligte oder benachteiligt fühlende Gruppen verstärkt staatenübergreifend solidarisieren, so dass national geprägte Konfliktlinien weiter verschwimmen.

Sollte es zur Herausbildung dauerhafter und intensiver Konfliktlinien „jenseits des Staates" kommen, werden diese maßgeblich von der Frage bestimmt sein, wie sich Gewinne und Kosten aus Globalisierungsprozessen konkret verteilen und auf welche spezifischen gesellschaftlichen Konstellationen sie treffen. Grundsätzlich muss man wohl davon ausgehen, dass aus der Konfrontation mit den Folgen von Globalisierung (insbesondere in den Bereichen Ökonomie, Ökologie und kulturelle Nivellierung) immer wieder mehr oder weniger stark ausgeprägte Gegenbewegungen entstehen werden. Sie werden umso heftiger sein, je deutlicher die mit der Globalisierung verbundenen Problemlagen für einzelne Gruppen oder sogar ganze Gesellschaften fühlbar werden.

Oft wird behauptet, die „neuen Kriege" in der „Dritten Welt" seien für die Länder des Nordens bzw. Westens ein Menetekel. Sie könnten in den „Konflikten geringer Intensität" ihre eigene Zukunft erkennen. Von diesen Konflikten, so Martin van Creveld, gehe eine hohe Infektionsgefahr aus, sie würden in absehbarer Zeit auf Europa und Amerika „überspringen" oder hätten dies bereits getan. Im Rahmen dieser Argumentationslinie werden zahlreiche Konflikt- bzw. Gewaltformen in den Metropolen dieser Welt mit „neuen Kriegen" in Zusammenhang gebracht. Insbesondere der Terrorismus, wie er sich in verheerender Weise am 11. September 2001 in New York und Washington manifestierte, spielt dabei eine zentrale Rolle, gilt vielfach als Beleg, dass wir uns bereits mitten in dieser düsteren Zukunft befinden. Wenngleich die „Infektions-These" als solche höchst spekulativ und aus gegenwärtiger Sicht wenig glaubhaft erscheint, handelt es sich beim globalen Terrorismus in der Tat um ein Phänomen, das wie kaum ein anderes Ausdruck einer Dialektik der Globalisierung ist und für neue Konfliktformen stehen kann, die sich im Zuge der Globalisierung weiter verstärken dürften.

Was haben die Terrorakte des 11. September mit Globalisierung zu tun? Sie haben insofern etwas mit Globalisierung zu tun, als sie in mehrfacher Hinsicht Ausdruck einer Grenzüberschreitung mit tendenziell globaler Dimension sind: Auch wenn man über die wirklichen Ziele und Motive der Täter nichts Sicheres weiß, deutet doch vieles darauf hin, dass diese sich in einer *globalen* Auseinandersetzung glauben bzw. eine solche herbeizuführen suchen. Und zwar im Sinne der Herausforderung und Demütigung einer *global* agierenden Macht bzw. eines *global* dominierenden Weltteils, dem man – zu Recht oder zu Unrecht – unterstellt, er wolle sein Wertesystem, seine Maßstäbe, seine Orientierungen *global* verbindlich machen. Globalisierung erscheint in diesem Zusammenhang als Synonym für „Amerikanisierung" oder „Verwestlichung". Das terroristische Handeln steht also in einem *globalen Kontext*, das Thema des Anschlags ist ein *globales*, und dieses Thema ist, wenn man so will, die *Weltordnung*.

Der terroristische Akt als solcher sprengt bisher gekannte Dimensionen, überschreitet also auch insofern Grenzen. Die Täter bedienen sich zur Ausführung ihrer Tat wie selbstverständlich und durchaus virtuos jener technischen Mittel, die ihnen im Prozess der Globalisierung bereitgestellt wurden. Auf Verstärkereffekte durch mediale Aufmerksamkeit hat der Terrorismus immer schon gesetzt, in diesem Fall wird der Verstärkereffekt bis zum Äußersten gesteigert: Die Tat wird über *global wirksame* Medien verbreitet – live, fast die ganze Welt schaut zu, *viele* sollen sich *getroffen* fühlen, *alle* sollen sich *betroffen* fühlen. Der Anschlag sollte polarisieren, möglicherweise *global* polarisieren. Die Wirkung wird gesteigert durch die symbolische Qualität des Terrors, durch den Terror-Event, die Inszenierung des Verbrechens. Der Anschlag ist eine Macht-Demonstration gegenüber einer Weltmacht, die sich für unverwundbar hielt.

Die von den Anschlägen Getroffenen haben reagiert, und auch ihre Reaktion ist Ausdruck von Globalisierung: Sie führen zwar keinen *Welt-Krieg*, aber doch einen potenziell *globalisierten* Krieg insofern, als dieser, wenn man ihn mit letzter Konsequenz vorantreibt, letztlich ort- und zeitlos ist. Zeitlos, weil bislang niemand so recht sagen kann, wann er zu einem Ende kommen wird, wann der Terrorismus besiegt sein wird. Ortlos insofern, als er überall dort geführt werden muss, wo sich Terroristennetzwerke befinden oder solche vermutet werden oder wo man die Schutzmächte des Terrors ausmacht. Es ist fraglich, ob diese Anti-Terror-Strategie Erfolg haben wird. Sollte sie keinen Erfolg haben, könnte das Ergebnis in der alten Erkenntnis bestehen, dass Gewalt neue Gewalt gebiert. Wir könnten uns dann auf *globaler* Ebene in einer Situation wieder finden, wie wir sie gegenwärtig im israelisch-palästinensischen Konflikt erleben, einer Kettenreaktion aus Gewalt und Gegengewalt, die ins Unabsehbare davonzulaufen scheint.

Mit der These, die Anschläge seien Ausdruck einer *Dialektik* der Globalisierung, soll keinesfalls behauptet werden, dass die Täter etwa Globalisierungsopfer oder -verlierer seien, die mit ihren Anschlägen einen politischen Protest formulieren wollten. Schon gar nicht begibt sich die These in die Nähe einer zynischen „Sowas kommt von sowas"-Polemik. Wohl aber liegt ihr die Überzeugung zugrunde, dass diese Art von Terrorismus erklärt werden muss und auch erklärt werden kann. Denkverbote sind in diesem Zusammenhang nicht hilfreich. Denkverbote etwa in Gestalt der Behauptung, jeder Versuch, die Ursachen der Anschläge zu erhellen, gerate notwendigerweise auf eine abschüssige Bahn: nämlich von der *Ursachenanalyse* über die *Erklärung* zum *Verständnis* und schließlich zur *Entschuldigung*. Nicht minder abwegig erscheint eine weitere, einem Denkverbot gleichkommende Behauptung, die Behauptung nämlich, die kritische Auseinandersetzung mit amerikanischer oder westlicher Politik, mit ihren Fehlern und Versäumnissen, spiele dem Terrorismus in die Hände.

Wer nach Erklärungen sucht, sollte nicht versuchen, den individuellen Motiven und Zielen von Terroristen auf die Spur zu kommen; vielmehr ist es erforderlich, die strukturellen Ursachen herauszuarbeiten. Und hierbei geht es, genau genommen, weniger um die strukturellen Ursachen des *Terrorismus*; vielmehr hätte eine strukturelle Analyse zu erklären, warum offenbar viele, zu viele Menschen die Anschläge mit offener oder heimlicher Freude, mit Genugtuung, mit Stolz aufgenommen haben. Denn *diese* Haltung bildet den *Kontext* des Terrorismus, ohne den er nicht (oder nicht auf Dauer) lebensfähig ist. Die Erklärung dieser Haltung wird sicherlich eine *multikausale* sein müssen. Denn allein der Umstand, dass man sich etwa im ökonomischen Globalisierungskontext auf der Verliererseite glaubt oder tatsächlich dort steht, genügt nicht, um eine verbreitete terrorismusfreundliche Grunddisposition zu erklären; andere Faktoren – nicht zuletzt kulturelle, religiöse, politische (die freilich in ihrer gegenwärtigen Ausprägung wiederum in einem Zusammenhang mit Globalisierungsphänomenen stehen) – müssen hinzutreten. Wäre es *nicht* so, wäre eine *monokausale* Erklärungsstrategie angemessen, dann, so der Hinweis Michael Walzers, müsste man annehmen, dass die größte terroristische Gefahr aus dem subsaharischen Afrika drohte, weil sich dort die globale Ungleichheit am dramatischsten offenbart und die Mitschuld des Westens an der Produktion und Reproduktion dieser Ungleichheit so deutlich wird wie nirgendwo sonst.

Auch wenn es sich also beim Terrorismus und seiner Unterstützung um komplexe Phänomene handelt: Die Wahrscheinlichkeit ist hoch, dass weniger Menschen applaudiert hätten, wenn es weniger große Disparitäten zwischen Arm und Reich, weniger Zerstörung der Lebensgrundlagen, weniger Perspektiv- und Orientierungslosigkeit, weniger Entwürdigung und Demütigung, weniger Gleichgültigkeit gäbe, stattdessen mehr Konfliktprävention, mehr Dialogbereitschaft, mehr Entwicklungshilfe, wirksamere globale Sozial- und Umweltpolitik. Wer an Sicherheit interessiert ist oder zumindest die Unsicherheit reduzieren bzw. minimieren will, der wird schon aus wohlverstandenem Eigeninteresse um die Anerkennung dieses Zusammenhangs und damit eine politische Neuorientierung nicht herumkommen. Hingegen genügt es nicht, das Phänomen des globalisierten Terrors aus seinem Kontext herauszulösen und zu glauben, es allein mit gezieltem militärischem Zugriff und sicherheitstechnischer Aufrüstung bekämpfen zu können.

Aber: Von vielen Befürwortern und Mitgliedern der „Anti-Terror-Allianz" wird der gerade skizzierte Zusammenhang ja durchaus gesehen; es wird auch eingestanden, dass militärische Maßnahmen alleine nicht ausreichen, vieles andere hinzukommen muss, um die Welt sicherer zu machen; es wird auch konzediert, dass in der Vergangenheit vieles versäumt worden ist, was die Welt hätte sicherer machen können. Mit Einsichten wie diesen wird freilich indirekt auch zugestanden, dass die soeben geforderte vorausschauende, problemorientierte Politik die gegenwärtige Eskalation möglicherweise hätte vermeiden können und vielleicht helfen könnte, eine weitere Eskalation in der Zukunft zu vermeiden. Daraus wiederum folgt, überspitzt gesagt: Vieles von dem, was gegenwärtig scheinbar notwendig ist, ist nur deshalb notwendig geworden, weil man in den Jahren zuvor vieles von dem, was eigentlich notwendig gewesen wäre, versäumt hat. Wer ist nun aber, so muss man fragen, in einer solchen Gemengelage eigentlich der entschlossene Realpolitiker, der weiß, was die Lage erfordert, und wer ist eigentlich der Idealist, der noch nicht in der Realität angekommen ist und sich seinem Wunschdenken hingibt?

Nach den Terroranschlägen, so wurde gesagt, habe sich die Sicherheitslage verändert, sei die Welt unsicherer geworden. Das trifft sicher zu. Eine Feststellung dieser Art verrät freilich auch eine ausgeprägte „Erste-Welt"-Perspektive, denn für den größten Teil der Menschheit hat sich an der Sicherheitslage nichts geändert. Millionen und Abermillionen Menschen leben so unsicher wie eh und je, haben nie wirkliche Sicherheit gekannt, wissen nicht, ob sie den nächsten Tag überleben oder überhaupt erleben werden.

Zwischen den unterschiedlichen Sicherheitslagen auf dieser Welt bestehen subtile Zusammenhänge. Auf Dauer kann nicht der eine Teil der Welt auf Kosten des anderen Sicherheit erlangen; es kann nur gemeinsame Sicherheit geben. Es wäre zu wünschen, dass sich diese Einsicht im Denken und Handeln der westlichen Welt Bahn bräche. Leider steht jedoch zu erwarten, dass man auf dem einmal eingeschlagenen Weg fortschreitet: dem Weg einer sicherheitsfixierten Kultur, die exklusive Sicherheit anstrebt und in ihr System gegen alle nur denkbaren Unsicherheiten, Risiken oder Gefährdungen Sicherungen einbaut – allerdings, wie der Soziologe Hans Freyer schon Mitte der 60er Jahre gezeigt hat: Es handelt sich hierbei im Wesentlichen um *technische* Sicherungen, um eine *technisch* gedachte Sicherheit, eine Sicherheit, die nie vollständig zu erlangen und die zudem nie davor gefeit ist, ins Gegenteil umzuschlagen. Auch eine bescheidene Phantasie, so Freyer süffisant, könne sich da allerhand ausmalen (Freyer 1965). Auch hier also erkennen wir eine Dialektik: Sie wirkt nicht nur im militärischen Bereich, auf den bezogen Erhard Eppler schon Anfang der 80er Jahre das exzessive Sicherheitsdenken als „tödliche Utopie" bezeichnete, sondern im Grunde in allen technisch durchrationalisierten sozialen Handlungsfeldern.

Die Welt, so hatte ich festgestellt, wird friedlicher in dem Sinne, dass u. a. aufgrund zunehmender Interdependenz und Komplexität Kriege seltener werden; aufgrund *derselben* Interdependenz und Komplexität, so muss man jetzt feststellen, wird die Welt aber auch störanfälliger, fragiler, verwundbarer. Diese Verwundbarkeit zeigt sich einerseits gewissermaßen system-*immanent*, beispielsweise in Gestalt der „normalen Katastrophen", wie Charles Perrow sie in den 80er Jahren analysierte (Perrow 1988). Sie manifestiert sich aber auch und möglicherweise zunehmend in „von außen" vorgenommenen absichtsvollen Angriffen auf dieses fragile Konstrukt.

Was folgt aus alledem? Auch wenn die aktuellen Globalisierungsprozesse zwischenstaatliche Kriege weiter zurückdrängen werden und vielleicht sogar – eine entsprechende politische Orientierung vorausgesetzt – dazu beitragen können, das Übel der nicht-zwischenstaatlichen Kriegsvarianten leidlich unter Kontrolle zu halten, so spricht doch auf der anderen Seite wenig dafür, dass sie auf einen anspruchsvoll gedachten Frieden, sagen wir: einen gerechten Frieden in globalem Maßstab, zulaufen werden. Ja, es ist nicht einmal zu erwarten, dass eine halbwegs intakte und stabile globale Ordnung ihr Ergebnis sein wird. Im Gegenteil: Auch wenn es gelingen sollte, kriegerische Gewalt weiter zurückzudrängen, bleiben uns genügend *andere* Bedrohungen, werden genügend Konflikte anderen, neuen Typs entstehen, die uns nicht weniger Sorgen bereiten sollten und vielleicht auf lange Sicht für das menschliche Zusammenleben ebenso bedrohlich werden könnten wie einst die großen Kriege.

10. Sachgesetzlichkeiten, Handlungsspielräume, Alternativen

Kehren wir zu den Ausgangsfragen dieser Untersuchung zurück: Ist Globalisierung unser Schicksal? Gibt es keine Alternative zum Lauf der Dinge? Oder ist eine „andere Welt" möglich?

Nach den vorangegangenen Erörterungen sollte klar sein, dass weder die eine noch die andere Frage mit einem klaren „Ja" oder „Nein" beantwortet werden kann. Einerseits wurde deutlich, dass Globalisierungsprozesse einen hohen Grad an Eigendynamik aufweisen und eine enorme Schubkraft entwickelt haben. In vielfacher Hinsicht dürfte es schwer fallen, Alternativen durchzusetzen oder sich diese auch nur vorzustellen.

Andererseits ist sichtbar geworden, dass in diesem Prozess gegenwärtig Orientierungen dominant sind, die ihn in einseitiger Weise prägen und die seine Komplexität, nicht zuletzt seine dialektischen Momente, nicht genügend in Rechnung stellen. Es lässt sich schwerlich behaupten, dass dies so sein oder auf Dauer so bleiben müsse. Insoweit hat der Slogan von der „anderen Welt", die möglich sei, durchaus seine Berechtigung. Auch in historischer Perspektive hat sich gezeigt, dass manches von dem, was einst „notwendig" und „unabänderlich" erschien, keineswegs „notwendig" und „unabänderlich" war, sondern mit Erfolg korrigiert werden konnte. Doch historische Erfahrungen lehren auch: Je weiter ein Prozess fortschreitet, je dynamischer er wird, je stärker er an Reißkraft gewinnt, desto schwieriger wird es, grundsätzliche Korrekturen oder überhaupt Korrekturen vorzunehmen.

Einzelne Korrekturen am Globalisierungsprozess, wie er sich gegenwärtig darstellt, sind sicher möglich, mehr noch: sie sind dringend erforderlich. Schon die dialektischen Momente der Globalisierung werden vermutlich dafür sorgen, dass sich der gegenwärtige Kurs mit seinen überzogenen neo-liberalen Ausschlägen nicht ungebrochen fortsetzen wird. Die globalisierungskritische Bewegung hat, wenn sie weiter erstarkt, zweifellos gute Chancen, diese Korrekturvorgänge zu beschleunigen. Doch sie sollte sich keinen allzu großen Hoffnungen im Hinblick auf die tatsächlich vorhandenen Gestaltungsmöglichkeiten hingeben. Auch wenn es ihr gelungen ist, die Befürworter der gegenwärtigen Ausprägung von Globalisierung in die Begründungspflicht zu nehmen, ist sie gegenüber dem Prozess als solchem weiter in der Defensive, nicht in der Offensive. Und auch wenn Korrekturen durchgesetzt werden können, bedeutet dies nicht das Ende von Globalisierung, im Gegenteil. In weiten Bereichen ist der Prozess der Globalisierung längst irreversibel, also nicht mehr „rückholbar". So werden wir uns z. B. mit dem Trend zur globalen systemischen Vernetzung der Technik abfinden müssen. Ebenso unleugbar sind globale Problemlagen, etwa das Weltbevölkerungswachstum oder ökologische Gefährdungen, die nur auf globaler Ebene angegangen werden können und damit, obwohl sie eher Krisensymptome von Globalisierung sind, weitere Globalisierung befördern. Die Beispiele ließen sich ohne Mühe vermehren. Sie zeigen, dass – in einem sehr grundsätzlichen und abstrakten Sinn – Globalisierung tatsächlich unser „Schicksal" ist; allerdings ist es nicht notwendigerweise *diese* Art von Globalisierung, die wir als schicksalhaft hinnehmen müssen. Zugespitzt formuliert: Es gibt keine Alternative *zur* Globalisierung, sondern nur einzelne Alternativen *in der* Globalisierung.

Die Vermutung, dass es nur einzelne Alternativen in der Globalisierung gibt, bestätigen im Grunde auch die Globalisierungskritiker, wenn sie versichern, dass sie nicht „gegen Globalisierung an sich" seien, sondern eine „andere Globalisierung" anstrebten. Es kann an dieser Stelle gewiss nicht darum gehen, die Vorschläge und Forderungen der Globalisierungskritiker durchzumustern und im Einzelnen auf ihre Realisierbarkeit zu prüfen, sie als „machbar" oder „nicht machbar" einzustufen, gleichsam Zensuren zu erteilen. Was machbar oder nicht machbar ist, wird sich in vielen Fällen ohnedies erst zeigen, wenn man es zu machen versucht. Sieht man einmal davon ab, dass kein konsensfähiges, verbindliches Programm der Globalisierungskritiker, sondern eher ein teilweise durchaus heterogener Pool an Ideen existiert, dann fällt generell auf, dass die Forderungen und Vorschläge, die vorgetragen werden, von ganz unterschiedlicher Reichweite sind. Sie erstrecken sich von Konzepten einer „globalen Demokratie" oder der Abschaffung der internationalen Finanzinstitutionen sowie der WTO bis hin zu sehr konkreten Maßnahmen, wie der Besteuerung von Devisenspekulationen, der Austrocknung von Steueroasen oder der Korruptionsbekämpfung.

Es wäre zu einfach, die weiter reichenden Forderungen kurzerhand und polemisch als „utopisch", „illusorisch" oder „naiv" zu denunzieren. Auch wenn sie sich nicht als realisierbar erweisen sollten – was der wahrscheinlichste Fall sein dürfte –, erfüllen sie doch einen nicht unbedeutenden Zweck, indem sie bestimmte Machtinstanzen herausfordern, sie unter Legitimationsdruck setzen, ihre Dialogbereitschaft fördern, zur Öffnung der Systeme beitragen. Selbst wenn man die weit reichenden alternativen Modelle für wünschenswert, praktikabel und funktionsfähig hält (oder zumindest für wünschenswerter, praktikabler und funktionsfähiger als die gegenwärtigen), muss man gleichwohl die Frage stellen, ob solche Konzeptionen unter den gegebenen Machtverhältnissen durchsetzbar sind und, vor allem, wie lange ein entsprechender Prozess dauern würde. Das eine ist eine Machtfrage, das andere eine Zeitfrage. Beide hängen selbstverständlich miteinander zusammen, beide spielen in der Politik, und nicht nur dort, schon immer eine zentrale Rolle. Beide wandeln sich jedoch unter Bedingungen der Globalisierung:

Macht nimmt globale Dimensionen an, wird komplexer, anonymer; die Entfernungen zwischen denen, die Macht ausüben, und jenen, die sie kontrollieren (sollen), werden größer. Noch dramatischer ändert sich die Bedeutung des Faktors Zeit. Wer heutzutage weit reichende gesellschaftliche oder politische Veränderungen anstrebt, der muss die dynamisch sich verändernde Wirklichkeit, in die er eingreifen will, permanent reflektieren. Politische Konzeptionen, die es sich ersparen, Aussagen über Zeithorizonte zu treffen, also darüber, wie lange es denn wohl dauern mag, bis man vom mangelhaften Ist-Zustand A zum angestrebten Zustand B gelangt, die also die ungeheure und historisch neuartige gesellschaftliche Entwicklungsdynamik mit all ihren Unwägbarkeiten nicht in Rechnung stellen, werden wenig zur Verwirklichung ihrer praktischen Absichten beitragen können. Vielleicht werden sie sogar kontraproduktiv sein, also genau das befördern, was sie doch eigentlich verhindern wollten. Das Problem besteht also nicht darin, zu erkennen, dass der Zustand A mangelhaft und der Zustand B erstrebenswert ist, sondern darin, *wie* und *in welchem Zeitraum* man von A nach B kommt und was man zu tun gedenkt, wenn sich „unterwegs" die Handlungsbedingungen grundlegend verändern. Anders ausgedrückt: Die Faktoren *Zeit* bzw. *Zeitdruck* müssen im Zeitalter gerichteter und sich (zumindest partiell) *beschleunigender* Prozesse konsequent sowohl in theoretische wie auch in praxisbezogene Überlegungen einbezogen werden.

Nehmen wir als Beispiel die Forderung nach „globaler Demokratie" (vgl. zum Folgenden Teusch/Kahl 2001). Wie unendlich langwierig sich ein solcher globaler Demokratisierungsprozess gestalten würde, lässt sich ermessen, wenn man die entsprechenden Entwicklungen in der Europäischen Union betrachtet. Modelle globaler Demokratie haben sich nicht zuletzt von den Erfahrungen der EU inspirieren lassen; viele mit der Globalisierung verbundene politische Steuerungsprobleme und -versuche lassen sich am Beispiel der EU gleichsam in verkleinertem Maßstab ablesen.

In der EU findet überstaatliche Politikformulierung in der Regel als Prozess statt, der mehrere Ebenen überspannt und in (temporären) Netzwerken organisiert ist, in denen bestimmte politische Problemfelder bearbeitet werden. In ihnen sind unterschiedliche Akteure (Politiker, Verwaltungen, Interessengruppen) an der Gestaltung von Politik gemeinsam beteiligt. Der Staat ist nunmehr nur noch Teil dieses „Mehr-Ebenen-Systems", wie es von Politikwissenschaftlern genannt wird. Der komplexe transnationale Aushandlungsprozess entzieht sich weitgehend der parlamentarischen Kontrolle und hat mit *herkömmlicher* demokratischer Entscheidungsfindung und Legitimität nur noch wenig zu tun.

In den Netzwerken des Mehr-Ebenen-Systems wird verhandelt, und Verhandlungen setzen ein gewisses Maß an Gleichberechtigung voraus. Hieran knüpfen Demokratietheoretiker an: Man könne, so sagen sie, die Legitimität dieser Netzwerke erhöhen, indem man sie öffne, also verstärkt Mitwirkungsmöglichkeiten für eine Vielzahl von gesellschaftlichen Akteuren schaffe. Es handelt sich hier um Modelle einer „deliberativen Entscheidungsfindung".

Es ist allerdings fraglich, ob solche Modelle, wenn man sie bis hin zu globaler Kooperation ausdehnt – etwa im Sinne eines „komplexen Weltregierens" (Zürn 1998) –, hinreichend praktikabel wären. Bereits die grundsätzliche Forderung, wonach *alle* potenziellen Adressaten und Betroffenen politischer Entscheidungen die Möglichkeit haben müssten, an solcherart öffentlichen transnationalen Diskursen teilzunehmen, scheint kaum einlösbar zu sein – ganz abgesehen davon, dass viele der beteiligten Akteure nur über eine fragwürdige demokratische Legitimation verfügen und wirkliche Öffentlichkeit (d. h. Transparenz gegenüber den Bürgern) kaum herstellbar sein dürfte.

So stünde, würde man dieses System weiter ausbauen, eher zu erwarten, dass – auch aufgrund der Komplexität der zu verhandelnden Fragen – spezialisiertes (Verwaltungs-)Expertentum letztlich in der Entscheidungsfindung die Oberhand gewinnt (oder behält). Öffentliche Angelegenheiten liefen somit Gefahr, technokratischen Orientierungen und selektiven Interessen zum Opfer zu fallen. Selbst Nichtregierungsorganisationen wirft man inzwischen vor, dass sie sich im

Zuge ihrer Teilnahme an solchen Verhandlungsprozessen manchen ihrer kritischen Zähne hätten ziehen lassen und in weiten Bereichen zu *Mit*-Regierungsorganisationen geworden seien.

Ist es aber überhaupt wahrscheinlich, dass sich eine (globale) gemeinwohlorientierte Ordnungspolitik herausbildet, die über beteiligungsoffene, *demokratisch legitimierte* übernationale Institutionen oder Organisationen unter gleichberechtigtem Einschluss nicht-staatlicher Akteure gesteuert wird? In der Praxis jedenfalls ist eine Bereitschaft zu solchem institutionellen Wandel bislang kaum vorhanden. Die Auseinandersetzungen, zu denen schon bescheidene Kompetenzerweiterungen des Europäischen Parlaments geführt haben, sind hier bezeichnend. Wirksame überstaatliche Kooperation setzt zudem (neben einem innergesellschaftlichen Mindestmaß an „sozialem Frieden") auf überstaatlicher Ebene eine „krisenfeste" Orientierung an bestimmten Werthorizonten voraus, die es *allen* Beteiligten und Entscheidungsbetroffenen ermöglicht, sich als „Problemlösungsgemeinschaft" zu verstehen. Selbst in der EU sind die „Unionsbürger" aber bisher offenbar nicht bereit gewesen, ihre Identitäten und Loyalitäten auf übernationale demokratische Institutionen hin auszurichten; eher haben regionale, subnationale Identitäten von der schwächer werdenden Bindekraft des Nationalstaates profitiert.

Solange sich an dieser Sachlage nichts Wesentliches ändert, werden tendenziell unbegrenzte *Wirkungsräume* (unbegrenzt auch in *zeitlicher* Hinsicht!) und tendenziell begrenzte *Entscheidungsräume* immer weniger miteinander übereinstimmen. Und es ist kaum anzunehmen, dass Globalisierungsprozesse und die mit ihnen einhergehenden negativen Konsequenzen warten werden, bis sich in einem „qualitativen Sprung" praxistaugliche Ausprägungen globaler, demokratisch legitimierter Entscheidungsfindung tatsächlich herausgebildet haben.

Globalisierung, so steht daher zu befürchten, wird zu weiteren Verlusten an demokratischer Partizipation führen. Auch wenn globalisierungskritische Bewegungen, wie die Analyse gezeigt hat, oft überzogene Vorstellungen von dem haben, was an globaler Demokratie erreichbar ist, ist ihre eigene Rolle in diesem Zusammenhang zweifellos positiv zu werten: Es ist ihnen zumindest gelungen, durch ihren Protest für größere Transparenz zu sorgen und die öffentliche Globalisierungsdebatte in ihrem Sinne zu beeinflussen. Auch zukünftig dürfte dies vielleicht nicht der einzige, aber doch der Erfolg versprechendste Weg sein, den Demokratie gefährdenden Folgen der Globalisierung entgegenzuwirken.

Ungeachtet ihres Anspruchs, „Menschheitsinteressen" zu artikulieren oder das „Weltgewissen" zu repräsentieren, spricht wenig dafür, dass Globalisierungskritiker mit ihren Ideen dort mehrheitsfähig wären, wo sich Menschen frei artikulieren können und wo man – beispielsweise an den Ergebnissen freier Wahlen – kontrollieren kann, wie diese Menschen tatsächlich denken. Sie unterschätzen zudem die weitgehend alternativlose Eingebundenheit dieser Menschen (und auch ihre eigene) in die gegenwärtige Ausprägung von Globalisierung. Wir alle tragen an unseren Arbeitsplätzen oder durch unser Konsumverhalten tagtäglich zur ungebrochenen Fortsetzung eben dieser Globalisierung bei. Viele globalisierungskritische Forderungen oder Vorschläge mögen attraktiv wirken, weil sie wohltuend mit einigen unerfreulichen Erscheinungsformen der gegenwärtigen Globalisierung kontrastieren. Was man jedoch in den Konzepten vermisst, ist eine „alternative Folgenabschätzung". Die Kritiker prangern viele negative Folgen von Globalisierung an, doch sie sind weit weniger geneigt, die möglichen negativen Folgen ihrer Alternativvorschläge in Betracht zu ziehen. Und damit begeben wir uns auf die inhaltliche Ebene.

Wenn es keine Problemlösungen gibt, werden auch demokratisierte Entscheidungsverfahren oder erhöhte globale Kooperationsbereitschaft sie nicht zustande bringen können. Vielleicht noch wichtiger als die Frage, wie man ein Verfahren demokratisiert oder für Mitsprache und Partizipation öffnet oder wie man die Bereitschaft zur globalen Kooperation fördert, ist die Frage, ob es denn überhaupt Erfolg versprechende Wege für die Bewältigung der durch Globalisierung verursachten Problemlagen gibt. Meine These lautet: Wenn es allgemein für gangbar gehaltene Lösungswege für die bedrückenden Probleme dieser Welt gäbe, dann wäre auch die Wahrscheinlichkeit höher, dass sich globale Institutionen herausbilden (oder die vorhandenen Institutionen sich entsprechend reformieren), um diese Wege zu beschreiten.

Die gegenwärtig noch stark defizitäre Bereitschaft, sich mit der Globalisierungsproblematik „ganzheitlich" auseinanderzusetzen, ist weniger in der Rivalität der Staaten, in allgemeinen Dilemmata kollektiven Handeln oder in mangelnder Demokratisierung begründet. Sie ist in erster Linie auf die riesenhaften Dimensionen der Herausforderung – und das heißt: *auf die Sache selbst* – zurückzuführen. Einzelvorschläge gibt es zur Genüge, doch die Kernfrage bleibt weiter unbeantwortet: Wie lassen sich die ungeheuren und widerstrebenden ökonomisch-technischen, ökologischen und sozialen Dynamiken entschärfen und durch politische Gestaltung in eine neue Balance bringen, ohne damit kontraproduktive Effekte in einem ohnehin äußerst fragilen System zu verursachen, also neue und nicht minder bedrohliche Risiken, Krisen und Katastrophen zu erzeugen?

Stellt man die Frage so, dann zeigt sich, dass der vielfach bedauerte Umstand, dass sich ökonomisch-technische Fragen gleichsam von selbst auf die politische Agenda zu setzen scheinen, während die Beachtung ökologischer oder sozialer Probleme oft mühsam erstritten werden muss, *nicht nur* auf die Durchsetzungsfähigkeit bestimmter Interessen zurückzuführen ist; er ist *auch* Ausdruck einer (über diese Interessen hinaus) verbreiteten Neigung zur „Reduktion von Komplexität". Oder, genauer gesagt: Er ist Ausdruck der Furcht vor einer Steigerung von Komplexität, die einträte, würde man versuchen, sämtliche Problembereiche der Globalisierung *in ihrer ganzen Tragweite und im globalen Maßstab* in politische Prozesse zu integrieren und konstruktiv zu bearbeiten. Die entscheidende Frage lautet also, wie eine praktikable und wirksame globale politische Strategie aussehen könnte, die mit anderen Erfordernissen der Systemerhaltung nicht fundamental konfligiert. Wenn sie existierte oder zumindest in Umrissen erkennbar wäre, dann wären auch die Kooperationshindernisse und Demokratiedefizite überwindbar.

Exemplarisch lässt sich diese These am politischen Handeln bzw. Nicht-Handeln in Bezug auf die Zerstörung der Ozonschicht sowie in Bezug auf die Klimaerwärmung illustrieren. Während im ersten Fall große Anstrengungen unternommen wurden und inzwischen auch beachtliche Ergebnisse vorliegen, sind im zweiten Fall erhebliche Versäumnisse zu konstatieren. Wären die Staatenrivalität, die mangelnde Kooperationsbereitschaft oder die Demokratiedefizite die entscheidenden Barrieren auf dem Weg zu globaler Kooperation, dann ließen sich diese beiden unterschiedlichen Befunde nicht erklären. Der entscheidende Faktor ist vielmehr darin zu sehen, dass die beiden Materien völlig unterschiedliche Komplexitätsgrade aufweisen. Die Ozonproblematik verschärfte sich mit großer Geschwindigkeit, ließ sich eindeutig auf eine ganz bestimmte, isolierbare Ursache zurückführen und der verursachende Stoff konnte vergleichsweise einfach, zu vertretbaren Kosten und zügig ersetzt werden. Demgegenüber entwickelt sich der Treibhauseffekt vergleichsweise schleichend, zahlreiche Faktoren tragen zu ihm bei, die nicht durch andere, weniger nachteilige ersetzt, sondern nur mit enormen Kosten und langsam reduziert werden können. Ein schnelles, effektives Handeln würde – in mehr oder weniger starkem Maße – die Leistungsfähigkeit aller Länder überfordern und von ihnen im Grunde eine Abkehr von ihrer wachstumsorientierten Wirtschafts- und Lebensweise verlangen. In der öffentlichen Debatte stehen zumeist die USA am Pranger, weil sie sich weigerten, dem Kyoto-Protokoll beizutreten. So bedauerlich diese Verweigerung ist, sie sollte nicht aus dem Bewusstsein verdrängen, dass die im Kyoto-Protokoll vereinbarten Maßnahmen bei weitem nicht ausreichen, um eine signifikante Klimaerwärmung mit all ihren unübersehbaren Folgen abzuwenden.

Viele Autoren, die nicht den zentralen Faktor Komplexität ins Zentrum ihrer Aufmerksamkeit rücken, sondern allzu viel Gewicht auf die Demokratisierung global wirksamer politischer Prozesse oder auf das Problem der Kooperation legen, zäumen in gewisser Weise das Pferd vom Schwanz auf. Vielleicht wäre es aussichtsreicher, sich nicht von neuen politischen Formen neue Inhalte zu erwarten, sondern, umgekehrt, neue Inhalte zu entwickeln und dann nach den angemessenen politischen Formen zu suchen.

Nähert man sich der Globalisierungsproblematik aus dieser alternativen Richtung, zeigt sich allerdings sehr bald, dass auch hier kein Grund zu sonderlichem Optimismus besteht. Sicherlich werden, ich hatte es schon angesprochen, in den kommenden Jahren Versuche zu erwarten sein, an der gegenwärtigen Ausprägung von Globalisierung Korrekturen vorzunehmen. So hat die einseitige, um nicht zu sagen: ideologisierte Politik der internationalen Finanzinstitutionen oder der WTO lange Zeit offenkundig Sachgesetzlichkeiten ignoriert. Nun sieht man sich, da die Erfolge der Programme ausbleiben, genötigt, selbstkritisch und auf die Kritik anderer reagierend, einen breiter orientierten Ansatz zu verfolgen. Es ist zu erwarten, dass die Organisationen zukünftig verstärkt Elemente der sozialen Gerechtigkeit oder der demokratischen Teilhabe in ihre Konzeptionen aufnehmen werden. Dies wird zugleich gewisse Veränderungen der Organisationsformen mit sich bringen, da die Materien, mit denen man sich auseinanderzusetzen hat, infolge der Einbeziehung neuer Gesichtspunkte komplexer werden. Schon von daher ist eine größere Bereitschaft zur Kooperation mit anderen Organisationen (etwa im Rahmen der UNO) oder eine Öffnung gegenüber Experten „von außen" (etwa aus Nichtregierungsorganisationen) wahrscheinlich. Derartige Entwicklungen wären sicherlich positiv zu bewerten. Wie schon im Hinblick auf die Bemühungen um Demokratisierung, wären jedoch auch hier überzogene Erwartungen fehl am Platz.

Warum diese Skepsis? Ich hatte in meiner Analyse verdeutlicht, dass Globalisierung ein dialektischer, also ein widersprüchlicher und Widersprüche erzeugender (und damit immer auch krisenhafter und

Krisen erzeugender) Prozess ist. Insbesondere sind es die „gerichteten" und hochgradig eigendynamischen Teilprozesse der Globalisierung, die für diese Dialektik verantwortlich sind. Nun sind Widersprüche in modernen, dynamischen Gesellschaften durchaus normal. Und die historische Entwicklung hat gezeigt, dass solche Widersprüche gemildert oder gar gelöst werden können, dass sie sogar ein wesentlicher Impulsgeber für positive Entwicklungen – mehr noch: für Entwicklung überhaupt – sind. Ein Beispiel für eine solch „konstruktive Dialektik" ist die „soziale Frage", also der Widerspruch zwischen Kapital und Arbeit, der im 19. und in der ersten Hälfte des 20. Jahrhunderts in den industrialisierten kapitalistischen Ländern dominierte. Er konnte im Laufe der Zeit weitgehend entschärft werden. Dazu bedurfte es politischer Kämpfe, die zu sozialem Ausgleich und sozialer Sicherung führten. Doch wenn sich alte Widersprüche auflösen, entstehen meist neue. So auch in diesem Fall. Denn es bedurfte nicht nur politischer Auseinandersetzungen, sondern auch eines enormen ökonomischen Wachstums und technischen Fortschritts, um die Ressourcen zu erlangen, die dann verteilt werden konnten. So wurde zwar im Zuge dieses Prozesses ein zentraler Widerspruch gelöst oder zumindest so weit gemildert, dass von ihm keine Sprengkraft mehr für den sozialen Zusammenhalt ausgeht. Zugleich wurden jedoch auch neue Widersprüche erzeugt: die Widersprüche zwischen Ökonomie und Ökologie oder, allgemeiner, die Widersprüche zwischen Technik und Natur bzw. Technik und Gesellschaft. Sie sind für die meisten Menschen im Grunde erst in der zweiten Hälfte des 20. Jahrhunderts durch die Bemühungen der Technikkritik sowie im Rahmen der Ökologiedebatte ins Bewusstsein getreten. Auch wenn in der Ökologiedebatte – nicht zuletzt von der Politik – immer wieder beruhigend versichert wurde, Ökonomie und Ökologie ließen sich „versöhnen", und auch wenn es in vielen Ländern nicht gering zu achtende Bemühungen um eine „Umweltpolitik" gibt, kann doch ernstlich keine Rede davon sein, der entsprechende Widerspruch sei auf dem Weg, „gelöst" zu werden. Mehr noch: Es ist fraglich, ob er im Sinne einer „Versöhnung" der in Widerstreit geratenen Prozesse des ökonomischen Wachstums und der fortschreitenden Technisierung einerseits sowie der ungebremsten Überlastung und Zerstörung der natürlichen Lebensgrundlagen andererseits überhaupt gelöst werden *kann*. Zumal diese Lösung nicht im nationalstaatlichen, sondern nur im globalen Rahmen vorstellbar ist und dort zusätzlich auf ein ökonomisches und soziales „Nord-Süd-Gefälle" trifft, das sich, gleichsam als „*globale* soziale Frage", in Gestalt enormer und sich weiter verschärfender Disparitäten zwischen dem Reichtum weniger und der Armut vieler manifestiert.

Aus alledem ergibt sich eine globale Problemkonstellation von Schwindel erregender Komplexität. Die Vorstellung, die Armut unterentwickelter Länder ließe sich durch Wachstumsprozesse nach der Art, wie sie die entwickelten Länder hinter sich haben, beseitigen, erscheint vor diesem Hintergrund abwegig. Der Politikwissenschaftler Dieter Senghaas hat das Dilemma, in das eine solche „nachholende" Entwicklung führen müsste, in aller Deutlichkeit formuliert:

„Wäre [...] Entwicklungspolitik im Sinne *nachholender* Entwicklung in den Entwicklungsregionen dieser Welt wirklich erfolgreich, würde ein solcher Erfolg die ökologische Katastrophe in sich bergen. Bleibt dagegen Entwicklungspolitik erfolglos, wird sie damit, wie in den vergangenen drei Jahrzehnten, zu erheblichen Fehlentwicklungen beitragen. Auch unter dieser Annahme müsste es in Bälde zu einer durch Armut – und daraus abzuleitende Ressourcenübernutzung – verursachten ökologischen Katastrophe kommen" (Senghaas 1994, S. 158 f.).

Es ist offenkundig, dass eine solche Konstellation nicht allein schwerwiegendste ökologische Folgen nach sich ziehen würde, sie würde auch alle anderen Lebensbereiche in Mitleidenschaft ziehen: soziale und politische Systeme destabilisieren, Migrationsströme verstärken, Ressourcenkonflikte bis hin zum Krieg auslösen. Auch Versuche, die auseinander driftenden Prozesse durch vermittelnde Konzepte, wie die von der Brundtland-Kommission favorisierte Strategie der „nachhaltigen Entwicklung", einzufangen, haben eher durch ihre harmonisierende Rhetorik als durch ihre praktische Wirksamkeit überzeugt. Sie transportieren im Grunde nur die aus der innerstaatlichen Diskussion bekannte und schon in diesem Kontext zweifelhafte These, Ökonomie und Ökologie seien versöhnbar, auf eine globale Ebene.

So ist die Wahrscheinlichkeit hoch, dass sich im Zuge der Globalisierung eine krisenhafte Zuspitzung ergeben wird, von der sich gegenwärtig nur erahnen lässt, welche Formen und Ausmaße sie annehmen könnte. Wir werden, anders ausgedrückt, einen „Preis der Komplexität" zahlen müssen. Die Frage lautet nicht, ob wir die Zahlung dieses Preises werden vermeiden können, sondern wie hoch er sein wird.

Die Widersprüche, die sich aufgebaut haben und weiter aufbauen, sind zu komplex, als dass sie (aus heutiger Sicht und mit den heute zur Verfügung stehenden Mitteln) *zur Gänze* entschärft werden könnten. Ebenso wenig ist derzeit erkennbar, wie eine Politik aussehen könnte, die *weiter* reicht als das, was gegenwärtig geschieht oder in den nächsten Jahren vermutlich geschehen wird, und die dennoch nicht zu weit geht und damit Gefahren anderer Art, aber ähnlicher Größenordnung heraufbeschwört. Um es in dem auch in anderen Zusammenhängen gerne verwendeten Tanker-Bild auszudrücken: Der Tanker Globalisierung droht aufzulaufen. Die anstehenden Korrekturen werden vermutlich nicht viel mehr bewirken, als das Leben auf dem Tanker etwas angenehmer zu gestalten. Wer den Kurs des Tankers radikal ändern will, riskiert dessen Auseinanderbrechen. Was als Möglichkeit bleibt, ist demzufolge der Versuch, den Kurs des Tankers vorsichtig und beharrlich zu verändern. Weil die Zeit drängt, muss dies *so schnell wie möglich* geschehen und doch *so langsam und vorsichtig wie nötig*, damit die damit verbundenen Risiken halbwegs überschaubar bleiben.

Ende der 80er Jahre – zu einer Zeit also, in der man erst begann, von Globalisierung zu sprechen – hat der renommierte Kernphysiker Hans-Peter Dürr, zugleich Wortführer technikkritischer sozialer Bewegungen und Träger des alternativen Nobelpreises, eine nüchterne Analyse der Bedingungen vorgetragen, mit denen gestalterisches politisches Handeln in hoch entwickelten Gesellschaften konfrontiert ist. Er bezog sich primär auf die Verhältnisse in Deutschland; was er sagte, trifft jedoch ebenso und in noch weit stärkerem Maß auf die Handlungsbedingungen im Kontext der Globalisierung zu:

„Bei allen Fragen gesellschaftlicher und wirtschaftlicher Veränderungen sollten wir uns davor hüten, die Probleme statisch zu betrachten. Es reicht nicht aus [...], sich abstrakt eine Ideallösung zu überlegen, und dann lauthals danach zu rufen, dass irgendjemand einen verborgenen Schalter betätigen soll, der die vorgegebene mangelhafte Situation in die gewünschte Idealsituation verwandelt. Solche Globalschalter gibt es nicht, und schon gar nicht die Personen oder Instanzen, so mächtig sie manchmal erscheinen, die sie bedienen könnten. Gesellschaft und Wirtschaft sind große, hochkomplexe Systeme, die aufgrund ihrer inneren Verhaltensmuster und Mechanismen eine enorme *Eigensteuerung* entwickelt haben. Die vermeintlich Agierenden sind durch die vielfältigen Sachzwänge des Systems weitgehend zu *Reagierenden* geworden.
[...]
Das Problem in einer solchen Situation ist also nicht: Wer steuert wen oder was wohin? Das Problem ist zunächst, *das System überhaupt steuerbar zu machen*" (Dürr 1989, Original ohne Hervorhebung).

10. Sachgesetzlichkeiten, Handlungsspielräume, ...

Dies ist die Herausforderung, vor die wir durch Globalisierungsprozesse gestellt werden. Niemand kann derzeit sagen, wie eine solche Steuerung, die über Korrekturen hinausgeht und zu einer tief greifenden Reform des Systems, zu einer wirklichen Milderung seiner Widersprüche führt, aussehen könnte. Man kann aber zumindest den Versuch unternehmen, einige Regeln, Maximen oder Leitlinien vorzugeben, an denen sich solche Reformbemühungen orientieren könnten:

1. *Wer im Kontext der Globalisierung politisch handelt, braucht als Handlungsgrundlage eine möglichst zutreffende Analyse der Handlungsbedingungen; er braucht, mit anderen Worten, eine Theorie der Globalisierung.*

Dies gilt unabhängig davon, ob man einen Prozess in althergebrachter Weise weiterzutreiben gedenkt, ob man ihn korrigieren oder grundlegend reformieren will, oder ob man ihn, was im Fall der Globalisierung weder aussichtsreich noch wünschenswert wäre, revolutionieren möchte. Selbst Revolutionäre, wenn sie erfolgreich waren, zeichneten sich nicht lediglich durch einen revolutionären Impetus und den Glauben an die Veränderbarkeit der Welt aus, sondern auch durch die Fähigkeit zu einer nüchternen, illusionslosen Lageanalyse, insbesondere einer Analyse der gegebenen Macht- und Kräfteverhältnisse. Sie verstanden es zudem, ihre zweifellos große Ungeduld zu zügeln, weder zu früh zu agieren noch zu spät, sondern den „günstigsten Zeitpunkt" abzuwarten. Die Grundlage für wie auch immer geartetes Handeln in Bezug auf die Globalisierung kann nur eine Theorie der Globalisierung bereitstellen.

2. *Ein reformerisches Handeln in Bezug auf Globalisierung ist fast immer ein Handeln unter Zeitdruck.*

Der Faktor „Zeit" ist im Kontext der Globalisierung sowohl in Bezug auf die *Vergangenheit* als auch in Bezug auf die *Zukunft* von Bedeutung. Aus beiden Richtungen entsteht Druck auf gegenwärtiges politisches Handeln. Der Druck aus der Vergangenheit entsteht in Gestalt historischer Prozesse, die nunmehr, in der Gegenwart „angekommen", die Rahmen- bzw. Ausgangsbedingungen für aktuelles Handeln weitgehend festlegen. Doch die Prozesse verharren selbstverständlich nicht in der Gegenwart, sondern sie drängen über diese hinaus, wirken mit oftmals enormer Dynamik fort und erzeugen eine Vielzahl von Folgeentscheidungen und Folgeprozessen. Aufgrund der (zumindest partiellen) Beschleunigung der in Rede stehenden Prozesse sind selbst schlichte Anpassungsmaßnahmen immer schwieriger zu bewerkstelligen, wie sich z.B. in den Problemen des Bildungs-

und Ausbildungssystems zeigt, diejenigen Qualifikationsprofile hervorzubringen, die vom ökonomischen System gerade nachgefragt werden.

Zum anderen entsteht ein Druck aus der Zukunft, und zwar in Gestalt einer wachsenden Problemlast, in Gestalt von Problemen, die zwar in der Vergangenheit oder Gegenwart ihre Ursprünge und Ursachen haben, die aber, infolge einer längeren „Inkubationszeit", erst in der Zukunft aktuell werden. Dies gilt für zahlreiche längerfristige Technikfolgen, insbesondere solche ökologischer Art. Man sollte sich in diesem Zusammenhang darüber bewusst sein, dass keineswegs sämtliche in der Vergangenheit oder Gegenwart angelegten Zukunftsprobleme als solche bekannt sind, so dass im Laufe der Zeit noch mit unangenehmen Überraschungen zu rechnen sein wird. Soweit aus der Komplexität und Dialektik der Prozesse Beschleunigungseffekte resultieren, bewirken diese nicht nur eine Beschleunigung der Problem-*Verarbeitung*, sondern immer auch eine Beschleunigung der Problem-*Erzeugung*. Der zukünftige Problemdruck bewegt sich – bildlich gesprochen – mit wachsender Geschwindigkeit auf die jeweilige Gegenwart zu.

3. *Man kann die Sachgesetzlichkeiten der Globalisierung zeitweilig verletzen oder ignorieren, doch auf diese Weise setzt man sie nicht außer Kraft, im Gegenteil.*

Der Globalisierungsprozess ist nicht als ganzer, sondern allenfalls partiell gestaltbar und steuerbar. Dies bedeutet, mit anderen Worten, dass sich viele Sachgesetzlichkeiten des Prozesses nicht nur nicht auf Dauer verletzen oder ignorieren lassen, sondern dass sie auch mit noch so intelligenter Politik nicht außer Kraft gesetzt werden können. In vielerlei Hinsicht gibt es folglich keine Alternative zur Globalisierung, also keine andere Möglichkeit, als sich der Dynamik bzw. der schieren Übermacht des Prozesses anzupassen.

Anpassung bedeutet allerdings *nicht in jedem Fall* und *nicht notwendigerweise* „Kapitulation". Sie kann durchaus, sei sie erzwungen oder frei gewählt, ein sinnvoller, vernünftiger Vorgang sein. Wer sich dieser Einsicht aus einer im Kern berechtigten Kritik an einer gegenwärtig zu beobachtenden übertriebenen Anpassungsbereitschaft grundsätzlich verweigert, handelt in der Regel kontraproduktiv. Dominante Sachgesetzlichkeiten zu ignorieren oder sich ihnen bewusst zu widersetzen, kann insoweit eine in hohem Maße *un-politische* Haltung sein; wohl aber bedarf es oft beachtlicher *politischer* Leistungen, Sachgesetzlichkeiten nüchtern ins Kalkül zu ziehen oder als Handlungsbedingung voll zu akzeptieren und entsprechende Anpassungsprozesse durchzusetzen. Die viel gelobte Reformpolitik Michail Gorbatschows bestand letztlich darin, dominante Sachgesetzlichkeiten, die vom sowjetischen System jahrzehntelang verletzt worden waren, zur Kenntnis zu nehmen und zur Handlungsbedingung von Politik zu machen, also unvermeidliche und überfällige Anpassungsprozesse zu vollziehen. Dass diese Politik offenkundig von Notwendigkeiten regiert wurde, ändert nichts an Gorbatschows großer politischer Leistung. Auch die durchaus berechtigten Einwände, das System sei ohnehin nicht reformierbar gewesen bzw. der Anpassungsprozess habe mindestens zwei Jahrzehnte zu spät eingesetzt, schmälern seine Verdienste nicht.

4. Die Dialektik der Globalisierung ist zwar bedrohlich, doch sie eröffnet auch Wahlmöglichkeiten und damit Handlungsspielräume. Man kann sie nutzen, um über bloße Anpassung hinauszukommen und gestalterische Elemente in den Prozess einzubringen.

Wenn der Prozess der Globalisierung dialektisch verläuft, dann bedeutet dies, dass die in ihm wirkenden Sachgesetzlichkeiten auf unterschiedlichen Niveaus angesiedelt sind, dass sie in unterschiedliche *Richtungen* drängen und, damit eng verbunden, dass sie unterschiedliche *Zeithorizonte* aufweisen. Um es an einigen Beispielen zu erläutern: In vielen kleineren Gemeinden hat die stetige Zunahme des motorisierten Individualverkehrs oder auch – im Zuge der Ausweisung von immer neuen Gewerbegebieten – die Zunahme des Schwerlastverkehrs zu starken Verkehrsbelastungen geführt. Solchen Sachgesetzlichkeiten auf *niedrigem Niveau* begegnet man in der Regel durch den Bau von Ortsumgehungen oder alternativen Verkehrsanbindungen. Sachgesetzlichkeiten auf *mittlerem Niveau* werden beispielsweise durch die Veränderung der Altersstruktur in hoch entwickelten Gesellschaften ausgelöst. Sie führen u. a. zu einem Anstieg der Zahl pflegebedürftiger alter Menschen oder zu finanziellen Engpässen bei der Rentenversicherung. Die Ergänzung des Sozialversicherungssystems um eine Pflegeversicherung im einen, die Bemühungen um eine „Rentenreform" im anderen Fall sind die notwendigen Folgen. Gleichfalls auf mittlerem Niveau bewegen sich Sachgesetzlichkeiten, denen sich hoch technisierte Staaten schwerlich entziehen können: Sie reichen von der Sicherung der Energieversorgung über die Modernisierung der Telekommunikations-Infrastruktur bis hin zur Anpassung des Bildungs- und Ausbildungssystems an die Strukturveränderungen der Wirtschaft bzw. des Arbeitsmarktes, von der Wohnungsbaupolitik über die steuerliche Förderung umweltfreundlicherer Automobile oder von Energiespar-Investitionen bis hin zur Hilfestellung für ländliche oder strukturschwache Regionen. Beispiele für Sachgesetzlichkeiten auf *hohem und höchstem* Niveau sind der global ausgreifende Technisierungsprozess, die weltwirtschaftlichen Verflechtungen und der für viele und immer mehr Unternehmen und Staaten bestehende manifeste Zwang zur internationalen Konkurrenzfähigkeit, die sich abzeichnenden und zum Teil schon eingetretenen regionalen und globalen ökologischen Krisen und Katastrophen sowie der Nord-Süd-Gegensatz mit seinen bedrohlichen und auf vielfältige Weise verflochtenen Kernbereichen (Bevölkerungswachstum, Armut und Hunger, Migration und Fluchtbewegungen, Verschuldungskrise etc.; vgl. als Übersicht Opitz 2001). Die Beispiele zeigen, dass sich Sachgesetzlichkeiten nicht nur auf unterschiedlichen Niveaus finden, sondern dass sie auch von unterschiedlicher Art sind bzw. in unterschiedliche Richtungen wirken. Es gibt technische oder ökonomische, aber auch ökologische oder soziale Sachgesetzlichkeiten, und es gibt kurz-, mittel- und langfristig wirkende Sachgesetzlichkeiten. Die verschiedenen Ebenen und Typen sind selbstverständlich auf vielfältige Weise verschränkt.

Angesichts dieser Komplexität sollte man misstrauisch sein, wenn in generalisierender Manier, etwa von Politikern, gesagt wird, man müsse sich Sachgesetzlichkeiten oder „Sachzwängen" anpassen. Denn diejenigen, die so reden, haben meist nur ganz bestimmte Sachgesetzlichkeiten im Blick: Sie beziehen sich in der Regel auf den technischen oder ökonomischen Bereich, selten oder nie auf den ökologischen, meist auf kurz- oder mittelfristig wirkende, selten auf langfristig wirkende Sachgesetzlichkeiten. Die *pauschale* Aussage, man müsse sich Sachgesetzlichkeiten anpassen, ist demzufolge in sich widersprüchlich, denn es ist unmöglich, sich allen (zum Teil einander widerstrebenden Sachgesetzlichkeiten) *gleichermaßen* anzupassen. Oder vielmehr: Dies ist nur in sehr engem Rahmen und nur partiell möglich, dann nämlich, wenn es gelingt, einander widerstrebende Sachgesetzlichkeiten in einem Teilbereich zu versöhnen, etwa wenn man durch eine verbesserte Ökobilanz bestimmter Produkte deren Marktchancen verbessert oder durch die Förderung Energie sparender Investitionen zugleich ökonomische Impulse gibt etc. Dort jedoch, wo der Widerspruch nicht auf diese elegante Weise versöhnbar ist, entstehen über kurz oder lang problembeladene Konstellationen. Sie können dazu führen, dass politisches Handeln stärker noch als sonst in die Defensive gerät und ganz von Notwendigkeiten diktiert wird. Sie können aber auch – und dies ist die erfreuliche Kehrseite der Medaille – dazu beitragen, dass die Wahl- und Eingriffsmöglichkeiten zunehmen und sich die Chancen politischer Gestaltung erhöhen.

Dieser Ansatz basiert auf der Einsicht, dass man der Komplexität des Prozesses und der Komplexität der Problembearbeitung auf Dauer nicht gerecht werden kann durch bloßes „Austarieren" oder die Suche nach einem Kompromiss, der Dinge miteinander zu versöhnen versucht, die offenkundig unversöhnlich sind. Wenn sich in diesem Zusammenhang Handlungsmöglichkeiten ergeben, dann allerdings nicht im Sinne eines „Entweder-oder", also einer einseitigen Entscheidung, nur *bestimmte* Sachgesetzlichkeiten zu beachten, *andere aber nicht* (solche Einseitigkeit ist ja gerade das Kennzeichen aktueller Politik). Vielmehr sind sie im Sinne einer Gewichtung oder *Akzentsetzung* zu verstehen: etwa *zugunsten* einer stärkeren Beachtung ökologischer zu Lasten ökonomischer Sachgesetzlichkeiten.

Eine dialektische Konstellation eröffnet durchaus die Chance, Prioritäten zu setzen oder nicht bzw. falsch gesetzte Prioritäten zu revidieren. So kann man beispielsweise gegen eine kurz- oder mittelfristige Zeitperspektive langfristige Aspekte ins Spiel bringen. Oder man kann – entsprechend dem Motto „Global denken, lokal handeln" – auf der Ebene von Städten und Gemeinden einen, wenn auch notwendigerweise bescheidenen, Beitrag zur Entschärfung globaler Problemkonstellationen leisten. Letzteres wird von einigen Kommunen im Rahmen der „Agenda 21" bereits mit Erfolg praktiziert.

Der Versuch, andere Akzente zu setzen oder die Gewichte zu verlagern, kann bis hin zu generellen Richtungswechseln führen. Mit Richtungswechseln können selbstverständlich nicht unerhebliche Einschränkungen (eine „Verzichtspolitik", wie Hans Jonas sie nennt) und hohe ökonomische und soziale Risiken verbunden sein – zumindest kurz- und mittelfristig. Jedoch: Auch die *Weigerung*, Richtungswechsel in Betracht zu ziehen, ist mit Einschränkungen und Risiken verbunden – nicht kurzfristig, vielleicht auch nicht mittelfristig, doch sicherlich langfristig. Die historische Bilanz zeigt, dass das Beschreiten alternativer Entwicklungspfade *auf längere Sicht* in einem anderen, günstigeren Licht erscheinen kann. An früherer Stelle hatte ich darauf hingewiesen, dass zum Beispiel technische Fortschrittsprozesse, die lange Zeit scheinbar unwiderstehlich ihre Bahn zogen (und weiterhin ziehen), sich aus heutiger Sicht als zwiespältige Angelegenheit erweisen: mag es sich um den motorisierten Individualverkehr oder die industrialisierte Landwirtschaft, das hoch technisierte Gesundheitswesen, die Kernenergie oder die elektronischen Medien handeln.

5. *Gestalterisches politisches Handeln muss in einzelnen Fällen neben einer Risikoabwägung auch eine Orientierung am „Prinzip Verantwortung" zur Geltung bringen.*
Das Plädoyer, die *Risiken*, die mit der Beibehaltung des derzeitigen Kurses oder einer Veränderung dieses Kurses einhergehen würden, gegeneinander abzuwägen, sollte nicht missverstanden werden. Mit einem „Risikokalkül" allein ist es sicher nicht getan. Im Kontext der Globalisierung werden wir mit Problemen, Gefahren und Herausforderungen konfrontiert, die mit der Kategorie des Risikos nicht mehr zu erfassen sind und ein Denken in der Kategorie der „Verantwortung" erfordern. Das Risikokalkül bezieht sich auf die *Wahrscheinlichkeit*, die Kategorie der Verantwortung auf die *Möglichkeit*. Am Beispiel erläutert: Man kann den Bau von Kernkraftwerken befürworten mit dem Argument, dass ein großer Unfall zwar *möglich*, aber nicht *wahrscheinlich* sei und daher das Risiko gering und also tragbar. Man kann den Bau von Kernkraftwerken mit dem Argument ablehnen, dass eine große Reaktorkatastrophe zwar *unwahrscheinlich*, aber *möglich* sei und daher die Nutzung der Kernkraft nicht verantwortbar.

Ein Handeln entsprechend dem „Prinzip Verantwortung" (Jonas 1979) ist insbesondere im ökologischen Bereich von zentraler Bedeutung. Oft wird konsequentes ökologisches Handeln mit dem Argument aufgeschoben, dass noch kein gesichertes Wissen über die tatsächlichen Ausmaße einer bestimmten Umweltgefährdung bestehe. Statt sich auf diese Argumentation einzulassen, sollte man darauf insistieren, dass bereits die begründete *Möglichkeit* des Eintretens einer Umweltkrise oder -katastrophe ernst zu nehmen ist und etwaige Handlungsbereitschaft nicht von letzten Beweisen, von gesichertem Wissen abhängig gemacht werden kann.

6. *Krisensituationen bieten gute Chancen, Handlungsspielräume zu erweitern und die Handlungsbereitschaft zu erhöhen.*
Wenn ein politisches oder soziales System stabil und „stark" ist, so Immanuel Wallerstein, seien die Handlungsspielräume in der Regel weit geringer als in einer „Systemkrise". Wenn jedoch eine Systemkrise eintrete, ändere sich dies. Es finde dann ein *struktureller Übergang* vom bestehenden historischen System hin zu etwas anderem, Neuem statt. Das Ergebnis eines solchen Prozesses sei ungewiss, die Situation sei offen, vieles sei möglich (Wallerstein 1995).

Im historischen Rückblick mögen sich die Dinge tatsächlich meist so darstellen, wie Wallerstein sie beschreibt. Die Erwartung allerdings, auch zukünftige System- bzw. Übergangskrisen müssten notwendigerweise offene Situationen und ein vergleichsweise hohes Maß an Handlungsspielräumen hervorbringen, ist unbegründet. Aufgrund der hier vorgenommenen Globalisierungsanalyse ist im Gegenteil davon auszugehen, dass ein zukünftiger Zusammenbruch der derzeitigen Systemstrukturen, sollte er je Wirklichkeit werden, ein Ausmaß an Selbstzerstörung annähme, das der Entwicklung von Neuem bzw. der Etablierung eines alternativen Systems die Grundlagen entziehen würde. Die Handlungsperspektive kann somit nicht darin liegen, mehr oder weniger fatalistisch auf die weitere Aufladung von Widersprüchen und den Ausbruch einer „Systemkrise" zu warten; vielmehr sollte alles getan werden, um eine solch krisenhafte Zuspitzung zu vermeiden.

Gleichwohl muss man aufgrund der bisherigen Analyse davon ausgehen, dass einzelne, weniger gravierende Krisen im Zuge weiterer Globalisierung unvermeidbar sein werden. Da Krisen viel mit Not zu tun haben, sollte es nicht überraschen, dass Not und Notwendigkeit eng zusammenliegen. Gerade in Zeiten der Not wird staatliches oder politisches Handeln mehr noch als sonst vom Notwendigen diktiert. Umgekehrt ist es aber auch möglich, dass sich in einzelnen Krisen die Spielräume ausweiten werden. Derartige Krisen könnten produktiv genutzt werden, sie könnten eine „Katalysator-Funktion" übernehmen. So haben zum Beispiel die von Zeit zu Zeit aufgetretenen Umweltskandale und -katastrophen (wie etwa die BSE-Krise) für alternative Politikansätze ein „window of opportunity" geöffnet. Statt in den Krisen und Problemkonstellationen, die von der vielfach destruktiven Dialektik des Globalisierungsprozesses hervorgebracht werden, lediglich eine lähmende Bedrohung zu sehen, kann man sie auch als Eingriffsmöglichkeit, als „Chance für innovative Politik" begreifen.

7. *Weil Handeln im Kontext der Globalisierung unter Zeitdruck steht und mit grundlegend veränderten Zeithorizonten konfrontiert ist, muss es „antizipatorisch" angelegt sein.*

Wenn Krisensituationen die Chancen politischer Gestaltung in einigen Fällen (keineswegs allen) grundsätzlich erhöhen können, liegt die Vermutung nahe, dass man durch ein rechtzeitiges Vorhersehen dieser Krisen, durch deren „Antizipation", die Gestaltungschancen *zusätzlich* verbessern kann. Man wird Krisensituationen auf diese Weise zwar nur selten verhindern, sie jedoch vielleicht entschärfen können.

Antizipation ist auch ansonsten für jegliche Gestaltung des Globalisierungsprozesses unabdingbar. An früherer Stelle (Leitlinie 2,

S. 157 f.) hatte ich erläutert, dass die enorme und historisch neuartige Dynamik des Globalisierungsprozesses einen ungeheuren Zeitdruck und grundlegend veränderte Zeithorizonte hervorbringt, die die Rahmenbedingungen politischen Handelns qualitativ verändern. Politik kann unter diesen Bedingungen nur dann erfolgreich sein, überhaupt erst dann handlungsfähig werden, wenn sie konsequent antizipatorisch ausgerichtet ist, also versucht, den Prozessen voraus zu sein. Und voraus sein kann sie ihnen nur, wenn sie bereit und in der Lage ist, sie in ihrer ganzen Komplexität zur Kenntnis zu nehmen und zum Gegenstand politischen Handelns zu machen.

Die Chancen, gestalterische Elemente in den Globalisierungsprozess einzubringen, sind umso größer, je weiter die Probleme noch entfernt liegen und je früher man mit ihrer Bearbeitung beginnt. Verlangt ist demzufolge eine *antizipatorische Politik*, also die Bereitschaft und die Fähigkeit, Probleme zum frühestmöglichen Zeitpunkt zu erkennen und zum Gegenstand politischen Handelns zu machen – idealerweise schon dann, wenn sie noch keine *akuten* Probleme sind. Im sicherheitspolitischen Bereich ist diese Konzeption durchaus verbreitet, wenn auch eher in der Theorie als in der Praxis, und zwar in Gestalt der Krisen- und Konfliktprävention. Diese ist zwar aufwendig und teuer, erfordert auch ein hohes Maß an politischer Intelligenz. Wie schon im Kapitel über „neue Kriege" und Terrorismus verdeutlicht, dürfte sie auf längere Sicht jedoch Erfolg versprechender und vernünftiger sein, als den Dingen ihren Lauf zu lassen und sich, wenn alles zu spät ist, zu einer „militärischen Intervention" genötigt zu sehen.

Antizipatorisches politisches Handeln stellt hohe Ansprüche. In den entwickelten demokratischen Ländern ist es schon deshalb wenig verbreitet, weil infolge der meist vier- oder fünfjährigen Wahlperioden eher die kurz- oder allenfalls mittelfristigen Orientierungen dominieren. Da antizipatorisches Handeln sich auf Vorgänge oder Ereignisse bezieht, die noch nicht (oder allenfalls partiell) eingetreten sind, müssen die in Rede stehenden Probleme insoweit notwendigerweise abstrakt bleiben. Antizipation setzt demzufolge ein Höchstmaß an Vorstellungskraft voraus; oder, wie der Philosoph Günther Anders gesagt hätte, es setzt den Versuch einer Überwindung des „prometheischen Gefälles", also die Überwindung der Diskrepanz zwischen der *Herstellungskraft* und der *Vorstellungskraft* des Menschen, voraus (Anders 1983, S. 21 ff.). Weil die Probleme oftmals scheinbar weit entfernt liegen und eher abstrakt bleiben, leisten sie der Illusion Vorschub, man brauche sich ihnen nicht unmittelbar zu stellen; entsprechend neigen viele Menschen dazu, sich ihnen unter Aufbietung zahlreicher Verdrängungsmechanismen zu entziehen. Diese Verdrängung wird erleichtert, weil es kaum historische Erfahrungen mit menschheitlichen Herausforderungen dieser Art gibt. Nicht von ungefähr lassen sich gegen *militärische* Bedrohungen weit leichter Vorkehrungen organisieren.

Indem es Probleme *frühzeitig* entschärft, kann antizipatorisches Handeln zugleich die Dynamik von Globalisierung wenn schon nicht brechen, so doch reduzieren – und damit abermals Handlungsspielräume gewinnen. Denn diese Dynamik speist sich, wie schon erläutert, nicht nur aus konstruktiven, sondern auch und insbesondere aus destruktiven Dialektiken, also Krisen- und Problemkonstellationen, auf die antizipatorische Politik ihr Hauptaugenmerk legt. Auf längere Sicht könnte eine solche Politik Prozesse der Beschleunigung zu solchen der „Entschleunigung" machen, den Zeitdruck reduzieren, neue Zeit gewinnen. Es dürfte zwar auch einer noch so entschieden betriebenen antizipatorischen Politik nicht gelingen, die eingefahrenen Wachstums-, Entwicklungs- und Fortschrittsgleise zu verlassen. Doch es erscheint durchaus möglich, das Fahrtempo zu verlangsamen oder andere Weichenstellungen vorzunehmen, ohne damit die Funktionsfähigkeit sozialer Systeme zu gefährden, diese vielmehr „umzugewöhnen", auf neue Gegebenheiten einzustellen.

8. *Ein möglichst breit und möglichst tief verankertes Bewusstsein über die im Kontext der Globalisierung zu erwartenden Problemlagen ist eine Grundvoraussetzung für den Erfolg antizipatorischer Politik.*

Antizipatorische Politik, so hatte ich gesagt, sei überaus anspruchsvoll. Über das Vorhersehen oder Prognostizieren hinaus verlangt sie auch eine *ethische* Bewertung, denn erst diese – also eine Art „Fernethik" – kann solch *präventives* Handeln legitimieren. Um diese hohen Ansprüche zu erfüllen, ist ein hohes Problembewusstsein unabdingbar. Je *tiefer* das Bewusstsein in einer Bevölkerung verankert ist, desto eher wird sie bereit sein, ihre kurzfristigen Interessen mit mittel- oder langfristigen Erwägungen in Bezug zu bringen, zwischen ihren eigenen Interessen und denen anderer Menschen in anderen Teilen der Welt oder den Interessen zukünftiger Generationen zu vermitteln. Je tiefer und *breiter* (im Sinne einer grenzüberschreitenden Ausbreitung) dieses Bewusstsein verankert ist, desto leichter wird es sein, problembezogen mit anderen zu kooperieren.

Die insbesondere in hoch entwickelten, demokratischen Staaten verbreitete Neigung, Probleme, die über die nächste und übernächste

Legislaturperiode hinauszuweisen, zu verdrängen oder ihre Thematisierung als störend zu empfinden, mag in einem kurzfristigen Machtkalkül positiv zu Buche schlagen; langfristig dürfte sie sich als verhängnisvoll erweisen. Auch wenn es angesichts der Problemlast durchaus verständlich ist, wenn (sei es auf individueller, sei es auf staatlicher Seite) Mechanismen der Verdrängung oder der politischen Resignation einsetzen, sind ein permanenter Diskurs, eine permanente öffentliche Debatte, eine ständige gesellschaftliche und politische Präsenz der Globalisierungsproblematik eine unabdingbare Voraussetzung erfolgreicher antizipatorischer Politik. Ohne ausgeprägtes öffentliches Problembewusstsein sind selbst kleinere Schritte kaum oder nur mit Mühe durchsetzbar, wie die Stagnationen oder gar Rückschläge in der Umweltpolitik insbesondere der 90er Jahre des 20. Jahrhunderts lehren. Ein verbreitetes und stetig aktualisiertes Wissen darüber, was sich an Problemlasten angehäuft hat und weiter anhäufen wird sowie ein Wissen darüber, wie diese Problembereiche zusammenhängen, muss keineswegs, wie gelegentlich geargwöhnt wird, lähmend wirken; es kann auch Kräfte freisetzen.

9. *Eine politische Gestaltung der Globalisierung kann versuchen, „konstruktive Dialektiken" in Gang zu setzen oder zu verstärken.*
Im Rahmen meiner Analyse hatte ich darauf hingewiesen, dass der Globalisierungsprozess nicht nur in sich selbst durch integrative und fragmentierende Momente gekennzeichnet ist, sondern auch mit Phänomenen oder Prozessen „außerhalb" der eigentlichen Globalisierung in Konflikt geraten kann. Die Beispiele, die ich in diesem Zusammenhang genannt hatte – etwa Nationalismus oder religiöser Fundamentalismus –, könnten dem Eindruck Vorschub leisten, solche fragmentierenden Gegenbewegungen oder Widerstände seien durchweg „rückwärts gewandt" und zum Untergang verurteilte Relikte der Vergangenheit. Dies ist jedoch nicht notwendigerweise so. Wenn gegenwärtig Globalisierungsprozesse in vielerlei Hinsicht integrative und homogenisierende Wirkungen entfalten, dann kann die bewusste und kalkulierte Förderung fragmentierender Tendenzen durchaus ein Gegengewicht bilden und fruchtbare Spannungsverhältnisse erzeugen. Sie kann nicht nur auf konstruktive Weise Sand ins Getriebe der Globalisierung streuen, sondern auch Chancen für individuelle Freiheit und Autonomie eröffnen.

In den 30er Jahren des 19. Jahrhundert beschrieb Alexis de Tocqueville in seinem großen Werk >Über die Demokratie in Amerika< eine soziale und politische Entwicklung, an deren Ende, wie er fürchtete, ein übermächtiger Staat stehen könnte, der sich über eine große

Masse atomisierter, dem direkten staatlichen Zugriff ausgelieferter Individuen erheben würde. Als eine der möglichen Gegenmaßnahmen schlug Tocqueville die Stärkung intermediärer Instanzen und freier Assoziationen vor, die den Einzelnen Schutz vor dem staatlichen Zugriff und freie Entfaltungsmöglichkeiten bieten sollten. Diese als Gegengewichte gedachten Kräfte stammten aus einer anderen Zeit, aus der feudalen, vormodernen Epoche. Es war zwar, wie Tocqueville wusste, unmöglich, die Einrichtungen und Regelungen der alten Welt künstlich wiederherzustellen oder in die neue Welt hinüberzuretten, wohl aber hielten sie eine Lehre bereit, die auch für das Neue von Nutzen sein konnte. Sie taugten als „Gegenprinzip" in einem völlig veränderten politischen und theoretischen Kontext, als archaische Elemente in einem System, das aufgrund seiner mangelnden Geschichts- und Traditionsverhaftung ständiger Selbstgefährdung ausgesetzt war. Die funktionalen Äquivalente feudaler Institutionen in Amerika sah Tocqueville in einer Vielzahl lokaler partizipatorischer Praktiken und regionaler Kulturen, von denen er hoffte, dass sie die Pluralität und Vielgestaltigkeit der amerikanischen Gesellschaft bewahren und nähren würden. Von ihnen erwartete er sich gegenüber den dominanten egalitären und in der Folge bürokratisch-zentralistischen Trends beharrende, retardierende, mäßigende Wirkungen.

Sowohl Tocquevilles Diagnose als auch seine Therapie kann man in das Heute, in das Zeitalter der Globalisierung übertragen. „Fragmentierende" Gegenbewegungen könnten heute im globalen Maßstab die Funktion eines „Gegenprinzips" übernehmen: zu denken wäre an lokale oder regionale Autonomiebewegungen, überhaupt Bewegungen, die ihre kulturelle Identität, ihre Traditionen, ihre religiösen Überzeugungen, ihre Sprache bewahren möchten. Manches davon mag „reaktionär" sein, aber in einer Zeit, in der vieles auf einen in einseitiger Weise verstandenen Fortschritt programmiert ist, können sich die Vorzeichen ändern und vermeintlich rückschrittliche Faktoren eine positive Funktion gewinnen. Das gilt selbst für den Staat, der heute wohl nicht mehr im Tocqueville'schen Sinne zu fürchten ist, sondern, entsprechend ausgerichtet, seinen Bürgern auch Schutz gegen einen allzu direkten Zugriff der Globalisierung bieten könnte. Bei alledem geht es nicht um „Widerstand gegen die Globalisierung", sondern um „Widerstände in der Globalisierung". Es geht darum, Spannungen zu erzeugen, allerdings nicht destruktive Dialektiken, wie wir sie zurzeit beobachten, sondern konstruktive: etwa zwischen kosmopolitischen und kommunitaristischen Orientierungen, zwischen Autonomie und Integration, Homogenisierung und Differenzierung,

Universalität und Partikularität, Globalität und Lokalität, Beschleunigung und Entschleunigung, Freiheit und Notwendigkeit. Die Möglichkeit, in den Prozess der Globalisierung Widerstände einzubringen, ist grundsätzlich so lange gegeben, wie dieser nicht zu Ende gelaufen ist. Und dass der Prozess zu einem Ende kommen, also in einer einsinnig-linearen und sich beschleunigenden Bewegung in einem Endzustand voll ausgebildeter Globalität führen könnte, ist aufgrund seiner dialektischen Qualität mehr als unwahrscheinlich. Eher ist von einer krisenhaften, problembeladenen und daher immer auch „ergebnisoffenen" Entwicklung auszugehen. Ob wir die Chancen, die diese Konstellation *auch* bietet, nutzen können, ist nicht zuletzt eine Frage der Zeit.

10. *Auch unter Bedingungen der Globalisierung werden Staaten auf absehbare Zeit die wichtigsten Akteure bleiben. Statt nach staatsfreien oder -fernen politischen Konstellationen Ausschau zu halten, sollte man alles versuchen, Staaten – nicht zuletzt in deren wohl verstandenem Eigeninteresse – unter politischen Handlungsdruck zu setzen.*

Trotz seiner Wandlung zum „Wettbewerbsstaat", die ihn eher zum (technischen) Bestandteil des Globalisierungsprozesses als zu seinem autonomen (politischen) Gestalter gemacht hat, ist bei der Frage, welcher Akteur oder welche Akteurskonstellation denn wohl die behaupteten Gestaltungschancen nutzen könnte, zunächst an den Staat bzw. an die Staatengemeinschaft zu denken. Staaten als gestaltende Akteure des Globalisierungsprozesses abzuschreiben, wie es Jean Ziegler tut, wäre voreilig und verantwortungslos; es wäre auch sinnlos, da sich auf absehbare Zeit an ihnen vorbei nichts gestalten lässt. Staaten sind, insbesondere wenn sie demokratisch verfasst sind, diejenigen Akteure, die zum Handeln am ehesten legitimiert sind und die von anderen Akteuren am ehesten – von außen und von innen – unter Druck gesetzt werden können. Wer zu Ergebnissen kommen will, sollte nicht nach neuen, staatsfreien oder -fernen Organisationsformen Ausschau halten, deren rechtzeitige Herausbildung mehr als fraglich ist, sondern versuchen, Staaten zu stärken – *politisch* zu stärken, ihre Kooperationsbereitschaft zu erhöhen, die Rahmenbedingungen zu schaffen, die es ihnen erlauben, anders, insbesondere antizipatorischer zu agieren, als sie es gegenwärtig tun.

In vielen Fällen könnten Handlungsspielräume auch von einem einzelnen Staat oder einigen wenigen Staaten (dann in der Rolle eine „Elite" oder „Avantgarde" mit Vorbildcharakter) genutzt werden, ohne ein umfassendes gleich gerichtetes Handeln auf Staatenebene abwarten zu müssen. Dies bedeutet zugleich, dass antizipatorische Politik nicht von politischer *Führungsbereitschaft und -fähigkeit* zu trennen ist, wobei die Forderung nach „Führung" sich sowohl an politisch verantwortliche Individuen als auch an einzelne Staaten und Staatengruppen (insbesondere regionale Zusammenschlüsse) richtet. Und auch von einer Orientierung am *Prinzip Verantwortung* ist sie nicht zu trennen. Allerdings ist die historische und aktuelle Verantwortung für die mit der Globalisierung einhergehenden Problemlagen und die mit dieser verbundene Verpflichtung zu entschiedenem Handeln global ungleich verteilt. So beispielsweise auf ökologischem Gebiet: Da die Umweltbelastung und die Ressourcenausbeutung eine Folge des Industrialisierungsprozesses sind und dieser von den nördlichen bzw. westlichen Ländern getragen wurde, die im Übrigen im Zuge ihrer kolonialistischen bzw. imperialistischen Expansion viele der heute als rückständig geltenden Regionen in ihrer Entwicklung (auch) behindert haben, müssen diese Länder auch als die Hauptverursacher der inzwischen aufgehäuften ökologischen Probleme angesehen werden. Ob sie darüber hinaus eine klar zurechenbare „Schuld" trifft, ist angesichts der hier vertretenen Sicht des Industrialisierungsprozesses als eines sich seit mindestens zwei Jahrhunderten entfaltenden „gerichteten Prozesses" zweifelhaft. Wohl aber sehen sie sich heute, da das Ausmaß der ökologischen Probleme für jedermann erkennbar ist, mit der Forderung konfrontiert, sich ihrer *Verantwortung*, die auch eine historische Verantwortung ist, zu stellen. Und diese Verantwortung ist ganz offenkundig größer als die der meisten Länder des „Südens". Zudem verfügen sie im Vergleich zu diesen über größere Möglichkeiten, ökologisch zu handeln, nicht zuletzt aufgrund ihrer technischen Überlegenheit. Dies bedeutet zwar keineswegs, dass die „rückständigen" Länder „exkulpiert" werden könnten, wohl aber darf man erwarten, dass diejenigen, die mehr als andere zum entstandenen Schaden beigetragen haben und weiterhin beitragen, oder die mehr Mittel und Möglichkeiten als andere haben, den entstandenen Schaden zu mildern, entsprechende Anstrengungen unternehmen.

Das Ziel des auf Staaten zu entfaltenden politischen Drucks sollte es sein, diese zu einer zumindest partiellen Überwindung der bislang für ihr Handeln überwiegend maßgeblichen Leitlinie des „nationalen Interesses" zu bewegen. Es gilt die Einsicht zu befördern, dass „nationales Interesse" (sowie die Gewährleistung des binnenstaatlichen „Gemeinwohls") zunehmend mit der Bereitschaft und Fähigkeit zu „globaler Verantwortung", d.h. global verantwortlichem Denken und Handeln, *zusammenfallen*. Die Forderung nach einer Überwindung

„nationaler Interessen" ist nicht länger, wie im Internationalismus von ehedem, ein bloß moralischer Appell, sondern sie drängt sich geradezu sachzwanghaft auf. Es geht immer weniger darum, in einer potenziell unfreundlichen oder feindlichen Welt *als Staat* zu überleben, sondern immer mehr darum, *als Staat* einen Beitrag zum Überleben dieser Welt zu leisten. Wenn die sich globalisierende Welt an ihre ökologischen und sozialen Belastungsgrenzen stößt, wird sie zugleich die Legitimations- und Gestaltungsgrundlagen des Staates untergraben. Eine Summierung von Globalisierungskrisen könnte zur Sollbruchstelle der Staatengemeinschaft werden. Antizipatorische Politik und globale Kooperation liegen somit auch im wohl verstandenen Eigeninteresse der Staaten.

Ob Anpassung, Gestaltung oder Widerstand – nicht nur staatliches Handeln, sondern auch unser aller Handeln befindet sich unter den Bedingungen der Globalisierung notwendigerweise in der *Defensive*. Die Handlungsspielräume sind eng begrenzt, und es ist unklug, ja gefährlich, sie zu überschätzen. Klug und verantwortungsbewusst ist es hingegen, die tatsächlich vorhandenen Spielräume konsequent zu nutzen, ihrer weiteren Einengung zu begegnen und zu versuchen, sie beharrlich auszuweiten.

Literatur

Albrow, Martin: Abschied vom Nationalstaat. Frankfurt a. M. 1998.
Altvater, Elmar und Birgit Mahnkopf: Grenzen der Globalisierung. Ökonomie, Ökologie und Politik in der Weltgesellschaft. Münster 2002 (5. Aufl.).
Anders, Günther: Die Antiquiertheit des Menschen. Band I: Über die Seele im Zeitalter der zweiten industriellen Revolution. München 1983 (6. Aufl.).
Backhaus, Norman: Zugänge zur Globalisierung. Konzepte, Prozesse, Visionen. Zürich 1999.
Baylis, John und Steve Smith (Hrsg.): The Globalization of World Politics. An Introduction to International Relations. Oxford 1997.
Beck, Ulrich (Hrsg.): Politik der Globalisierung. Frankfurt a. M. 1998.
Böhme, Gernot: Die Technostrukturen in der Gesellschaft. In: Burkart Lutz (Hrsg.): Technik und sozialer Wandel. Frankfurt a. M. und New York 1987, S. 53–65.
Bourdieu, Pierre: Gegenfeuer. Wortmeldungen im Dienste des Widerstands gegen die neoliberale Invasion. Konstanz 1998.
Bourdieu, Pierre: Gegenfeuer 2. Für eine europäische soziale Bewegung. Konstanz 2001.
Boxberger, Gerald und Harald Klimenta: Die 10 Globalisierungslügen. Alternativen zur Allmacht des Marktes. München 1998.
Cerny, Philip G.: The Changing Architecture of Politics. Structure, Agency, and the Future of the State. London u. a. 1990.
Cerny, Philip G.: Globalisierung und die neue Logik kollektiven Handelns. In: Ulrich Beck (Hrsg.): Politik der Globalisierung. Frankfurt a. M. 1998, S. 263–296.
Chandler, Alfred D.: The Visible Hand. The Managerial Revolution in American Business. Cambridge, Mass. und London 1977.
Chomsky, Noam: Profit Over People. Neoliberalismus und globale Weltordnung. Hamburg und Wien 2002.
Chossudovsky, Michel: Global brutal. Der entfesselte Welthandel, die Armut, der Krieg. Frankfurt a. M. 2002.
Clark, Ian: Globalization and Fragmentation. International Relations in the Twentieth Century. Oxford 1997.
Creveld, Martin van: Die Zukunft des Krieges. München 1998.
Derber, Charles: One World. Von globaler Gewalt zur sozialen Globalisierung. Hamburg und Wien 2003.
Dürr, Hans-Peter: „Schon der Grundlagenforschung haftet etwas Gewalttätiges an." [Festvortrag anläßlich der Verleihung des Waldemar von Knoeringen

Preises]. In: Frankfurter Rundschau (Dokumentation) vom 4. Dezember 1989, S. 8.

Dürrschmidt, Jörg: Globalisierung. Bielefeld 2002.

Ehrke, Michael: Zur politischen Ökonomie post-nationalstaatlicher Konflikte. In: Internationale Politik und Gesellschaft. Jg. 9 (Nr. 3/2002), S. 135–163.

Elias, Norbert: Zur Grundlegung einer Theorie sozialer Prozesse. In: Zeitschrift für Soziologie. Jg. 6 (1977), S. 127–149.

Elias, Norbert: Über den Prozeß der Zivilisation. Soziogenetische und psychogenetische Untersuchungen. Zweiter Band: Wandlungen der Gesellschaft. Entwurf zu einer Theorie der Zivilisation. Frankfurt a. M. 1979 (6. Aufl.).

Elias, Norbert: Über die Zeit. Frankfurt a. M. 1994 (5. Aufl.).

Ellul, Jacques: The Technological Bluff. Grand Rapids, Mich. 1990.

Enquete-Kommission Globalisierung der Weltwirtschaft des Deutschen Bundestages (Hrsg.): Globalisierung der Weltwirtschaft. Opladen 2002.

Forrester, Viviane: Der Terror der Ökonomie. Wien 1997.

Freyer, Hans: Schwelle der Zeiten. Beiträge zur Soziologie der Kultur. Stuttgart 1965.

Friedman, Thomas L.: Globalisierung verstehen. Zwischen Marktplatz und Weltmarkt. Berlin 1999.

Galbraith, John Kenneth: Die moderne Industriegesellschaft. München 1968.

Giddens, Anthony: Die Konsequenzen der Moderne. Frankfurt a. M. 1996.

Giddens, Anthony: Entfesselte Welt. Wie die Globalisierung unser Leben verändert. Frankfurt a. M. 2001.

Gray, John: Die falsche Verheißung. Der globale Kapitalismus und seine Folgen. Frankfurt a. M. 2001.

Grefe, Christiane u. a.: Attac. Was wollen die Globalisierungskritiker? Berlin 2002.

Hauff, Volker (Hrsg.): Unsere gemeinsame Zukunft (Brundtland-Bericht der Weltkommission für Umwelt und Entwicklung). Greven 1987.

Held, David: Democracy and the Global Order. From the Modern State to Cosmopolitan Governance. Cambridge, UK 1995.

Held, David: Anthony McGrew, David Goldblatt und Jonathan Perraton, Global Transformations. Politics, Economics and Culture. Stanford 1999.

Hirsch, Fred: Die sozialen Grenzen der Wachstums. Reinbek bei Hamburg 1980.

Hirst, Paul und Grahame Thompson: Globalization in Question. The International Economy and the Possibilities of Governance. Cambridge, UK 1996.

Höffe, Otfried: Demokratie im Zeitalter der Globalisierung. München 2002.

Huntington, Samuel P.: Kampf der Kulturen. Die Neugestaltung der Weltpolitik im 21. Jahrhundert. München und Wien 1997.

Jackson, Robert H.: Quasi-States. Sovereignty, International Relations, and the Third World. Cambridge, UK 1990.

James, Harold: The End of Globalization. Lessons from the Great Depression. Cambridge, Mass. u. a. 2001.
Jonas, Hans: Das Prinzip Verantwortung. Versuch einer Ethik für die technologische Zivilisation. Frankfurt a. M. 1979.
Kahl, Martin und Ulrich Teusch: Sind die „neuen Kriege" wirklich neu? Zur Kritik einer verbreiteten These. Vorauss. in: Die Friedens-Warte 2003/04 (in Vorbereitung).
Kautsky, Karl: Sozialisten und Krieg. Ein Beitrag zur Ideengeschichte des Sozialismus von den Hussiten bis zum Völkerbund. Prag 1937.
Kennedy, Paul: Aufstieg und Fall der großen Mächte. Ökonomischer Wandel und militärischer Konflikt von 1500 bis 2000. Frankfurt a. M. 1989.
Klein, Naomi: No Logo! Der Kampf der Global Players um Marktmacht. Ein Spiel mit vielen Verlierern und wenigen Gewinnern. München 2001.
Leggewie, Claus: Die Globalisierung und ihre Gegner. München 2003.
Mander, Jerry und John Cavanough (Hrsg.): Eine andere Welt ist möglich. Alternativen zur Globalisierung. München 2003.
Mander, Jerry und Edward Goldsmith (Hrsg.): Schwarzbuch Globalisierung. Eine fatale Entwicklung mit vielen Verlierern und wenigen Gewinnern. München 2002.
Menzel, Ulrich: Globalisierung versus Fragmentierung. Politik und Ökonomie zwischen Moderne und Postmoderne. Frankfurt a. M. 1998.
Müller, Klaus: Globalisierung. Frankfurt a. M. und New York 2002.
Münkler, Herfried: Die neuen Kriege. Reinbek b. Hamburg 2002.
Nye, Jr., Joseph S.: Das Paradox der amerikanischen Macht. Warum die einzige Supermacht der Welt Verbündete braucht. Hamburg 2003.
Opitz, Peter J.: Weltprobleme im 21. Jahrhundert. Stuttgart 2001.
Osterhammel, Jürgen und Niels P. Petersson: Geschichte der Globalisierung. Dimensionen, Prozesse, Epochen. München 2003.
Perraton, Jonathan, David Goldblatt, David Held und Anthony McGrew: Die Globalisierung der Wirtschaft. In: Ulrich Beck (Hrsg.): Politik der Globalisierung. Frankfurt a. M. 1998, S. 134–168.
Perrow, Charles: Normale Katastrophen. Die unvermeidbaren Risiken der Großtechnik. Frankfurt a. M. und New York 1988.
Poggi, Gianfranco: The State. Its Nature, Development and Prospects. Cambridge, UK 1990.
Ramonet, Ingacio: Kriege des 21. Jahrhunderts. Die Welt vor neuen Bedrohungen. Zürich 2002.
Rieger, Elmar und Stephan Leibfried: Grundlagen der Globalisierung. Perspektiven des Wohlfahrtsstaates. Frankfurt a. M. 2001.
Rodrik, Dani: Grenzen der Globalisierung. Frankfurt a. M. 2000.
Sartori, Giovanni: Demokratietheorie. Darmstadt 1992.
Schelsky, Helmut: Der Mensch in der wissenschaftlichen Zivilisation (1961).

In: Ders.: Auf der Suche nach Wirklichkeit. Gesammelte Aufsätze. Düsseldorf und Köln 1965, S. 439–480.

Scholte, Jan Aart: Globalization. A Critical Introduction. London 1999.

Schuppert, Gunnar Folke: Zur Neubelebung der Staatsdiskussion: Entzauberung des Staates oder „Bringing the State Back In?". In: Der Staat. Jg. 28 (1989), S. 91–104.

Senghaas, Dieter: Internationale Politik im Lichte ihrer strukturellen Dilemmata. In: Ders., Wohin driftet die Welt? Über die Zukunft friedlicher Koexistenz. Frankfurt a. M. 1994, S. 121–169.

Shaw, Martin: Global Society and International Relations. Oxford 1994.

Sørensen, Georg: Sovereignty: Change and Continuity in a Fundamental Institution. In: Political Studies. Jg. 47 (Special Issue 1999), S. 590–604.

Steger, Manfred B.: Globalization. A Very Short Introduction. Oxford 2003.

Stiglitz, Joseph: Die Schatten der Globalisierung. Berlin 2002.

Teusch, Ulrich: Freiheit und Sachzwang. Untersuchungen zum Verhältnis von Technik, Gesellschaft und Politik. Baden-Baden 1993.

Teusch, Ulrich: Die Staatengesellschaft im Globalisierungsprozess. Wege zu einer antizipatorischen Politik. Wiesbaden 2003.

Teusch, Ulrich und Martin Kahl: Ein Theorem mit Verfallsdatum? Der „Demokratische Frieden" im Kontext der Globalisierung. In: Zeitschrift für Internationale Beziehungen. Jg. 8 (2001), S. 287–320.

Todd, Emmanuel: Weltmacht USA. Ein Nachruf. München 2003.

Tomlinson, John: Globalization and Culture. Cambridge, UK 1999.

Wallerstein, Immanuel: Die Sozialwissenschaft „kaputtdenken". Die Grenzen der Paradigmen des 19. Jahrhunderts. Weinheim 1995.

Waters, Malcolm: Globalization. London 1995.

Winner, Langdon: Autonomous Technology. Technics-out-of-Control as a Theme in Political Thought. Cambridge, Mass. und London 1977.

Wobbe, Theresa: Weltgesellschaft. Bielefeld 2000.

Yearley, Steven: Sociology, Environmentalism, Globalization. Reinventing the Globe. London u. a. 1996.

Zakaria, Fareed: The Future of Freedom. Illiberal Democracy at Home and Abroad. New York und London 2003.

Ziegler, Jean: Die neuen Herrscher der Welt und ihre globalen Widersacher. München 2003.

Zürn, Michael: Regieren jenseits des Nationalstaats. Globalisierung und Denationalisierung als Chance. Frankfurt a. M. 1998.